话经济学人

梁小民◎著

TALKING ABOUT
ECONOMISTS

中国出版集团｜东方出版中心

图书在版编目(CIP)数据

话经济学人 / 梁小民著. —上海：东方出版中心，
2018.11

ISBN 978-7-5473-1324-4

Ⅰ.①话… Ⅱ.①梁… Ⅲ.①经济学家-列传-世界
Ⅳ.①K815.31

中国版本图书馆CIP数据核字（2018）第154686号

话经济学人

出版发行：东方出版中心

地　　址：上海市仙霞路345号

电　　话：（021）62417400

邮政编码：200336

经　　销：全国新华书店

印　　刷：上海丽佳制版印刷有限公司

开　　本：890mm×1240mm　1/32

字　　数：303千字

印　　张：13.75

版　　次：2018年11月第1版第1次印刷

ISBN 978-7-5473-1324-4

定　　价：59.80元

CONTENTS

目 录

序　言

　　写这本书的直接起因是2001年底，《21世纪经济报道》的编辑吴文尚先生约我为该报开一个专栏。我考虑之后为他们开了"闲话经济学家"，写点经济学家的轶事、故事，让读者在轻松的阅读中了解点经济学知识。这个专栏陆续刊登了三十多篇这类文章，以后该报改版，这个专栏也就没了。

　　但写这本书更深层次的原因是对传统的经济学说史不满。在我看来，以往写经济学史的人不知内心如何想的，让我们看到的是一副判官的模样。他们对历史上每个经济学家都进行严格的审判。一本经济学史往往成了一本对历史上经济学家的缺席判决书。这也难怪，因为在他们看来，一部经济学史就是由庸俗到再庸俗，进一步庸俗直到现代庸俗的历史。一顶"为资本主义辩护"，"为资本家张目"的帽子足以轻而易举地否定他们的一切成果。直至今天，这种作风也没有从根本上改变。就内容而言，大大小小，长长短短的经济学说史都是卢森贝那本《政治经济学史》的翻版或变种，了无新意。简单的介绍加详尽的批判似乎成了不变的模式。就文风而言，八股味实足，读起来味同嚼蜡，真难以读下去。我曾把对传统经济学史的看法写成一篇长文《传统经济学史的反思》收入《我说》（社科文献出版社，2003年出版）一书中。有兴趣的读者可以找来读读。

这种认识使我产生了一个"野心"：重写一部经济学史，题目想叫《经济学的历程》。我设想这本书应该实事求是地评价历史上的经济学家，不敢说为他们"翻案"，无非是讲点自己的看法。文风上要力求趣味性和知识性，以讲故事的方法、风趣的语言来表达，同时配以大量插图，图文并茂。当我准备动手时，发现这个野心实在太大了，仅仅把重要的著作读一遍就需要很多时间，更别说读其他书和收集资料了。以我一人之力，今生能否实现这个野心连我自己也没把握。于是就先把这个野心放下去做点急功近利的事了。我毕竟也是一个俗人。

退休了，种种繁琐的事务摆脱了，我称之解放为"自由人"。有了点闲时间，就读点书，写点东西。于是就把"闲话经济学家"接着写下去了。后来之所以不用"闲话经济学家"改为"话经济学人"是因为这本书的姊妹花是《读经济学书》，求其对称。

写这本书是为了让读者在轻松的阅读中了解一点经济学史。这本书还不是一个体系，也并不完整，只是选了不同时代的一些经济学家，有些是知名的，也有些名气不大的，还有一些是我有兴趣的。这本书并不是经济学家的"正传"，我对那些按规范介绍经济学家，读了什么学位，经历如何，著作是什么，有什么思想，得过什么奖的程序化写法没有兴趣。这类传记有资料价值，应该写，但难以让一般读者读下去。我力求把知识性与趣味性结合在一起，以经济学家的某件轶事，某个故事，或某个特点为中心来写，不求面面俱到，只求读着好玩。

读过这本书你会看到，我是抱着崇敬的心情来看待前辈经济学家的。我觉得每一个人，无论他多么伟大，都有时代局限性。不能要求他们"高大全"。但他们能在经济学史上留下名，他们的著作今天仍有人在读，说明他们作出了贡献。他们一个一个贡献连续起来就是一部经济学进步史。也许我的有些话过激了一点，义气了一点，或者片面了一点，但这也是"矫枉必过正"吧。

写这本书看了不少参考资料，也用了不少学者的研究成果。本来编了一个参考书目，但书目太多。这本来不是正规的学术著作，就把那个参考书目删去了。我对我所引用过、根据过或参考过的书的作者和译者深表谢意。

我想把这本书做成一本图文并茂、印刷精美的书。图片资料非常难找，我感谢为本书提供图片的个人和单位。感谢编辑们付出的辛勤劳动。

希望听到广大读者的意见。如果你们认为这本书还可读，我就计划写《再话经济学人》，并在此基础上写《经济学的历程》。如果大家不喜欢看，我就"无话"了。不过我还会努力，写其他让大家爱看的书。虽然我已年逾60，成为退休老头，但心并不老，觉得"夕阳无限好，哪里有黄昏"？不敢说能实现写《经济学的历程》的野心，但"小车不倒只管推"，书还是要读下去，写下去的。

梁小民
怀柔陋室

约翰·洛克

经济学拓荒者

　　最早的经济学家并不是满腹经纶的学者，而是从事商业活动的实践者。最早的经济学也不是用数学公式包装起来的理论，而是一些直白的经验总结和政策主张。但这正是现代经济学的祖先——重商主义的经济学。介绍经济学家还应该从这些被称为重商主义者的经济学拓荒者开始。

　　人类自有经济活动以来就有了经济思想，无论是中国的孔子、管子，还是古希腊的柏拉图、亚里士多德，都有许多令今人叹服的经济思想，但他们并没有系统的经济学。经济学是随着资本主义的产生而形成的。原始积累是资本主义的起点，适应这一时期需要而产生的重商主义则是经济学的开端，也是历史上第一个经济学流派。在今天看来，重商主义者的理论也许太肤浅，但他们的确是经济学的拓荒者，没有他们的奋斗，也不会有今天成为显学的经济学。

重商主义者并不是以经济学为生的专业学者，他们对经济问题的认识更多地来自实践，而不是书本。他们的出身、经历并不同，而且也没有生活在同一时期。他们活跃的年代从1500年到1776年间。重商主义并不是他们自封的，而是18世纪中期由法国重农学派经济学家米拉波创造的。著名的重商主义者有英国的托马斯·曼，他是一位英国纺织品商人的儿子，也是成功的商人，并当选为东印度公司董事。他在1630年左右写的《英国得自对外贸易的财富》是重商主义的经典之作。出生于比利时而在英国经商成功的杰勒德·马利尼斯以《古代商业法典》而闻名。他写的是古代商法，表达的是重商主义观点。英国处理税收、进出口业务的官员查尔斯·戴维南特也以《论东印度的贸易》一书成为重商主义者。法国著名的重商主义者是路易十四时期的财政部长科尔伯特，他是重商主义的实践者，他促进国内贸易的许多政策被称为"科尔伯特主义"。另一位以提出政治经济学这个名称而闻名的蒙克莱田也是重商主义者。还有许多这一时期的商人、官员、银行家等被划入重商主义者，例如，英国的约翰·海尔斯（化名 W. S.），意大利的银行家卡鲁菲和达旺查蒂等，甚至著名的约翰·洛克和成为古典经济学鼻祖的威廉·配第也被作为重商主义者。洛克和配第已是从重商主义向自由主义过渡的人物。

我们不为哪一个重商主义者立传，而是把他们作为一个群体来看待的。作为经济学家，他们要解决的问题其实与以后的经济学家一样，即什么是财富，以及如何增加财富。这反映在托马斯·曼《英国得自对外贸易的财富》的第二章"使英国变得更加富有和增加我们财富的手段"这个标题上。他们与以后经济学家最本质的差别也在这两个问题上。以后的经济学家把产品作为财富，增加财富之路是发展生产，而他们把金银作为财富，把对外贸易顺差作为财富的来源。

尽管在几百年的发展中，早期重商主义和晚期重商主义有所不同，但作为重商主义者，他们的主张都具有这样一些共同特点：

- 只有作为金银的货币才是财富。金银与财富是同义语。
- 财富来自对外贸易的顺差，即来自出口大于进口。但不可能各国都有顺差，即贸易中一国之获利必为另一国之损失，因此，倡导民族主义，并主张用强大的海军和舰队保护自己国家的利益。
- 对本国不能生产的原料免税，但对本国能生产的制成品和原料保护，并严格限制原料出口。
- 殖民化和对殖民地贸易的垄断。
- 反对阻止国内贸易的各种道行费、税收和其他限制。这就是实行国内自由贸易。
- 实现这些政策需要一个强大的中央政府。
- 鼓励人口增加和辛勤劳动。

早期重商主义者更多地以守财奴的眼光看待金银，主张只出口不进口。晚期重商主义能更多地以资本家的眼光看待金银，主张发展生产，多出口少进口。所以，马克思把早期重商主义称为重金主义，晚期重商主义者称为重工主义。

经济学和经济学家都无法超越自己所处的时代。原始积累时期是商业资本占统治地位的时期，他们要求依靠政府的力量通过对外贸易（或对外掠夺）来增加自己的财富。重商主义的基本观点正反映了这种需求。

从方法论的角度看，重商主义研究的对象是流通，方法是对所观察到现象的描述或分类，目的是为了提出相应的政策。结果这种经济学就是一些经验总结或政策建议。经济学只有从流通进入生产，从描述现象到探讨本质时，才能成为一门科学。这种转变是古典经济学完成的。

重商主义的时代已经过去几百年了，但其影响至今仍存在，各国频繁使用的国家干预经济和保护贸易政策就来自重商主义。在自由贸易理论深入人心，经济市场化和全球化成为大趋势的今天，重商主义的国家干预和贸易保护主义仍然有市场。这说明在经济学中是利益高于原则的，尽管这种利益是局部的、暂时的。

约翰·劳

骗子经济学家

　　转型时期是一个骗子横行的时代，各国亦然。个别经济学家也难以脱俗，靠骗术暴富或成名。历史上最有名的经济学家骗子当数18世纪的约翰·劳（John Law）了。约翰·劳1671年出生于苏格兰爱丁堡一个兼营黄金首饰的银行世家，年轻时热衷于赌博、打斗、追逐女人，被称为"花花公子劳"。在伦敦时为了一个女人与情敌威尔逊决斗，并将之杀死，被判终身监禁后逃至荷兰。劳在14岁就进入自己家的银行任职，对银行业务，特别是信贷有浓厚的兴趣。在17岁到伦敦后，花天酒地之余还注意学习计算与处理各种货币往来的业务能力，了解银行界的情况，并与金融界人士有密切往来。逃到荷兰之后潜心研究阿姆斯特丹的银行制度，并于1700年出版了《建立贸易委员会的建议与理由》。三年后回到苏格兰，建议建立土地银行，即以低于地价的认购土地权吸引投资者，筹资建银行。这个建议未被接受，于是来到法国巴黎实现他的雄伟理想。他在这里辉煌了一把，但骗局终非成功之本，最后也栽倒在这里。

在法国几经周折之后，劳的建议终于实现。1715年法国国王路易十四去世，当时财政赤字严重，年税收仅142亿利弗尔（当时法国货币名称），但债务高达39亿利弗尔。继位的国王仅7岁，由奥尔良公爵摄政。奥尔良公爵是劳进入法国的保证人，也是他的密友。为了摆脱财政危机，法国采用了劳的建议。1716年劳的通用银行成立，以法国王朝的信誉作为保证，以土地作为抵押品发行纸币，并进行票据贴现和存款业务。由于摄政王奥尔良的支持，法国政府不断宣布金属硬币对纸币贬值，加之劳熟悉银行业务，控制了法国的货币和信用体系，发行适度货币，保持纸币的可兑换性和可以用于交纳税收，并调整利率刺激经济。劳的事业一帆风顺，1718年通用银行改为皇家银行。这些成功使法国政府迷恋纸币，宣布放弃金属硬币，以便随心所欲印纸币满足财政需求。当时发行的无抵押无储备的纸币高达10亿利弗尔。纸币过度发行就潜伏了金融危机。使这一危机爆发的是历史上著名的骗局"密西西比计划"。

密西西比当时是法国殖民地，该计划是由劳在1717年成立的西方公司从事经营开发和征税。该公司获得密西西比河、俄亥俄河和密苏里河流域的专利开发权。以后又获得烟草专卖权、东印度公司与非洲和中国的贸易垄断权。1719年西方公司更名印度公司，劳又获得了皇家造币厂和间接税征收的承包权。1719年10月劳偿还了

150万利弗尔国债，并在1720年1月出任法国财政大臣。这是劳事业的顶峰。

西方公司共分20万股，每股票面价值500利弗尔。以后印度公司又发行5万新股，每股票面价值100利弗尔。当时人们认为这项计划前景美好，加之利好的消息满天飞，股价上扬，发行5万新股时申请者高达30万股。许多人，包括贵族，通宵达旦地排队购股，甚至驼背人也以出租驼背给申请人填表而发财。股价最高时达18 000利弗尔。劳为把股价维持在9 000利弗尔，将之货币化，大量发行纸币。这引起经济繁荣，奥尔良认为，如果发行5亿利弗尔可使经济兴旺，为什么不发行10亿利弗尔？这样就大量发行纸币。到1720年5月初，发行的纸币已达26亿利弗尔，而金属硬币不足其半数。

这种利用信用而膨胀的繁荣如同建在沙子上的房屋，当然无法长久。一些有识之士开始悄悄把股票与纸币兑换为外币或金银，寄到国外。劳说服国会把金属硬币贬值5%，以后又贬值10%，甚至禁止人民持有500利弗尔的金属硬币。这时，通货膨胀加剧，而密西西比开发也成泡影。摄政王又宣布纸币将贬值30%，遭国会驳回。于是形势更加混乱，股票价格急剧下跌，最后成为废纸，通货膨胀极为严重。法国金融体系崩溃，1720年底，劳逃走，最后1729年于贫病交加中死于威尼斯。劳骗了所有的人，最后自己也得到应有的下场。这是历史上一切骗子的结局。

劳的骗术来自他对货币与银行体系的见解。这些见解主要反映在他1705年所写的《货币与贸易研究：国家货币供给的建议》中。无论劳的骗术如何卑劣，他对一些问题的见解还是有意义的。正因为如此，马克思称他"既是骗子，又是预言家"。劳的这本书于1966年又再版重印。

劳的正确预言之一是认识到信用体系的重要作用以及用纸币代表金属货币的重要性。他认为纸币本位制优于贵金属本位制，他认为合适的货币供给应该包括法定纸币、银行纸币和股票、证券。由纸币作为交换媒介成本低，而且不受贵金属产量的限制，但纸币可以流通而不贬值的基础是信用——国家信用或私人银行可兑现的信用。劳发行纸币的基础也是国家信誉和抵押品。这也是他开始时成功的原因，可惜他以后违背了这个原则，无限制地发行纸币。其实许多发生过超速通货膨胀的国家也正是犯了同样的错误。劳是现代银行信用制度的预言家，也是使用这种信用的先驱。

劳还认识到货币对经济的刺激作用。他与18世纪的一些学者一样是货币非均衡论者。他认为，在就业不足时，增加货币供给（纸币）将在不提高物价的情况下增加产量和就业。产量的增加会使货币需求增加，吸收多发行的货币。而且，一旦实现了充分就业，货币的扩张还会从海外吸引生产要素，进一步增加产量。这与以后的货币数量论和货币中性论不同。在现代经济学中，这种观点又得到了重视。从这种意义上说，劳也是预言家。与一些既无学问又爱胡说八道的骗子相比，劳还是有点真才实学的。正因为如此，一些经济学家认为劳并不是骗子，而是未成功的金融创新者。熊彼特在《经济周期》一书中就以这种观点，来解释劳的活动，并给予肯定。其实创新者与骗子是一枚货币的两面，成功了就是前者，不成功就是后者。劳失败了，人们就把他看成骗子，而没看到他创新的愿望。

如果劳能按自己的理论有节制地发行纸币，并用于振兴法国经济，劳就是用货币刺激经济的先驱了。可惜历史没有假设，劳的骗子本性也不会使这些假设成真。读劳的传记和记载密西西比计划的论著总令我叹息，也使我想到那些才华和骗术都远不如劳的人。

理查德·康蒂永

死于非命的经济学家

经济学家大多享其天年，不像政治家或商业大亨那样有不少死于非命者。但事情总有例外，18世纪的经济学家理查德·康蒂永（Richard Cantillon）就是一位。

康蒂永家族是爱尔兰的名门，长期效忠于斯图亚特王朝。1716～1720年理查德·康蒂永随其叔父在巴黎经营银行业，同时经营丝绸和酒业。约翰·劳体系实施时期，尽管康蒂永已预见到其破产，仍敢火中取栗。他及时将股票出手或转为不动产，在几天内就赚到了几百万利弗尔，并去了荷兰。他回到巴黎后曾遭到起诉，但他胜诉了。1720～1729年他历游欧洲各国，1729～1732年又生活在巴黎，以后又经布鲁塞尔回到伦敦。1734年5月14日他的房子被烧，他亦死于这场大火。后经调查是当他的厨师11年之久，一周前被解雇的法国人约瑟夫·德尼耶（化名勒巴纳）为谋财抢劫而放的火。可惜凶手逃至荷兰，没有受到惩罚。世界上死于这种非命的经济学家大概只他一位。

康蒂永之所以受到重视，是因为他写过一本题为《商业性质概论》的书。这本书的命运也与他一样曲折而不幸。据最新研究，这本书是1728～1730年间他在巴黎写的。英文稿据信在马拉奇·波斯尔思韦特手中，因为早在1749年他的《论贸易和商业大辞典的体例、使用和重要性》的译文中已印录了该书的大约6 000字，在其《商业和贸易大辞典》中又辑录了该书的几乎全部实质部分；在其《大不列颠的真正体系》（1757年）中又收录了该书第一部分第11章的部分内容。《商业性质概论》一书还有作者为朋友而译的法文译本，该手稿曾在重农学派米拉波侯爵手中达16年之久。这份手稿后来回到其合法主人手中，1755年出版了法文版，1767年出版了意大利译本。1931年根据法文版和波斯尔思韦特的辑录出版了英文版。

康蒂永的《商业性质概论》在经济学说史中占有重要地位。一方面，它是政治经济学形成过程中在亚当·斯密之前对该学科各种理论和实践问题的第一次系统全面论述。另一方面，它对以后许多经济学家都产生过影响，特别是法国重农学派和英国经济学家受影响最大。这本书被称为威廉·配第以后到亚当·斯密之前最重要、最杰出的经济学著作。就其思想和理论内容而言是重农主义的重要先驱。在亚当·斯密之言，这本书被埋没了。1881年杰文斯发现并阅读了这本书，并给予高度评价，它才又一次引起人们的重视。

康蒂永这本书的标题是关于"商业"（Commerce）问题的，但当时法文中的商业一词与今天所说的经济学同义，因此，实际是关于经济学问题的。用米拉波的话说，这本书"包括了除税收外有关这个课题的一切内容"。该书包括三部分。第一部分（17章）论述财富，即财富的定义与财富的源泉，以及经济活动在村庄、集镇、城市和都市条件下的社会背景，即人类社会经济发展的不同阶段和层次；还包括阶级和人口，价值与价格这些内容。第二部分（10章）讨论价格、货币和利息。第三部分（8章）论述国际贸易、外汇、银行与信用。这样广泛的论题绝非以前和同期的小册子可比。它为以后的经济学论著勾画了一幅蓝图，是对以前各种论述的一个总汇，称为"概论"恰如其分。

这本书对国际货币流动机制、不同职业工资的重要性、人口论、农业剩余、工业剩余以及工业部门利润率趋向均等、剩余分配理论、市场价格和自然价格的区分等问题的论述受到以后经济学家的重视和高度评价。从方法论来说这本书把抽象法与归纳法巧妙地结合在一起。康蒂永论述的商业性质指抽象掉各种特殊条件或因素的自然性质。这就是说，他抽象掉各种具体商业的细微差别与历史制度差别，论述一般商业。先论述实物经济（第一部分），再论述货币经济（第二部分），最后是国际贸易（第三部分）。这种抽象分析法被以后的经济学家沿用。同时，他又不是空洞地推理，而是从日常实践经验中归纳出一般性结论。他对实际资料相当熟悉，并读了当时许多经济学文献。所以，这本书读来相当有趣。

应该说，康蒂永和当时许多经济学家一样，他们的知识和理论不是来自书本，而是来自实践。康蒂永多年从商与游历是他这本书的实践基础。他在丰富阅历的基础上写出了这本书。经济学发展到今天，理论家已经可以在书斋中作学问了，但要使经济学有生命力，能学以致用，必须来自实践，回到实践。经济学要从生活中来才能让生命之树常青。

从今天的角度看，康蒂永的理论已经过时了，但历史是一个过程。今天的经济学正是许多知名或不知名的经济学家一代代努力的结果。我们不能割断历史。对于许多人来说，无须了解康蒂永这样的人，但总要有人能对历史作一点总结。我写这篇文章正是想引起学者们对康蒂永这样我们并不熟悉的经济学家的了解与研究。

魁奈

重农学派的中国情结

　　重农学派是重商主义之后，古典经济学之前法国的一个重要经济学流派。重农学派的形成以1756年其代表人物魁奈在《百科全书》上发表他的第一篇经济学论文为标志，它的结束以1776年另一位代表人物杜尔哥失去政府高官地位为标志。这个学派活跃的时间并不长，但在经济学说史上有重要的地位。

　　重农主义是在反对重商主义和法国封建王朝中形成的。他们倡导符合自然规律的自然秩序，提出了著名的"自由放任"口号。他们重视农业，认为农业是唯一产生剩余的部门，同时他们也重视整体经济中各部门的联系。重农学派有一个与其他经济学派显著不同的特点，那就是这个学派的经济学家都有一种浓得化不开的中国情结，对中国的制度与文化极为向往。这些经济学家并没有来过中国，但为什么如此向往中国呢？这是经济学史上一个有趣的问题。

其实迷恋中国文化的不仅仅是重农学派，在17～18世纪，欧洲文化界都相当迷恋中国文化。马可·波罗游记在欧洲的流传激发了欧洲人对中国的兴趣。16世纪80年代以后，以利玛窦为代表的耶稣会教士相继进入中国传教，他们把中国的文化传到欧洲。也许是神秘引起兴趣，距离产生美感，中国成为欧洲人仰慕的对象。欧洲文化名人：莱布尼茨、伏尔泰、孟德斯鸠、卢梭、狄德罗、霍尔巴赫等人都表现了对中国文化的仰慕。莱布尼茨发表过《中国新论》。伏尔泰根据中国的《赵氏孤儿》写成剧本《中国孤儿》，并在法国上演。孟德斯鸠名著《论法的精神》中把中国作为秩序良好的榜样。狄德罗亲自在《百科全书》中撰写"中国"和"中国哲学"两个条目。作为欧洲文化中心法国的学者，重农学派对中国的迷恋与欧洲文化的这种大背景是密切相关的。

重农学派的代表人物魁奈和杜尔哥都是中国文化的崇拜者。魁奈年轻时曾当过雕刻学徒，当时雕刻艺人崇尚中国艺术风格，这恐怕是他中国情结之始。魁奈后来以御医身份进入凡尔赛宫，居住达15年。当时宫廷内风行中国时尚，庞巴杜夫人又是中国文物迷，这些都潜移默化地影响着魁奈。魁奈把中国作为理想王国，并在该学派的刊物《农业、商业、财政杂志》和《公民日志》上著文赞扬中国文化。魁奈尤其赞赏孔子的学说，有"欧洲孔子"之称。他把对中国文化的研究写成《中华帝国的专制制度》一书，该书把中国作为接近理想的模式，并在该书中第一次系统说明了重农学派的政治和经济理论。这本书受到重农学派成员的高度赞赏。

杜尔哥是"重农主义体系发展到最高峰"（马克思语）的代表。他对中国的了解来自与两位留法中国学生的直接接触。使杜尔哥了解中国的，最早是曾来过中国，并写了《一个哲学家的旅行》的普瓦弗尔。杜尔哥非常关心中国对农业的保护及重农思想。所以，当有两名来自北京的留法学生高类思和杨德望完成学业准备回国时，杜尔哥建议由政府出面挽留他们再留一年。他们两人受到杜尔哥的热情招待，被称为"杜尔哥的中国人"。杜尔哥的名著《财富的形成和分配的考察》是为了满足这两个中国学生的要求而写的。这本书是作为为中国学生所写的另一本书《中国问题集》的"总序"而写的。《中国问题集》包括四个部分52个问题，是让这两位中国学生回国后在研究本国经济状况及经济制度的基础上予以解答，以便法国人全面系统掌握中国的资料。《财富的形成和考察》是为了使中国学生理解上述问题而写的总序。杜尔哥在这本书中概述了重农学派的理论。

中国当时是一个封建社会，重农学派是反封建的。为什么重农学派会有这份中国情结呢？

应该说中国是封建社会的说法早已被质疑，且学界更多认为这样称中国传统社会不妥，过去所说的中国是封建社会，完全不同于西欧的封建社会，重农学派称赞中国并不因为中国是封建社会，重农学派从未把中国作为封建社会。

重农学派是打着封建招牌的资产阶级经济学派。他们实际上是对资本主义经济生产与流通作了系统解释，代表当时进步的资产阶级的要求。但这一学派中许多人出身于封建贵族并且是达官贵人（魁奈长期担任法国宫廷御医，杜尔哥在政府任高官），因此，总打着封建招牌，把自己说成封建地主阶级的代言人。这种"挂羊头卖狗肉"的现实就是马克思所说的重农学派体系的矛盾。

包括重农学派的法国启蒙学派是拥护开明专制制度的，他们希望通过自上而下的改良来防止革命。流传于欧洲的中国开明专制制度和明君贤相的传说成为他们的理想，也鼓励他们去了解中国。特别值得注意的是，法国当时正经历着资本主义取代封建主义的历史变革。他们把这一变革类比于中国春秋战国时期从奴隶制向封建制的变革，并把孔子作为这一变革的代表。这正是他们崇尚孔子的原因。

在重农学派时代，法国面临深刻的财政经济危机，在他们寻求出路时自然会把有数千年文明的中国作为学习榜样。

当然，理解重农学派中国情绪的关键还在"重农"这两个字上。重农学派的出发点"是在法国这个以农业为主的国家，而不是在英国这个以工业、商业和航海业为主的国家"。重农学派把农业作为社会经济基础，强调农业是唯一产生剩余的部门。重商主义破坏了法国农业和经济，所以，重农学派表现出强烈的反重商主义倾向。中国长期是一个农业立国的国家，中国的传统思想是重农轻商，政府的政策是扬本抑末（"本"是农业，"末"是商业）。这使重农学派找到了知音，从中国的思想中寻找他们的武器。

还应该看到，重农学派其实并不完全了解中国，他们看到听到的还是早期传教士美化中国的材料多。一旦他们有了中国情结后也更容易接受美化中国的东西。这是他们认识的误区。同时也不能过分扩大中国文化对他们的影响，重农学派产生于欧洲文化背景和当时法国的现实，他们的学说是地道的法国产物，并不是中国文化的移植。他们所做的无非是用中国文化来证明自己的理论而已。

重农学派的中国情结证明了中国文化与西方文化的双向交流性。这也是包括经济思想在内的各种文化发展的前途。

威廉·配第

经济学家的人品与学问

　　中国文人讲立德立言，强调要做学问先学会做人。这话作为青年一代的努力方向并不错。但要把人品与学问完全等同起来，那就是真理跨过一步了。经济学家中人品高尚，学问高超者不少，如亚当·斯密，但人品低下，学问高超者也不乏其人，如威廉·配第。

　　威廉·配第（William Petty，1623～1687）是英国古典政治经济学的创始人，其学问自不必言。但他的人品与学问的反差太大了。

　　配第的父亲经营一家小毛织坊，由于受17世纪20年代德意志内战引起的英国工业衰退的打击而家道衰落。从13岁起，配第由于家境困难而不得不外出谋生，从事过船员、教师、水兵、抄写员、钻石工等各种职业，1648年成为牛津大学医学博士。年轻时的这一段经历，对配第一生有决定性影响。一方面，他在从事各种职业时勤奋好学，成为一位多才多艺的人物。正如一位经济学史专家评论的"像配第这样多才多艺的人物，是很难碰见的，出身是医师，而其后竟成为数学家、音乐家、测量师、造船技师以及其他等等"（翁根：《亚当·斯密以前的政治经济学史》）。但另一方面贫穷与磨难（当海员时由于近视眼严重，把山峰误认为灯塔，被船长毒打），使他萌发了不择手段向上爬的信念。前者是他登上学术高峰的基础，后者是他人格低下的根源。

马克思把配第称为英国古典政治经济学的创始人。配第对古典政治经济学的贡献包括方法、概念的框架和分析。在那个时代，盛行的是定性的、描述式的科学研究方法，而这种描述又要受人的主观思想的影响。在《政治算术》一书中，配第主张"用数字、重量和尺度来表达自己想说的问题"，"借以考察在自然中有可见的根据的原因"。这是一种定量的客观的研究方法。这种方法不仅对政治经济学，而且对所有科学都有意义。由配第参与推动建立的皇家学会标志着从旧方法到新方法过程的决定性一步。配第把这种方法应用于政治经济学。他用数字和统计资料来描述经济现象，并深入研究这些现象的内在规律。这就使政治经济学从重商主义对流通现象的表层描述，进入研究生产内部的规律。配第把这种对社会经济内在规律的探讨称为"政治解剖"。在用这种方法研究经济时，配第成为"统计学之父"和用数学方法研究经济学的首创者。正是运用这种方法，配第在经济学中提出了许多开创性概念和分析。

配第奠定了劳动价值论的基础。他认为，劳动创造价值（他的名言"土地是财富之母，劳动是财富之父"至今还为人们津津乐道），生产商品所花的劳动构成商品的价值，而商品的交换是以它内含的劳动量为依据的。他在劳动价值论的基础之上，认识到货币是一般等价物，具有价值尺度、交换手段和价值贮藏这三种基本职能，并探讨了货币量与货币流通速度，形成一个较为完整的货币理论。他在分配理论中提出的"剩余"这个概念被认为是最重要的贡献之一。他认为，工资应该等于劳动力的价值。剩余是产品超过必需的生产资料的数量。剩余转化为地主的地租和资本家的利息。他从这种分析中看出了社会三大阶级——工人、地主、资本家——之间的对立关系。可以说，古典政治经济学以后所分析的问题他都涉及了，他对劳动、价值、货币、剩余、地租、利息、赋税等概念的论述对现代经济学产生了不可忽视的影响。马克思称配第为"最有天才的和最有创见的经济学研究者"是颇为中肯的。这一评价为所有经济学家所接受。他的学问是一座高峰。

然而，配第的人品就无人敢恭维了。他在1651年被任命为英国驻爱尔兰军队的总医官。在爱尔兰他获得英国驻爱尔兰总督亨利·克伦威尔（Henry Cromwell，即反对英王查理一世的著名将军奥利弗·克伦威尔〔Oliver Cromwell〕之子）的信任，出任土地分配总监（Commissioner of Division of Land），主持把爱尔兰人的土地分给入侵的英军及相关人员的工作。他利用特权获得50 000英亩土地，成为新兴的土地贵族。以权谋私，这是他第一个人格污点。

更严重的是第二个人格污点——背叛。斯图亚特王朝复辟之后，他背叛了亨利·克伦威尔，投奔查理二世，并深得宠信。他又被自己所反叛过的斯图亚特王朝封为爵士，并担任爱尔兰的测量总监（Surveyor-General of Ireland），为自己又得到大量土地，到晚年他的土地多达270 000英亩。真正是不惜手段，名利双收。此外，据配第的传记作者隆卡吉里亚（Alessandro Roncaglia）在 *Petty: The Origins of Political Economy*（New York，Sharpe，1985年）中考证，他至少有一个私生子。可见其生活作风也不检点。

配第的子孙们一直没把配第的著作整理出版。马克思认为，这是因为出版著作必须有作者传记，但"这个思想敏锐而又特别轻浮的军医，既能在克伦威尔庇护之下掠夺爱尔兰，又能为这种掠夺向查理二世跪求必要的爵士称号，这样的祖像是不便公之于世的"。

人品与学问没有必然联系。我们不必由于一个人学问精深而掩盖他人品上的缺陷，也不能由于一个人人品上有缺陷而否定他学术上的成就。当然，更不能由于一个人人品上高尚而拔高他的学术成就。人品与学问双优无疑是理想的，但"人无全人，金无足赤"。人品与学问兼备也是"此事古难全"。

哥白尼

哥白尼也是经济学家

　　谁都知道哥白尼（Nicholas Copernicus，1473～1543）是波兰著名天文学家，他在1543年临终前发表的《天体运行论》中提出了日心说，被称为是天文学史上的"哥白尼革命"。但很少有人知道，哥白尼也是一位经济学家——是早期货币数量论的奠基者之一。哥白尼曾在克拉科夫大学和博洛尼亚大学学习，学过天文学、希腊文、数学和柏拉图的著作，精通当时的数学、天文学、医学和神学等方面的全部知识，是当时一位百科全书式的学者。他兴趣广泛、学识渊博，对许多问题都有研究。1519～1528年间，哥白尼曾担任波兰国王西格蒙德一世（Sigismand I，1467～1548）的货币改革问题顾问，在1526年撰写了《论铸币》（[*Moneta Cudendae ratio*]）此书1816年才出版，1864年译为法文本出版后渐为人知）。这本书是应国王的要求所提出的一份报告，目的是解决贵金属大量涌入引起的各种问题。就是在这本书中，他提出了今天称为货币数量论的思想和进行币制改革的建议。

15世纪末16世纪初的地理大发现，使美洲的贵金属（金与银）大量流入西欧，这引起物价普遍上升1～2倍。这种现象称为"价格革命"。"价格革命"也严重影响了波兰，给王国和公众造成了严重灾难：纷争、动乱、土地荒芜和货币贬值。波兰王国正是在这种情况下，让哥白尼提出解决这个问题的办法。

当时波兰并不是直接把白银或黄金作为货币，而是使用白银或黄金制成的铸币。当白银与黄金大量流入，铸币增加时，货币贬值，物价上升就是必然的。哥白尼指出："当货币过多时，币值就要下落。……货币贬值大概是因为它数量过多。"我们知道，货币数量论的基本观点是，货币数量与货币的价值反方向变动（货币量越多，货币越贬值），由此推出，货币数量与物价水平同方向变动（货币量越多，物价水平越高）。哥白尼已明确指出了第一个观点，也看出了物价水平与流通中货币量的关系。这正是我们把他称为早期货币数量论奠基者的原因。

当然，我们还应该指出，哥白尼论述的是商品货币下的货币数量论，所以，他强调的不是一般商品的物价水平同货币数量的关系，而是货币（铸币）与本价金属（金或银）之间的关系。换言之，他把铸币作为货币，把本价金属作为商品，论述这两者之间的关系。他认为，货币增加引起货币贬值是由于"铸币本身成色减损"，"铸币分量不足"，或者"铸币长期使用造成的磨损和破碎"。

这样，铸币相对于本价金属（金与银）贬值，本价金属价格就上升了。这就是对商品货币下，货币量增加与物价水平关系的解释，是货币数量论的中心。

哥白尼认为，要稳定经济，必须稳定币值，稳定币值就必须使铸币有其与本位金属相同的价值（如一镑的铸币相当于一镑白银），而且，货币还应该有其作为货币的额外价值（一镑的铸币的价值要高于一镑白银）。这样，币值才会稳定。他所主张的币制改革就是收回不足成的铸币重铸，使之成为足成的铸币。通过这种重铸减少流通中的货币量。

在商品货币流通的条件下，哥白尼对货币数量论的论述受到重视。19世纪初英国金块委员会报告中对货币数量论的观点与哥白尼的观点十分相近。1811年，英国古典政治经济学家李嘉图作为金块委员会委员也提出了哥白尼所建议的限制铸造分量不足的铸币的主张。

说起来令人匪夷所思，一个大天文学家怎么能称为经济学家。这就要从当时经济学发展的状态去了解。一方面，当时经济学并没有成为一门独立的科学，成为经济学家也不需要经过什么特殊培训。因此，任何人只要从他们观察到的经济事实中推出一点道理，而且，这种道理今天看来乃有启发或引出了以后的某种重要理论，就可以称为经济学家。正是在这个意义上，马克思指出，早期经济学家中有的是哲学家，有的是疯子、牧师、股票经纪人、革命者、贵族、美学家、怀疑论者和流浪者。总之，什么人都可以成为经济学家。另一方面，当时的学者，大多是百科全书式的，像文艺复兴时期的达·芬奇一样，什么都董。所以，可以兼各种学家。像哥白尼这样受过良好教育的大学者，兼天文学家、医生和经济学家就不足为奇了。

就货币数量论而言，其奠基者都是像哥白尼这样的业余经济学家。如西班牙神学法学流派萨拉曼卡学派的马丁·纳瓦洛（Martin de Azpilcueta Navarro，1493 ～ 1588）、路易·莫利纳（Luis Molina，1535 ～ 1600），法国政治哲学家让·博丹（Jean Bodin，1530 ～ 1596），意大利历史学家和古典学者达文扎蒂（Bernardo Davanzati）这些学者。

我把这种人人都可以当经济学家的现象称为"泛经济学家化"。这是经济学发展萌芽时期的正常现象，以后随着经济学成为一门独立学科，越来越专业化，这种现象也就消失了。今天，许多没有受过经济学基本训练的人都以经济学家自居，或被媒体封为"著名经济学家"，这正是我们经济学不成熟的标志。

如果哥白尼生于现代，他就不会是经济学家了。

亚当·斯密

亚当·斯密的书与友

读《国富论》和《道德情操论》，经常为斯密著作的博大精深所折服。斯密思想的形成当然与他所处的变革时代相关，但就其个人而言，这是他广泛读书与交友的结果。《亚当·斯密传》的作者约翰·雷指出"他是一位著名的爱书成癖的藏书家，终生不娶，与老母相依为命，广交朋友，每逢周末必邀约好友晚餐"。

先来说书。斯密藏了多少书？今人的判断主要依据了4种材料：斯密本人编写的1781年目录与注释，该目录为斯密亲笔所写的手稿，1920年被东京大学买走，1951年在东京出版，该目录中有1 100本书或小册子，共计2 200卷。斯密于1790年去世，1781年以后斯密还不断买书（1782年12月7日斯密致卡德尔的信中说"我在伦敦买了许多新书或再版书")和赠书，而且，斯密注明这些只是"楼上藏书"，不包括其他地方的书，这份目录显然并不完全。1894年詹姆斯·博纳编了一个书目，1932年博纳又对该目录进行修订和补充。这是目前研究斯密藏书最重要的两份资料。这两份资料还研究了斯密去世后这些书的去向。目录2中列出斯密藏书2 240卷。最后一种资料是以后图书专家、收藏家、书商等人发现的带有斯密藏书印记或标签的书。根据各种资料综合斯密去世时的藏书约有2 800卷。

斯密去世后这些藏书由他的表弟道格拉斯（以后的赖斯通勋爵）继承。这些书以后分别流到爱丁堡大学、卡柯尔迪博物馆、爱尔兰女王学院、东京大学及其他单位或私人。

从斯密的著作中我们可以看出，他广博的知识正来自广泛的阅读。在《国富论》中斯密经常谈到中国、日本和印度，而且从今天来看，他谈的也极有深度（关于这一点可以参看我的文章《亚当·斯密论中国》中的介绍，该文收入社科文献出版社出版的《我读》一书中）。谁都知道，斯密并没有去过这些地方，他对这些地方的了解全来自读书。斯密的藏书中有一部分正是西方人在东方旅行的游记、日记和历史、地理著作。例如，斯密的藏书中有英国人约翰·贝尔的《从俄国圣彼得堡到亚洲各地漫游记》，其中译有法国人德·朗热写的《北京游记》。斯密对中国人轻商的看法正来自此书。值得注意的是，斯密的藏书保存干净整洁，没有任何批注或记号。斯密在《国富论》引用过的许多材料，在原书上看不出来。可见斯密是在自己消化理解的基础上引用这些资料的，并非仅仅找依据。

斯密在法国旅行时与重农学派学者有过交往，从法国返回英国时，他带了至少4大箱书。这些书有多少，现在已无从知道，但仅保险金就交了200英镑。这在当时是很大一笔钱，可见书相当多。这些书主要是经济学著作，对《国富论》的写作肯定有影响。他关于"看不见的手"的思想实际受重农学派自然秩序论的影响。这些书可以作为佐证。

如果仅仅是读死书，大概斯密也就不是今天的斯密了。人的思想是在读书中获得的，也是在与别人交流和思想碰撞中产生的。斯密终生未婚，但交友极广。他的许多思想与知识正来自与朋友的交流。

斯密在格拉斯哥大学的老师亚历山大·邓洛普、罗伯特·西姆森、弗朗西斯·哈奇逊对斯密的影响相当大。斯密在邓洛普指导下学希腊语，受西姆森影响对数学兴趣极浓，而哈奇逊的自由主义思想影响斯密的一生。在爱丁堡大学担任讲师时，斯密的好友有当地法律界名流亨利·霍姆（以后的凯姆斯勋爵），精通经济学的同乡詹姆斯·奥斯瓦尔德，还与诗人汉密尔顿有通信往来。在格拉斯哥任职时，他与当地商界的名人交往密切。例如，当年的大商人安德鲁·科克伦是他的至交，科克伦为斯密写《国富论》提供了许多资料。斯密还参加了当地的政治经济学俱乐部和文学会，结识了更多朋友。1739年，斯密在爱丁堡结识了著名哲学家大卫·休谟。这是斯密终生的挚友，斯密的思想受休谟《人性论》影响甚大。1761年斯密在伦敦结识了谢尔本，并使这位政治家转向支持自由贸易。

1764年起，斯密陪巴克勒公爵到法国旅行。法国是当时思想极为活跃的地方，他结识了知识渊博的詹姆斯·麦克唐纳爵士，斯密的堂兄科尔伯特神甫。他与法国思想界名人伏尔泰、博物学家邦尼特等都交往甚多。在巴黎他是霍尔巴赫、爱尔维修、若弗兰夫人、布弗莱伯爵夫人、勒斯皮纳小姐、内克夫人等名流主持的沙龙的常客。在这里认识了更多思想文化名流。特别是，斯密认识了重农学派的杜尔哥、魁奈（斯密曾想把《国富论》献给魁奈，可惜该书出版时，魁奈已去世）等人。要把斯密一生的朋友与广泛的社交活动一一列出来是很难的，但交友广泛无疑是斯密的特点。

斯密能交这么多朋友与他的虚怀若谷相关，许多人是由于批评斯密而成为斯密的朋友的。例如，詹姆斯·安德森写过一本小册子对斯密的若干理论提出批评，由此他们建立了深厚的友谊。杰里米·边沁与斯密未见过面，但当边沁批评斯密规定最高利率的观点时，斯密接受这个批评并改变了自己的观点。斯密与埃德蒙·伯克和亚当·弗格森这两位学者的友谊都是既有争论，又有共同的探讨。苏格兰诗人威廉·朱利叶斯·米克尔曾严厉批评斯密，但斯密仍在东印度公司的问题上接受了米克尔的观点。读斯密的传记我总感到，一个人的谦虚程度与他交友的数量和质量成正比，而一个人学问与思想的深度与广度又与他交友的数量与质量成正比。

读经济学家的传记或回忆录总感到优秀的经济学家都读了许多书，有许多朋友。他们读书既有对经典之作的钻研，又有极为广泛的阅读范围。他们交友不是为了什么利益或吃吃喝喝，而是心灵与思想的交流。这是他们成功的基础。这种传统也许来自他们的鼻祖亚当·斯密。每代经济学家的环境与条件不同，所要解决的问题也不同。但我想，由斯密传下来的读书与交友的传统应该是永恒的。

亚当·斯密

亚当·斯密留下的两个谜

　　伟大的思想家总会留一些有待后人解释的谜。这或许是后人对他们的思想理解有偏差，或者是他们受时代限制提出了一些自己未解决的问题。解释这些谜，可以更深刻地理解伟人的深刻思想，也可以推动科学进步。

　　亚当·斯密也给我们留下了两个谜。一个是"价值之谜"，或称"价值悖论"。斯密注意到，水是生活必需品，对人的价值极高，但价格很低；钻石是奢侈品，对人的价值并不高，但价格很高。这种矛盾现象，斯密没有作出解释，称为经济学史上的"价值之谜"。另一个是斯密著作中"利己"与"利他"的矛盾。在《国富论》中他从物质利益出发论述并肯定了利己主义的经济人观。但在另一部名著《道德情操论》中又从同情心出发论述并肯定了利他主义的伦理观。这种利己与利他的不一致被经济学家称为"斯密之谜"，或"斯密问题"。

现代经济学已经解开了价值之谜。斯密是劳动价值论的奠基者，但他的劳动价值论存在内在的矛盾，他往往混淆了价值与交换价值，价值与使用价值，以及主观价值与客观价值。19世纪70年代的边际革命之后，经济学家用主观价值论代替了客观价值论，并用边际效用价值论解开了这个价值之谜。

边际学派认为，决定商品价值的不是它所包含的社会必需劳动量，而是消费者从消费一种商品中得到的效用，即消费该商品带来的满足或享受程度。一种商品的价值大小不取决于它有多大用途（使用价值）或所包含的劳动量，而是消费者对它的主观评价。商品的价值取决于边际效用。边际效用是增加一单位某种商品消费所增加的效用。随着某种商品消费量的增加，边际效用是递减的。所增加的最后一单位商品的效用，即边际效用，决定了该商品的价值。商品的市场价格是由供求关系决定的，某种商品数量多（供给多），需求少，则边际效用低，价格低；反之，价格就高。

根据这种理论，价值之谜就不是谜了。尽管水是必需品，效用大，但其数量极多，边际效用几乎是零，如果不是在沙漠这类缺水的地方，水的供给大于需求，价格低是正常的。钻石虽然效用不大，但数量极少，边际效用高，钻石供给极小，总远远少于需求，价格高当然正常。这种解释已在经济学中得到公认。

另一个谜就不那么简单了。自从19世纪中叶德国历史学派的经济学家提出这个问题之后一直有各种不同的观点。一些经济学家，如美国经济学家熊彼特和英国经济学家罗尔，在他们的经济思想史著作中都没有提到这个问题。他们依据《国富论》来解释斯密的经济思想，排除了《道德情操论》在经济思想中的意义。他们不承认这个谜的存在。另一些经济学家，如德国历史学派和苏联经济学说史权威卢森贝则承认这个问题的存在，认为在斯密的思想体系中存在利己与利他的不一致性。还有一些经济学家认为这种矛盾只是表面现象，并不是真正的矛盾，因为由利己出发，可以通过"看不见的手"的调节，实现利他。

我想对这个问题的解释更从斯密的身份与当时社会科学的状况开始。斯密是道德哲学教授，道德哲学是当时对社会科学的总称，包括了经济学在内的许多学科。斯密讲授的道德哲学包括神学、伦理学和政治学。政治学中又包括了政治经济学。斯密最初的计划是写一部有关道德哲学全部内容的著作，揭示作为自然的人和作为社会的人的本性及其生活的终极目标。但斯密没有完成这个庞大的计划，只写出了有关伦理学的《道德情操论》和有关政治经济学的《国富论》。由于斯密临终前烧毁了他的全部手稿，我们无法了解他这个庞大体系的框架，以及已写出的这两部书之间的内在联系。这就留下了这个谜。

理解这个谜的关键是斯密社会问题的出发点。斯密深受其好友大卫·休谟人性论的影响，并把人性作为他研究的出发点。斯密的研究是要以人性为基础构建一个符合人性的社会秩序，即重农学派所说的"自然秩序"。人性中既有动物的一面，又有天使的一面。从前者出发，人是利己的；从后者出发，人是有同情心和利他的。一个符合人性的社会应该承认人利己行为的合理性，由此出发来建立自然秩序。这就是《国富论》中论述的由价格调节的市场经济秩序。但人又有同情心，这就要求人要适当抑制自己的利己本性，社会也应该有道德规范，人应该有利他精神。"道德情操"一词指人判断克制私利的能力。《道德情操论》一书正是论述人如何在社会中控制自己的私欲和行为，使社会是一个有道德的社会。完整地理解斯密的思想应同时重视斯密在这两部书中所表达的观点。

斯密之谜在某种程度上反映了市场经济的内在矛盾。市场经济承认人利己行为的合理性，但也需要道德与正义。私欲与道德、利己与利他是市场经济的内在矛盾。从这种意义上说，斯密之谜并不是斯密的失误，而是这种矛盾的反映，是斯密思想的深刻之处。利己与利他的矛盾存在于任何一个市场经济社会中，也是这种经济产生许多问题的根源。

市场机制如何协调这种不一致性呢？斯密也给了我们一些思路。一是发挥"看不见的手"的作用，让价格把利己行为引导向有利于整个社会，即实现利他。市场机制是统一利己与利他的保证。把利己与利他对立起来，认为只有毫不利己才能利他是一种形而上学的观点。二是建立社会道德和法律制约机制。《道德情操论》论述道德规范问题。从《亚当·斯密关于法律、警察、岁入及军备的演讲》（英国经济学家坎南根据斯密一个学生的笔记整理出版）来看，斯密还要写一本"说明法律和政治一般原理"的书。这本书应该是讲立法规范的。所以，应该说，斯密之谜反映了市场经济的内在矛盾，而且可以在市场机制基础上用道德与立法来解决。只不过斯密没有来得及把这些思想全讲出来而已。

有创造性的思想家往往会留下许多令人费解或困惑之处。解开这些谜也是有趣的智力游戏。读了这篇文章，你有这种感觉吗？

马尔萨斯

被误解的马尔萨斯

每读经济学史我总要为马尔萨斯的命运感叹。说起来马尔萨斯也出身于中产阶级家庭，父亲富有而有教养，还有一个家庭图书馆，马尔萨斯本人也毕业于剑桥大学，被称为"最为诚心诚意的牧师，纯真而虔诚"。马尔萨斯在当好牧师之余又勤奋研究经济学，著作颇丰，涉及当时社会关注的许多问题。但就是这样一位令人尊敬的学者却一生清贫，被历代人批判，指责为人类的敌人。经济学也由于他而被卡莱尔称为"忧郁的科学"，流传至今。

当然，马尔萨斯清贫怨不得别人，要怨自己不善理财，或命中没有财运。他的好友李嘉图是理财高手，也想帮他脱贫致富。滑铁卢战争前，他请李嘉图代他购买了一小笔公债。但当英法战局不明朗时，价格波动，马尔萨斯坐立不安，写信催促李嘉图赶快把债券抛出去，有点微利就可以。李嘉图劝他再等等，他沉不住气，作为代理人的李嘉图只好照办。李嘉图一直等到滑铁卢战争英国胜利后债券价格暴涨时才卖出，赚了一大笔。马尔萨斯坐失赚钱的良机，大概怨不得别人。

对学者来说，清贫一点算不了什么，马尔萨斯的最大不幸在于学术观点被歪曲，被各个时代不同阶级的人共同指责。马尔萨斯受到批评最多的是人口论，他对人类前途的悲观论点也使经济学蒙受"忧郁科学"的不白之冤。当然，从整个人类的历史来看，这种悲观论也不正确。我想人口论的错误在于把动物的繁殖规律用到人类，并且低估了社会经济发展的潜力。人口增长与动物增长不同，它不仅由生物规律决定还由社会规律决定。人口增长经历了三个阶段。第一阶段是前工业社会的高出生高死亡，第二阶段是工业社会以后高出生低死亡。这两个时期出生受生物规律支配，死亡由经济状况决定。第三阶段是后工业社会的低出生低死亡，这时低出生的原因更多是社会经济的。马尔萨斯生活于人口增长的第二个阶段，把这个时期的短期现象一般化了。同时，马尔萨斯又把短期存在的土地肥力递减规律长期化，低估了人类经济发展的潜力。

但是，马尔萨斯的人口论绝没有人们想象的那么"反动"、"恶毒"。马尔萨斯有一颗善良的心，他是从对人类未来关心的角度来考虑人口问题的。当时人口剧增的确是社会贫困的一个重要原因，戈德温（诗人雪莱的岳父）等人一味盲目乐观，无视问题的严重性。比起唱赞歌的戈德温来，马尔萨斯更严肃地正视问题。而且，马尔萨斯的观点也并不全错，起码有局部真理性。从短期来说（这个短期也许是几十年），许多国家的确由于人口增长过快而贫穷，现在的一些亚洲和非洲国家不正是如此吗？如果不是这样，何必在发展中国家提倡计划生育或家庭计划呢？提倡计划生育的老祖宗不就是马尔萨斯吗？从长期来看，自然资源并不是无限的，人、自然与经济发展之间存在矛盾。尽管科技发展最终可以解决这个矛盾——例如，移民月球或火星——但协调发展越来越受到重视。罗马俱乐部那些预测人类灭亡的学者被称为"带着电脑的马尔萨斯"，但他们的观点（协调发展）不正体现在越来越多国家的发展计划中吗？

马尔萨斯人口论中最受指责的是对穷人的态度，说穷人不该来到世界上（在以后的《人口原理》中这些话删掉了），反对修改济贫法给穷人盖房子等。这里又有许多误解。马尔萨斯之所以不同意修改济贫法，反对为穷人盖房子是为了实现晚婚晚育，有计划地减少人口增长，从根本上改变穷人的状况。穷人生育无计划，这是各国普遍的现象，用济贫的方法使他们生育能力更强，不是济贫是害贫。这种看似冷酷的做法其实从长期看对穷人有利。这正如一些国家实行强制性计划生育，从整体上利国利民，也有利于受到限制的穷人一样。马尔萨斯的一些话说得直白了一点，但绝无仇视穷人，甚至人类之意。

也许是由于人口论的原因吧，马尔萨斯的经济学理论被扣上"庸俗经济学"的帽子，变得一无是处。其实马尔萨斯的许多观点比当时的人，包括李嘉图这样优秀的经济学家，都有高明之处。

我们知道，古典经济学是重生产而轻消费，重供给而轻需求的。供给决定需求的萨伊定理正是其本现。但马尔萨斯重视需求，他强调了非生产性消费对生产和经济发展的重要性。尽管他由此引申出需要一个只生产不消费的地主阶级存在，并为地租的合理性辩护，尚值得商榷，但重视消费和需求的重要性无论如何评价都不算高。马尔萨斯的这种真知灼见被歪曲了，批判了。只有凯恩斯认识到马尔萨斯这种观点的意义，并受启发提出了有效需求理论。凯恩斯在《通论》中专门论述了这个问题，承认他的理论来自马尔萨斯。

古典经济学坚持劳动价值论，认为价值决定价格，如果把价值解释为生产中的成本（即生产费用论），就会得出成本决定价格的观点。当年李嘉图等人正是坚持这一观点的，但马尔萨斯提出，决定价格的不仅有生产成本（供给），而且有需求。这种价格决定论在近一百年后的马歇尔时代才发展为完整的供求决定价格的均衡价格理论。这已经是现代经济学的核心内容和基本常识了。回顾历史，马尔萨斯在他那个时代就能有供求决定价格的思想，还称不上伟大吗？

如果仔细阅读马尔萨斯的全部著作，你一定还会发现许多精辟的观点。这些观点对以后的学者影响甚大。如"适者生存"的思想就对达尔文的进化论论本有启发。达尔文在自传中特别提到这一点。可惜对人口论的误解使许多人对马尔萨斯有了偏见，凡"马"必反。这绝不是做学问应有的公正态度。

直至今日，一部经济学说史仍然是一部批判史，把每个经济学家痛打一顿之后，一部经济学说史就学完了。这绝不是马克思倡导的科学态度。历史上的经济学家当然有不完善之处（其实今天的经济学家不也如此吗？），只有我们理解他们所犯错误的时代背景，并从中找出对今天有启示的东西，学习经济学说史才有意义。经济学的进步正是由包括马尔萨斯在内有这样那样错误的经济学家推动的。不能割断历史，不能苛求前人。这里用得上"理解万岁"这句话。

李嘉图

商而优则学的李嘉图

　　许多经济学家是学而优则商，则政，获得教授、博导的头衔就下海赚钱或从政去了。英国古典政治经济学家李嘉图与这些人相反，是商而优则学，赚了钱上岸搞学问来了。

　　李嘉图的祖先是西班牙犹太人，由于宗教原因，逃至荷兰，其后又迁至英国。其父起先从事批发贸易，以后从事证券交易，并成为伦敦12个犹太经纪人之一。李嘉图16岁时就成为父亲事务所和交易所中的得力助手，并以眼光敏锐、精力充沛而闻名。以后他因为与非犹太女子结婚而与家庭决裂，自己从事证券交易，并成为伦敦证券交易所总务委员会委员。18世纪末拿破仑战争时期，英国政府财政困难，发行债券，李嘉图是债券承包商，与朋友承包了

1811 ～ 1815年的五届公债。1815年的3 600万英镑公债在滑铁卢战争4天前发行，由于战局不明，条件极为优惠，英军胜利的消息传来之后，价格暴涨，李嘉图至少赚了100万英镑。

李嘉图在从商之余喜欢读书学习。他最初的爱好是自然科学。但一个偶然的机会使他爱上了经济学。有一天他夫人生病时，他在一个巡回图书馆见到一本亚当·斯密的《国富论》，刚翻了两页就被吸引，于是购买了一本。从此进入经济学领域。这故事与牛顿见苹果落地想到万有引力定理一样，但李嘉图是在经商成功后才研究学问的，这是事实。

来自书斋的经济学家和来自实践的经济学家往往有很大不同。前者更关心理论的推导论证，把经济学作为一种智力游戏来玩，而后者更关心迫切的现实问题，从现实中得出理论。李嘉图的《政治经济学及赋税原理》是古典经济学的顶峰。李嘉图的这本书以抽象、难读著称，李嘉图甚至被称为经济学演绎法的创始人。但这些抽象的理论都来自当时受广泛关注的社会问题。

长达20多年的英法战事中恐慌与黄金外流耗尽了英格兰银行的黄金储备。英国政府终止现金支付之后已处于不可兑换的纸币本位之下。纸币不能兑换为黄金引起金价上升，通货膨胀。在这场被称为金条问题的争论中，李嘉图认为，银行纸币发行量与物价水平之间关系密切，而物价水平又影响汇率和黄金流动。中央银行作为国家黄金储备的监护者，应该根据经济状况来制定信贷政策，控制货币借贷总量。李嘉图建议恢复金本位制，银行买卖金块而不是金币，并限制最低交易额（不低于20盎司）。这些建议被采用之后，物价稳定了。李嘉图是货币数量论者，他的理论正来自这场有关黄金与纸币问题的争论。

李嘉图《政治经济学及赋税原理》的中心问题是土地、劳动和资本的相对收入份额的变化是如何发生的，这些变化对资本积累和经济增长有什么影响。这种理论的基础是价值论。这是李嘉图研究劳动价值论的目的，也是李嘉图关于地主、资本家和工人三个阶级关系认识的基础。李嘉图对这一问题的兴趣来自当时关于谷物法的争论。

18世纪末到19世纪初，英国人口迅速增加，谷物生产赶不上需求，谷物价格上涨。为了维护地主的利益，英国政府制定了"谷物法"，限制从国外进口谷物。"谷物法"的实施使谷物价格上升，工人工资增加，利润减少，这引起工业资本家的反对。"谷物法"应该保留还是取消是当时社会争论的焦点。马尔萨斯是支持"谷物法"的，李嘉图则是"谷物法"的反对者。在这场争论中李嘉图所写的《论谷物低价对于资本利润的影响》是《政治经济学及赋税原理》的起点。这本书深奥、抽象、难读，连李嘉图也认为在英国能读懂这本书的不会超过25人。由于另一位著名经济学家麦克库洛赫在《爱丁堡评论》上著文赞扬，这本书得以畅销。李嘉图的价值理论、分配理论都是在这种争论中形成的。

在这场争论中，李嘉图还提出了一个在今天仍然极为重要的理论——比较优势理论。李嘉图主张取消"谷物法"，主张实行自由贸易政策。斯密也是自由贸易的支持者，但其理论基础是绝对优势理论。李嘉图用英国与葡萄牙贸易的例子说明了，即使葡萄牙在毛呢和葡萄酒的生产上都有绝对优势，两国贸易也是有利于双方的，因为贸易的好处不是来自绝对优势而是比较优势。这种理论成为现代国际贸易理论的基础。萨缪尔森认为，如果经济学中有一个简单而绝对正确的理论，那就是比较优势理论。比较优势理论是为了证明取消"谷物法"和实行自由贸易的好处的，它来自这场争论。

在现代经济学中，李嘉图等价论又一次引起人们关注。而且，由于美国经济学家巴罗继承并发展了这一理论，提出李嘉图—巴罗等价论，而引起争论。李嘉图的理论来自当时关于如何偿还英国债务的争论。英国在英法战争中借了大量债务，战后英国议会对如何偿还债务发生了争论。一派认为应该提高税收，用税收偿还债务，另一派认为征收高税对经济发展不利，应该发行债券偿还债务。李嘉图认为，这两种做法对经济的影响是一样的，因为发行债务，仍要由以后的税收偿还。公众知道以后税收还会增加，现在就减少消费，增加储蓄，与现在增加税收，减少消费是一样的。李嘉图等价论就是指用征收税收和发行债券弥补赤字对经济的影响和结果是一样的。这个理论也产生于当时的现实问题。

李嘉图无论经商、从政（当下院议员），还是学术研究都成绩斐然，这与他诚实、谦虚的人品相关。李嘉图在证券交易中光明磊落，反对欺诈行为。1803年曾有人以官方名义宣布英法和解，以欺骗公众提高债券价格。李嘉图坚决反对，并废除了这一谣言后的所有交易。公债认购者为此送给他一个银瓶表示谢意。李嘉图交结了许多学界朋友，包括与他争论的马尔萨斯，以及詹姆斯·穆勒等人。他的盖科姆庄园是经济学者经常聚会的地方。我们只有了解这一点才能理解为什么李嘉图总能成功。

经济学来自现实，只有那些关注现实问题的人才能作出开创性贡献。这是李嘉图的成功给我们的启示。

西尼尔

西尼尔的另一面

　　谈起英国经济学家西尼尔（Nassau Wlliam Senior，1790～1864），我们自然会想起马克思在《资本论》中的一段话："1836年一个美丽的早晨，以经济科学和优美文章著名，在英国经济学家中可以比作克劳伦的西尼尔先生，从他讲授政治经济学的牛津，被召往曼彻斯特去学习政治经济学。工厂主们选择他充当打手，以便反对新近通过的工厂法和更为吓人的十小时运动。"

　　马克思这里所说的是，西尼尔1836年在曼彻斯特工厂主大会上作了反对工厂法的报告，这个报告在1837年整理为《论工厂法对棉纺织业的影响的书信》发表。其中心是论证工厂主的利润是在日工作11.5小时的最后一小时生产的，以此反对把工作日缩短为10小时的要求及对使用童工进行限制的1833年工厂法。他的结论是，工作日缩短1小时，纯利润消失，工作日缩短1.5小时，总利润也会消失。马克思把他的这个观点称为"最后一小时论"。这个理论显然是站在资本家立场上反对工人的，理所当然地受到马克思的严厉批判和冷嘲热讽。

但是，如果我们仅仅凭这一点来评价西尼尔，那就失之偏颇了。实际上，西尼尔还有另一面，甚至是更重要的一面。西尼尔是律师出身，在发表关于谷物法的文章后成为牛津大学首位德鲁蒙德政治经济学教授。他曾担任辉格党主要经济顾问，并在一些政府的委员会任职。他的主要著作是1836年为《大英百科全书》（又称《不列颠百科全书》）而写的《政治经济学大纲》（有商务印书馆出版的中文本）。他为资本家奔波，反对工厂法和缩短工作时间，这的确是事实。但我们不能为此而否认他在经济学发展中的贡献。

在西尼尔那个时代，政治经济学还被作为一门道德科学，包含了强烈的价值判断，属于规范科学。西尼尔最重要的贡献之一就在于倡导并推动了经济学的实证化。经济学实证化就是抛开价值判断，研究客观经济现象的内在规律。他强调了政治经济学的客观性，认为政治经济学研究的是财富，而不是福利。或者说，政治经济学要研究生产和分配的客观规律，而不研究这些规律所引起的后果是否公平或合理。政治经济学家的职责不是推荐什么或告诫什么，而是要说明不容忽视的一般原理。所以，经济学家应该像陪审员一样，如实地根据证据发表意见。在经济学史上，西尼尔是经济学实证化的创始人之一。在很长时间内，我们都把经济学的实证化等同于庸俗化。早在20世纪80年代初，已故著名经济学家陈岱孙教授就指出，这种看法是简单化的。其实现代经济学是沿着实证化的路线发展下来的，经济学实证化是主流，也取得了公认的成绩。从这个意义上说，西尼尔首创经济学实证化功不可没。

西尼尔的理论中最有名的是节欲论了。西尼尔认为，人的本性是懒惰的，劳动是人牺牲闲暇的结果。资本是人放弃财产的非生产性使用，或有意识地选择未来的产品而放弃目前使用的结果。资本是节欲的结果，他用节欲来代替资本一词。劳动和资本共同创造了财富，资本在生产中的作用是重要的。资本来源于储蓄，储蓄是来自节欲。所以，资本获得的利润是合理的。这种观点被以后的经济学家所继承。如奥国学派的迂回生产理论——先生产资本品，再用资本品生产消费品，称为迂回生产。迂回生产提高了效率。使迂回生产成为可能的是资本，资本是放弃现期消费而用于未来消费的结果。现代经济学中的利息理论正来源于节欲论。要驳斥这种理论，指责它为资本的剥削辩护很容易。但不可否认的是，在任何社会中，储蓄都获得利息，而且，储蓄来自节约（节欲的同义词）的说法是一种常识。资本的确是生产中必不可少的，获得利息或利润也是合理的，这是节欲论屡受批判，但长盛不衰的原因。

西尼尔另一个被现代经济学继承的理论是价值论。西尼尔反对客观价值论或劳动价值论，他坚持效用价值论。他认为"效用指的并不是我们称之为有用事物的内在特质，它指的只是事物对人们的痛苦与愉快的关系。来自各个物体的痛苦和愉快的感受，系由无数成因所引起的变更，是时刻在变化的"。这就指出效用是人的主观感觉，或对物品效用的需求强度。而且，他还提出了边际效用递减的思想，这就是他说的"不但任何一类商品能提供的愉快总有其一定的限度，而且在达到这个限度之前，它所提供的愉快早已在越来越快地消逝"。效用的主观性和边际效用递减是19世纪70年代之后边际效用学派的基本观点。所以，在经济学史上，西尼尔是从李嘉图到边际效用学派的纽带。

　　我们承认每个经济学家都有其时代局限性，但我们看到的应该是他们对推动经济学发展所作出的贡献。这正是我强调西尼尔的另一面的意义。

让·巴蒂斯特·萨伊

重新认识萨伊

在经济学史上，争议最大的经济学家莫过于19世纪上半期的法国经济学家萨伊了。李嘉图称他为"大陆著作家中首先正确认识并运用斯密原理的人"，他的功绩"大于所有其他大陆著作家的全部功绩"。马克思认为，他是法国庸俗经济学的创始人。在现代，凯恩斯经济学的建立是从批判萨伊定理开始的，而20世纪80年代的美国供给学派又把萨伊定理奉为真理。

不同的人，从不同的立场和观点出发，给同一个人以不同的评价，是极为正常的。关键是，我们应该尊重历史事实，还历史以本来的面目。

让·巴蒂斯特·萨伊（Jean Baptiste Say，1767 ～ 1832）生活

在法国资产阶级革命和第一次产业革命时期，曾主编过当时颇有影响的《哲学、文艺和政治旬报》，由于反对拿破仑的大陆政策而被解职，以后办过实业。拿破仑倒台后受政府委派去英国考察工业并讲授政治经济学。他最主要的著作是1803年出版的《政治经济学概论》。

我们对萨伊的评价不能以他为资本主义辩护为唯一依据，而要具体分析他的经济理论。

在经济学研究对象与方法上，萨伊提出政治经济学研究财富的生产、分配和消费。这在经济学史上是首创，并为以后的经济学家所认同。萨伊主张以实证方法研究这些问题，抛弃价值判断，从事实出发，即"事物怎样存在或怎样发生，构成所谓事实本质，而对于事物本质的仔细观察，则构成一切真理的唯一依据"。萨伊与英国经济学家西尼尔都是经济学实证化的创始者。经济学实证化是经济学科学化之始，萨伊功不可没。

萨伊的经济理论中引起争论最大的是收入分配的三位一体论和供给决定需求的萨伊定理。

萨伊的分配理论以生产理论为基础。萨伊认为，生产不是创造物质，而是创造效用。物质产品和劳务都能带来效用。他认为，生产的三要素是土地、劳动和资本。在此基础上，萨伊建立了三位一体的分配公式。这就是说，参加生产的土地、劳动和资本得到相应的收入，即土地得到地租，劳动得到工资，资本得到利息。马克思主义学者对这种理论一直持批评态度，理由是这种三位一体的分配否认了土地和资本对劳动的剥削。但现在西方经济学中的分配理论是以萨伊的理论为出发点的，即承认土地、资本和劳动同样在生产中作出了贡献，应该得到合理的收入。我们现实的分配体制中，也承认了土地与资本收入的合理性。

在萨伊的理论中争论最大的是萨伊定理。萨伊定理最基本的内容是，供给创造需求，有供给就有需求，货币在交换中只起到瞬间交换媒介的作用，所以，不会发生普遍的过剩性危机。这一理论是马克思主义者一直所批评的，因为它否认了资本主义危机的可能性，而且没有认识到货币在经济中的重要作用。在西方经济学中，20世纪30年代之前，萨伊定理尽管也受到非主流经济学家的批评，但在主流的古典与新古典经济学中被作为真理。20世纪30年代的大危机打破了无危机论，凯恩斯正是在批判萨伊定理的基础上，建立了凯恩斯主义经济学，其核心是用需求决定论取代供给决定论，认为有效需求不足是引起经济危机的原因。20世纪80年代的美国供给学派，则重新肯定了萨伊定理，供给学派正从重视供给而来。

如何看待萨伊定理呢？从现在来看，供给决定并不是绝对错，在长期中决定经济的还是供给，即生产能力，需求则在短期中更为重要。现代宏观经济学把总供给与总需求结合起来分析经济。萨伊定理中的一些错误与当时的时代相关。萨伊否认经济危机的可能性是因为他生活的时代，经济危机还没有成为主要问题——世界上第一次经济危机1825年发生于英国。仅仅把货币作为交换中瞬间的媒介与当时法国的情况相关。那时正处于拿破仑时期，通货膨胀严重，人们认为"货币是烫手的"，拿到货币就赶快去购物。这种现实不能不影响萨伊对货币的认识，这就是时代局限吧。

约翰·穆勒

神童穆勒

在经济学中，John Mill 译为约翰·穆勒，这是沿用了严复的译法，但在哲学或政治学中，John Mill 又译为约翰·密尔，音更准确一些。穆勒不仅是著名经济学家，也是哲学家、政治学家、逻辑学家，甚至在写得极好的一手散文的意义上说，也是文学家。集如此多之"家"于一身者，必是天才无疑。

穆勒的确是神童和天才。美国心理学家科克斯（Catherine Morris Cox）曾对1450年到1850年的杰出人物作过一项模拟智商（IQ）测验，结果穆勒以190分成为世界之最，远远高于大名鼎鼎的伏尔泰、莫扎特、拿破仑、贝多芬、达尔文诸人。还有一种说法是，穆勒是历史上唯一智商高达200（满分）的人。无论智商的具体数值是多少，他的天才是"地球人都知道"的。

张五常先生还介绍了穆勒的一件事。芝加哥大学斯蒂格勒教授印了一份经济学家的挂历。在穆勒的那一页上，引用了穆勒写给当时著名学者边沁的一封信："边沁先生，你借给我的《罗马帝国史》的第一册，我已经读完了，觉得很有兴趣，现在托人交还给你。希望你继续将第二册借给我，我会很细心阅读的。"《罗马帝国史》（中文本名为《罗马帝国衰亡史》）是历史学家吉本的名著，看看日历和信后的日期就知道穆勒写此信时才三岁。一个本应玩耍的儿童却来读这种严肃的学术名著，不是天才如何能解释？

据《穆勒自传》记载，他三岁开始学希腊文，读《远征记》、《对话录》、苏格拉底《回忆录》等书。八岁又开始学拉丁文，并当妹妹的老师。穆勒童年时读遍各种名著，并帮助父亲编写《印度史》，对数学亦精通，还对实验科学颇有兴趣，读物理、化学、生物等方面的著作。13岁时又学习政治经济学，并结识了李嘉图。约翰·穆勒的父亲教儿子经济学的方法也很特殊。每天他们父子出去散步，父亲讲解，儿子回来后整理出来，直到父亲满意为止。这就是他父亲《政治经济学要义》一书的写作过程。父亲还用讨论的方式让他读李嘉图的书和斯密等人的著作。到14岁时，他的教育基本结束。穆勒回忆，"由于父亲的教导，我开始（受教育）的时间比同代人早25年"。

但是天才也有自己的困难，由于早熟，没有享受到童年的乐趣，心理成长与知识增进不成比例，往往会在成年后出现心理危机。穆勒也是这样，在20岁时他处于精神发展的危机而无法摆脱。在与这种精神忧郁的斗争中，他认识到两点：第一，"只有那些不为自己谋快乐而把心力用在别的目的上的人才是快乐的，为他人谋幸福的人，为人类谋进步的人，甚至从事艺术或学问，但不把它们当作谋生手段，而把它们当作理想目的的人才是快乐的"。第二，"我第一次把个人的内心修养当作人类幸福的首要的条件之一"。应该说，他童年读许多书时还缺乏理解（毕竟没有社会阅历），但这些知识在起作用，他努力充实自己，反复思考，终于使人生走上了一个新阶段。

当然，穆勒能摆脱这种精神状态还缘于他在1830年结识了比他小两岁的哈里特·哈迪。穆勒对哈迪的评价是"从外表看，她美丽而机智，具有一种使所有接近者都觉得自然高贵的气度。在内心上，她是个感情深沉而坚强的妇女，有洞察力和直觉的智力，又有一种好冥思的诗人的气质"。穆勒还认为，哈迪在气质和品格上与大诗人雪莱相似，但在思想与智力上，哈迪是"大巫"，雪莱则是"小巫"了。当时，哈迪已与伦敦富商泰勒结婚，且有两个孩子。但泰勒略输文采，稍逊风骚，与哈迪在思想上难有共鸣。于是穆勒和哈迪陷入情网。1849年哈迪的丈夫泰勒去世后他们于1851年4月结婚。

应该说，他们两人的相互吸引更多是精神上的。他们常有书信往来，也在一起探讨问题，散步，甚至外出旅游。哈迪是穆勒真正意义上的红颜知己。哈迪给予他的不单纯是男女之情，而是事业和思想上的帮助。穆勒说，我得到哈迪的友谊，"它是我一生的荣誉和主要幸福，也是我为人类进步所奋斗的或希望今后实现的大部分事业的力量源泉"。

尽管哈迪早于穆勒去世，但穆勒认为，自己在最终目标和实用这两方面"不论我以何种形式接受的或是创造的结论（包括政治经济学、分析心理学、逻辑学、历史哲学或其他学科）都应该深深感谢她，因为我从她那里学会一种聪明的怀疑态度"。穆勒说，他的许多著作是在两个人的探讨中产生的，"要分清是谁的创见，是谁执笔这类问题，就没有什么意义了。在我的全部作品中她的贡献和我一般多，而且在我的作品中她的贡献是与年俱进的"。穆勒还具体指出，《政治经济学原理》一书吸收了哈迪许多见解，例如，"劳动阶级的可能未来"一章是在哈迪的坚持下才写的，而且思想完全是哈迪的，甚至是哈迪口授的记录。穆勒的名著《论自由》是在哈迪去世后出版的。但穆勒强调，与其他书相比，这是他们文字上更加直接合作的产物，其中每一句话都经过他们共同阅读，反复推敲，仔细斟酌。就思想内容而言，更难说出哪一种思想是谁的。

历史上神童或天才相当多，但最后成功者并不多，穆勒是一位成功的天才。他是李嘉图之后最伟大的古典经济学家，也是古典经济学的集大成者。他在1848年出版的《政治经济学原理》是当时最好的经济学教科书。这本书总结了当时经济学发展的成果，被称为经济学史上的第一次综合。他对谷物法、通货、政治经济学方法论、国际经济、消费与生产、利润与利息、劳工问题等都有论述。在逻辑学方面，他的《逻辑体系》；在政治哲学方面，他的《功利主义》《论自由》《关于代议制政府的探讨》，现在都已成为经典；在社会学方面，他关于性、婚姻和妇女法律地位的论述至今仍有影响。无论在经济、政治哲学还是社会问题上，他围绕的一个中心是尊重个人自由。这是人类最高的价值观。

人们常说成功的三要素是天才、勤奋和环境。穆勒同时具备了这三个条件。他是幸运者，也是成功者。

克洛德·弗雷德里克·巴斯夏

经济学幽默大师

    一个笑话说，某女士得了绝症，只能活半年。她向医生请教如何才能过好这半年。医生建议她与一位经济学家结婚，因为经济学家教条、枯燥、无味，"与他在一起度日如年，恨不得早点死去"。但是，如果这位女士找的是这样一位法国经济学家——

    法国议会正在讨论修建从巴黎到马德里的铁路。一位叫西米奥特的议员建议，铁路在波尔多中断一段，这样就可以使波尔多地方的搬运行李工人，商店、剧院和其服务人员及老板，以及轮船上的船员等各种人，收入增加，从正波尔多财富增加，法国财富也增加。这位法国经济学家马上说，尔讲得太好了，但不必以波尔多为限，翁古拉姆、波尔图、图尔、奥尔良等铁路通过的城市都该这样，法国不更富了吗？他还建议把这一节节中断的铁路命名为"起反作用的铁路"——不是有利于交通，而是增添麻烦。

当法国执政者建议提高关税，以保护法国工人时，他写信给商业部长说，这个建议真好，因为不让国外锋利的大斧进口，我们就用自己生产的小钝斧干活。大斧砍树要100下，小斧要300下。这样，一小时能干完的活，要三小时才能干完。劳动可以创造财富，三小时创造的财富总比一小时多啊！

当然，最有名的还是这位经济学家1845年写的《蜡烛商的请愿书》。他以蜡烛商的名义说，我们实在竞争不过太阳，太阳的光是无代价的，因此，希望立法者让全国用幕布遮天，让普天下永远黑暗，全国经济才能繁荣。他的这篇文章现在仍被广泛引用，这个故事经由萨缪尔森在《经济学》中引用已家喻户晓。读到这里，大家一定会猜到，我介绍的这位经济学幽默大师是巴斯夏。如果这位女士有幸与巴斯夏结婚，读这位大师的书，听这位大师侃经济学，她一定会每天开怀大笑，不想死去，也许绝症被欢乐战胜了呢！

克洛德·弗雷德里克·巴斯夏（Claude Frederic Bastiat，1801～1850）的著作中充满了这种幽默的笑话和看似荒谬却使论敌无法回手的逻辑推理。他这类著作包括《经济诡辩》（*Sophismes éConomiques*，1847年），《看见什么和没看见什么，或一堂政治经济学课》（*Coqúon voit et ce qúon ne voit pas*，*ou I' éconmie politique en une lecon*，1846年），但他的主要著作是《和谐经济论》（*Harmonies économiques*，1850年）。

尽管巴斯夏写的书极富幽默感，其实他的人生并不顺利。他出生在法国巴约讷，九岁时就成为孤儿，但仍受到过良好教育，读书甚多。他在24岁时继承了祖父的遗产后，经过商、务过农，但都没成功。他有点像托尔斯泰《战争与和平》中那个心地善良但笨手笨脚的皮埃尔伯爵。1830年波旁王朝逃出法国，但他还召集了600名青年勇敢冲进一个波旁王朝的堡垒。结果里面的人不战自降，请他们共进美酒，英雄主义行为变成了笑谈。他一直住在乡下，被巴黎人称为"外省人"。1844年，他在《经济学家杂志》上发表了一篇题为《法国和英国的关税对两国国民前途的影响》的文章，抨击关税保护，倡导自由贸易，引起轰动，自此进入经济学界。此后，他发表了许多有影响的文章与小册子。他犀利、幽默、冷嘲热讽的文章在社会上比那些严肃学者的规范论文影响大得多，并于1848年当选为议员，可惜天不假其年，他患肺结核病，并于1850年去世，年仅49岁。据临终时在他身边的牧师说，他最后喃喃自语的话是"真理，真理……"

那么，巴斯夏追求的是什么真理呢？他认为，人类社会表面看来纷纭扰攘，每个人都为一己私利而奔波，实际在市场机制的调节之下，社会是和谐的，每个人利己的努力最终有利于整个社会。在国内工人、农民、资本家、地主之间没什么矛盾，利益是一致的；在国际上，各国之间是和谐的，自由贸易可以保证共同富裕。与马尔萨斯、李嘉图的悲观主义不同，他是一名乐观主义者。其实那种幽默、风趣的文风正是他对社会乐观态度的体现——一个总是忧国忧民的人，哪能幽默起来呢？

当然，即使从那时的观点来看，他的这套观点并不是什么创见，也没有理论上的深度。所以历来经济学大师们对他评价都不高。英国经济学大师A.马歇尔（A. Marshall）认为，他对经济学的理解并不比他反对的人强。熊彼特则说，巴斯夏不是一个坏的理论家，而根本就不是一个理论家。与他持有相同观点的美国经济学家 H. 凯里（H. Carey）在他的《社会科学原理》序言中甚至指责，巴斯夏剽窃了他的理论。

巴斯夏的功劳在于用幽默生动的文风传播了经济学。正因为如此，巴斯夏被称为"经济学史上最伟大的自由贸易福音传教士"。熊彼特称他为"有史以来最优秀的经济记者"。英国经济学家埃奇沃思（Edgeworth）称赞他在把前人的经济学发现通俗化方面是个天才。其实，能用一支幽默、风趣而又通俗的笔把那些深奥的经济学道理介绍给大众，不也是一种成功吗？何必都去创新呢！读巴斯夏的作品是一种享受，在享受中又领略了经济学的真谛，这不正是我们至今仍然怀念巴斯夏的理由吗？

杜普伊特

小经济学家的大贡献

提起斯密、李嘉图、马歇尔这类经济学大师，谁都不陌生。他们所作出的开拓性贡献构成了一部经济学史。但他们的成就也是站在其他人肩膀之上的。这些其他人往往并不是巨人，而是一些默默无闻的小经济学家。

现在我们都知道经济学中的供求定理是19世纪的法国经济学家古诺发现的。尽管古诺曾被冷落过，但在19世纪末经英国经济学家杰文斯推崇，现在已是大师级人物。其实在发现并运用供求规律，并对此作出贡献的人中还有许多是至今仍名气不大的学者，其中最值得注意的是19世纪的一些法国工程师。

19世纪50年代是法国铁路的发展与迅速扩张时期。许多有才华的青年被吸引到工程师这个行业。这些工程师不仅设计和建造铁路与桥梁，而且注重分析铁路的经济效益。他们在微积分这些数学工具方面受过良好的科学训练，在从事铁路等公共工程建设中收集到大量有关这些项目成本和收益的统计资料。正是这两种优势的结合使他们对供求关系和成本—收益分析作出了其他经济学家所无法作出的贡献。这些工程师集中在法国的桥梁与道路学院，该校自1747年建立以来就有从经济角度研究公共工程的传统。该校先后对供求和成本—收益分析作出贡献的学者有亨利·纳维耶（Henri Navier，1785～1836）、约瑟夫·米纳德（Joseph Minard，1781～1870）、查理迈格尼·古托理斯（Chavlemagne Courtois，1790～1863）、埃米尔·谢松（Émile Cheysson，1836～1910）、雷诺塔韦·尼耶（René Tavernier，1853～1932）、查尔斯·科尔森（Charles Colson，1853～1939）等。被吸引到这一团体中的还有美国人查尔斯·埃利特（Charles Ellet，1810～1862）、比利时人埃尔分斯·贝尔派尔（Alphonse Belpaire）和奥地利人魏尔海姆·诺德林（W：lhelm von Nördling）。但对成本—收益分析作出重要贡献的还首推阿尔塞纳—朱尔—艾蒂安—朱韦纳尔·杜普伊特（Arsène-Jules-Étienne-Juvénal-Dupuit，1804～1866）和狄奥尼修斯·拉德纳（Diony sius Lardner，1793～1859）。

杜普伊特是当时最负盛名的工程师之一，但他作为经济学家的贡献要远远大于作为工程师。他关心的是公共工程的经济收益或净收益，以及公共工程所产生的社会福利。为了分析这个问题，他研究了需求的效用基础以及公共工程效用的衡量。在这种研究中他对边际效用、需求、消费者剩余、垄断和歧视、边际成本定价等领域的研究都作出了重大发现。他最早把边际效用与需求曲线联系起来，研究了歧视价格与社会福利的关系。他根据这些理论计算了桥梁的收费标准以及成本和收益的关系，成为今天成本—收益分析的先驱。杜普伊特的这些成就现在已受到高度评价，较为详细一点的经济学说史教材中都有文章或专节介绍杜普伊特的贡献。

至今仍然没有受到足够重视的是拉德纳。拉德纳也曾在法国的桥梁与道路学院学习，他对经济问题的研究和所作出的贡献显然与这个学校的传统相关。但他是爱尔兰人，早年就读于都柏林三一学院，研究过数学和天文学，且兴趣广泛，被称为"流浪者狄奥尼修斯"，指他兴趣与涉猎领域之广。他写过代数几何和微积分著作，并在1829～1849年策划和主编了长达133卷的《拉德纳珍藏本百科全书》（*Lardners Cabinet Cyclopædia*），任伦敦大学自然哲学教授。他唯一的一本经济学著作是1850年出版的《铁路经济》。这本书仍被经济学家重视，在1968年重印。

拉德纳对供求的研究受以杜普伊特为代表的桥梁与道路学院传统的影响，即重视数学和图形工具的运用，重视实际问题与资料，以铁路的成本—收益为中心。他研究中的资料主要是他在比利时担任铁路官员时所收集的。

拉德纳把铁路运费作为自变量，把总收益和总成本作为因变量，研究运费变动与总收益和总成本的关系，从而说明铁路利润最大化的实现。拉德纳用图形说明，当运费增加到无货可运时，仍然都有固定成本（维护铁路的费用）存在，这时没有收益，铁路亏损。随着运费下降，货运增加，总成本和总收益都在增加。利润最大化的运费应该在收支平衡运费和收入最大化运费之间。现代经济学家认识到，拉德纳已经认识到利润最大化之点是边际成本等于边际收益之点。这种观点现在已成为一个定理。拉德纳还提出，运输成本的下降随货运距离的平方而递增，这一发现被英国经济学家马歇尔称为"拉德纳平方定律"。

拉德纳在此基础上提出了相当完整的与区位有关的价格差别理论。他主张降低竞争激烈的长途运输收费率，而提高竞争较少的短途运输收费率，以增加铁路的总利润。这一原理和计算方法在现代民航公司确定货运与客运收费率中仍然在运用。这就是在竞争少的地方航线中实行高收费率，而在竞争激烈的长途航线中实行低收费率。

以杜普伊特和拉德纳为代表的这批工程师现在也算不上大师级人物。但他们从实际出发对需求、供给、价格、成本、利润等问题的研究结论构成了现代微观经济学的基础。在历史上，许多经济学开创性贡献正是这些小经济学家作出的。在经济学研究中千万不能忽视那些至今仍默默无闻的"小人物"。

弗里德里希·李斯特

李斯特为什么自杀

　　1846年11月30日，德国经济学家李斯特在一个小镇开枪自杀，结束了自己年仅57岁的生命。

　　在历史上，文学家、艺术家，自杀者不少，但在一流经济学家中，李斯特大概是唯一的自杀者。一个人只有在走入绝路时才会自杀，是什么把这么一个既有才华，又爱国的经济学家逼上绝路呢？

　　弗里德里希·李斯特（Friecrich List，1789～1846）出生于一个手工工匠家庭，自小学习用功，17岁时就通过考试在符腾堡王国内政部任书记员，并为部长所欣赏，被任命去管理图宾根大学。要了解这位少年得志的经济学家为何走上自杀之路，先要了解当时德意志的历史。

当时的德意志并不是一个统一的民族国家，而是由许多小公国和各邦组成的松散联邦，有点像我国春秋战国时的状态。当时在欧洲，英国已经成功地进行了产业革命，法国也在资本主义道路上前进，但德意志仍是农业国，工业受行会约束发展缓慢，尤其是内部关税重重，对外却无关税。一位商人当时从巴塞尔到科伦之间交了31次税，平均每6英里交一次，面对英国工业品的进入却没有任何保护。李斯特一心想让国家强大，主张建立关税同盟，发展经济。

李斯特的主要著作是《政治经济学大纲》（1827年）、《政治经济学的自然体系》（1837年）和《政治经济学的国民体系》（1841年）。这些书的中心思想是，发展工业是德意志走向繁荣和统一的必由之路。德意志工业要用高额进口税和其他贸易政策保护，才能免受外国竞争的打击，发展起来。这也就是当今仍有影响的"幼稚产业论"。围绕这个中心，他的经济思想体现出三个特点：第一，政治经济学不是研究经济发展的一般规律的科学，而是有关国家经济的科学，并强调国家在组织发展中的决定性作用；第二，反对古典经济学，既反对他们的结论——自由贸易，又反对他们的方式——抽象的演绎法；第三，不同国家处于不同的发展阶段，有不同的经济学与经济政策。德国的经济学应该是后进国家的经济学，这种经济学的中心是通过保护来发展生产力，发展工业。李斯特是以后在德国经济学史上影响甚大的历史学派的奠基人。这些思想成为以后德国历史学派的基本信条。

今天读李斯特的书，尚能感觉到他那颗拳拳爱国之心，他的各种主张也是为了民富国强。但为什么他不得志，以至于走上绝路呢？这就在于他是新兴的资产阶级的代言人，但德国当时的资产阶级是弱小的，软弱的，无能力也不愿意保护自己的代言人，尤其当李斯特遭到打击之时。他从国家利益出发支持新兴资产阶级，必然得罪容克地主。例如，他主张保护关税，但容克地主正是靠自由贸易——以让英国工业品进入德意志为代价来换取德意志农产品可以自由进入英国——来获利的。他主张德意志的统一和国内关税的消除，这直接侵犯了各公国领主的利益。他主张实现英国一样的立宪民主，他的一句名言是"昂首挺立和发挥自己智力的应当是10万自由平民，而不是30个贵族"。哪一个独裁者能接受这个原则呢？

1818年以后，李斯特把他的理想付诸行动，成为德意志工商业者联合会的中心人物，起草了要求取消国内贸易限制的请愿书，并写文章、办报纸、进行演讲。这些活动受到当局与官方思想和新闻界的攻击与迫害，他被加上了"在国外进行可疑的有组织活动"的罪名，解除了图宾根大学和符腾堡的公职。经济学界的权威A. 米勒（A. Miller）咒骂李斯特的主张是在煽动革命。李斯特先后在法国、瑞士流亡，1825年全家迁往美国。1832年又以美国驻莱比锡总领事的身份回到了德意志。李斯特尽管已取得了美国国籍，但他仍然有一颗爱国心。他回国后虽然仍受到刁难和迫害，被视为危险的煽动性人物，但仍在关心发展统一的铁路系统，办报进行宣传，甚至还想恢复自己的德意志公民权。然而，德意志统治者并没有改变对他的态度，他又不得不流亡法国、比利时，并在这一时期专心于著述，写出了最重要的《政治经济学的国民体系》。

李斯特一生受迫害，壮志未酬，长期流亡，生活困难，疾病缠身。1846年英国通过了废除保护贸易的《谷物法》，给他的保护主义思想以致命打击。于是他就在一个漫天大雪飞舞的冬夜结束了自己的生命。在他死后30年，他的思想才引起重视。不过被利用的主要是他思想中反动的一部分——主张沙文主义，提出德意志要扩张领土，吞并荷兰和丹麦。尤其在他的晚年，沙文主义倾向更为明显，还在1845年提出由德意志领导实现中欧统一的扩张主义计划，以及德意志向东南扩张及实行日耳曼帝国的殖民政策。

李斯特是爱国主义者，但爱得太过分，就成了人们所说的"爱国贼"。人热爱养育自己的国家与人民，为它的强大作出贡献，是正常的爱国者。但把不爱自己的统治者作为爱的对象，把沙文主义和扩张作为爱国，就变为"爱国贼"了。

李斯特无疑是经济学家中的悲剧人物。

戈森

古诺

先行者的悲凉

经济学家的命运各不相同。有的生前声名显赫，死后流芳百世。有的生前奔走于权贵之间，活跃于媒体之上，大红大紫，却由于没什么真正贡献，死后默默无闻。还有的走在时代的前面，生前不为人知，死后声名鹊起。数理经济学的奠基人戈森和古诺就是这样的先行者。

戈森（Hermann Heinrich Gossen，1810 ～ 1858）是德意志经济学家，一生中除了做过一段不成功的公务员和保险合伙人外，一直在写《人类交换规律与人类行为准则的发展》一书。这本书的目的是要发现人的享受规律。在研究享受问题时，戈森提出了两个重要的享受规律。第一，"如果我们连续不断地满足同一种享受，那么这同一种享受的量就会不断递减，直至最终达到饱和"。这就是我们今天熟悉的边际效用递减规律，被称为"戈森第一定律"。第二，人要使享受达到最大，必须满足"每一种享受的量在其满足被中断时，保持相等原则"。这就是我们今天熟悉的边际效用相等原则，被称为"戈森第二定律"。这两个定律是当代经济学的基础——边际效用价值论——的中心。戈森在这本书中的另一个贡献是数学方法的运用，他强调"不借助于数学，也同样不能表述真正的国民经济学"。他的整个理论都是用数学表述与推导的。

戈森是边际效用价值理论和经济学中运用数学方法的先行者。他自负地声称自己发现的规律可以与哥白尼的发现相比。可惜当时的学术界并不买账。戈森这本书1854年自费由出版商菲韦格出版后，只卖出了几册，毫无反应。戈森极为灰心，收回了所有存书，4年后在郁郁寡欢中患肺结核去世。

戈森的不幸在于他是先行者。我们知道，边际效用学派的兴起和经济学史上的边际革命发生于19世纪70年代的奥地利。戈森当时所在的德国经济学界中执牛耳的是历史学派。历史学派主张用叙述式的、归纳的方法来研究经济问题，从对历史事实的描述中得出经济理论。戈森所用的抽象的、演绎的方法和数学工具正是历史学派所反对的。不入主流的经济学被忽视是正常的。此外，戈森尽管思想深刻，但文风晦涩，数学论证冗长乏味，也是被冷落的一个原因。

然而，是金子总要闪光。戈森去世20年后，英国经济学家杰文斯从朋友处看到了这本书，认为戈森的理论"在我之前发表了我所抱的见解"，而且"比我的探讨更为综括，更为彻底"。还认为戈森的数学分析是"数理经济学史上真正值得注意的发现"。另一位著名经济学家瓦尔拉斯也在英国《经济学季刊》上撰文介绍戈森。由于这两位当时著名经济学家的介绍，戈森才引起人们注意，他那本被冷落的书也成为经济学经典。

与戈森命运相似的是同一时代的法国经济学家古诺（Antoine Augustin Cournot，1801～1877）。古诺的人生道路并不坎坷。他受教于著名的巴黎高等师范学校，获巴黎大学博士学位。他曾在巴黎大学和里昂大学任教，担任格勒诺布尔学院院长，成为法国勋级会荣誉军团成员，并被任命为巴黎的教育巡视员。尽管他视力一直很差，晚年几近失明，但生活还是安逸的。他在数学、科学哲学和历史哲学、经济学方面都有造诣。他在今天的名声主要来自经济学。

古诺在经济学中的主要著作是《财富理论的数学原理的研究》（1838年）、《财富理论原理》（1863年），以及《经济学说概要评论》（1877年）。古诺最早提出需求量是价格的函数这个需求定理，并运用博弈论建立了垄断模型和分析寡头与双头模型，直到今天双头模型（称为古诺模型）仍然是标准教科书中的重要内容。古诺至今被重视的原因还在于他用数学方法分析这些问题。以后的经济学家高度评价了他的这种贡献，认为他对已有的，但形态模糊的经济概念和经济命题给予严密的数学表述。他的分析方法强有力地促使经济学从文字的叙述转向形式逻辑的和数字的表达。20世纪初的著名英国经济学家埃奇沃思指出，古诺的论著"是以数学形式把经济科学里的某些高度概括的命题，陈述得最好的"。现代经济学家还指出，古诺是最早用博弈论思想分析经济问题的先驱者，他的双头模型就成功地运用了博弈论。

然而，古诺生不逢时。当时法国学术界关注的是对大革命的争论以及日益增长的社会主义思潮。圣西门和傅立叶的空想社会主义，蒲鲁东对私有制的抨击，路易·布朗的工人合作思想，这些都是人们关心争论的话题。古诺的思想不是时代的主旋律，同时，古诺性情忧郁，性格孤僻，是个内向型的人，也不关心自己的作品是否有吸引力，没有努力引起同时代人的关注，至死仍然默默无闻。也就在他临终前，他的作品才引起杰文斯等名家的注意，认识到他的著作的深远意义。

　　现在戈森和古诺已为人们熟悉，他们的思想在经济学中占有重要地位。他们是先行者，但思想超前对个人是一种不幸，毕竟高处不胜寒。他们以自己的不幸换来了人类思想的飞跃。先行者是悲凉的，但正是他们的这种奉献推动了经济学。他们永远值得我们尊重。

老门格尔

父子经济学家

经济学史上有许多大家熟悉的父子经济学家，如杰文斯父子、凯恩斯父子、克拉克父子，当代的弗里德曼父子、舒尔茨父子等。但还有一对大家不太熟悉的父子经济学家。这就是我们要介绍的门格尔父子，他们的名字译成中文都是卡尔·门格尔，但在德语中是有区别的，父亲是 Carl Menger，儿子是 Karl Menger。

老门格尔是我们所熟悉的。他是引发经济学中边际革命的三位功臣之一（另外两位是杰文斯和瓦尔拉斯），也是在现代经济学中影响深远的奥国学派的创始人。门格尔大学时学法律与政治学，曾写过短篇小说并发表。1867 年获法学博士后进入政府任职。1871年出版《国民经济学原理》，为学界赏识，遂在维也纳大学任私人讲师（有讲课资格但不领薪水的教员，是进入大学任教的第一步），33岁就成为教授。据说门格尔的主观价值论还来自他在政府工作时的灵感。他当时在新闻处任职，负责股市报道和分析。在从事这种工作时，他悟出价值应该由主观因素决定，与劳动量没有关系。《国民经济学原理》正是由这种启发而建立了主观价值论——边际效用价值论。

门格尔认为，价值起源于效用。这种效用不是财货本身的客观属性，而是财货满足人的欲望的能力。这种能力的大小取决于人的主观感觉。所以，"价值既不是附属于财货之物，也不是财货所应有的属性，更不是它自身可以独立存在的。经济人所支配的财货，对其生命与福，必具有一定的意义。价值就是经济人对于财货所具有的意义所下的判断。因此它绝不存在于经济人的意识之外"。总之，价值取决于人对财货的主观评价。

价值量取决于边际效用，即增加一单位财货消费所增加的效用。边际效用是递减的。最后一单位财货的边际效用决定价值。生产资料（称为高级财货）的价值取决于它生产出来的消费品，即"最终是由它们的最后制成品的边际效用量所规定的"。价格是在竞争条件下，买卖双方对财货主观评价相互平衡的结果，交换者对财货的主观评价是由财货的边际效用决定的。价格的上限是买者的主观评价，下限是卖者的主观评价。在双方竞争条件下，价格由"两对边际对偶的主观评价决定"。

门格尔的另一个贡献是提出了"抽象演绎法"，并把它作为研究经济学的基本方法。1883年，门格尔出版了《社会科学，尤其是政治经济学的方法的探讨》。这本书是挑战德国历史学派的历史归纳法，引起奥国学派和德国历史学派（主要是施莫勒）之间一场著名的方法论论战。门格尔认为，虽然经济史和经济理论都可以使我们认识经济现象，但经济史研究一定时间和一定场合的个别具体现象及联系，经济理论是研究经济现象的基本形态及其相互关系。经济史只能作为经济学的补充，而不能代替理论经济学。只有经济理论才能得出超越直接经验之上的认识，建立永恒的一般性普遍原理。这也是经济学的目的。研究经济理论必须用抽象演绎法，"使人类经济的复杂现象还原为可以进行单纯而确实观察的各种要素，并对这些要素加以适合于其性质的衡量，然后再根据这个衡量标准，以再从这些要素中探出复杂的经济现象是如何合乎规律地产生着"。这种方法的一个特点是研究孤立的个人，如孤岛上的罗宾逊。另一个特点是强调心理分析。这种方法的特点体现为边际学派把经济学研究从古典经济学的生产转向消费与需求。这是经济学研究的重大变化。

边际学派的出现被称为经济学史上的"边际革命"，推动了经济学进步。其中门格尔功不可没。

本来门格尔作为讲座教授是可以在70岁退休的，但63岁就退休了。为什么呢？这就与他儿子有关了。

门格尔终生未婚，但与其管家有私情，并生下这个儿子。这位管家是犹太人，离婚妇女，与作为天主教徒的门格尔无法正式结婚，只好同居。当时社会，尤其是门格尔所处的上层社会还不能容忍这种情况。所以，事情被发现之后，门格尔觉得无颜见"江东父老"，就提前退休了。

老门格尔的儿子小门格尔曾在维也纳大学学习数学、物理和哲学，获数学博士学位，在维也纳大学任教，也是维也纳学术圈内的活跃人物。1938年纳粹占领奥地利以后，他到美国，先后在圣母大学和伊利诺伊理工学院任教。小门格尔在纯数学和应用数学中都有贡献。在经济学中他研究不确定性的作用及收益递减规律。他的研究对效用理论的公理证明以及用数学方法研究生产函数的性质奠定了基础。

严格说来，小门格尔还算不上大经济学家。但沾了父亲的光，在权威的《新帕尔格雷夫经济学大辞典》中有一个还不算短的词条，介绍他的生平与贡献。这个词条就在老门格尔后面。看来这部辞典的编者也有父荣子贵的观念。

威克赛尔

逼出来的经济学家

　　每个经济学家进入经济学的原因都不同。有人出于热爱，有人受家庭或师友影响，有人出于对社会经济问题的关心，有人出于赚钱或求职的动机。但有一位经济学家是被人逼上这条路的。不过这一逼还逼出了一位大师——瑞典学派奠基人威克赛尔（Knut Wicksell，1851～1926）。

　　威克赛尔上大学时学数学，热衷于学生运动，是个激进分子，还在1877～1879年担任瑞典学生会会长，以能言善辩，言论激进闻名。1880年，他在隆德大学第一次就酗酒原因及救治办法发表演讲。他认为，酗酒是因为贫穷，贫困是因为孩子生得太多。此言一出，引起激烈争论。他的朋友达维逊（以后也是瑞典学派著名经济学家）说他不懂经济学。他受此刺激决定改学经济学。1885 ~ 1890年他到英国、德国、法国和奥地利游学，遍访名师。他曾师从奥国学派创始人门格尔、公共财政权威瓦格纳以及布伦坦诺、耐普、辛格等人。他深受古典经济学派李嘉图以及边际效用学派庞巴维克和瓦尔拉斯的影响。他把这三个人的理论融合在一起，以边际效用原理解释价值、价格、分配以及生产，又以一般均衡理论加以组合，构成一真理论体系，成为瑞典学派的理论基础，也对经济学的发展有极大影响。他的代表作是《国民经济学讲义》（二卷）和《利息与价格》。

要了解威克赛尔理论的内容与意义，先要了解当时占主流地位的新古典经济学理论。新古典经济学把经济分为实物经济和货币经济，经济理论也相应地分为经济理论和货币理论。经济理论研究生产要素和技术如何决定总产量，货币理论研究货币量如何决定物价水平（即货币数量论）。这两部分之间没有联系。货币量的变动不影响实际变量（用实物单位表示的变量，如总产量），而只影响名义变量（用货币单位表示的变量，如物价）。这也称为"货币中性论"。换言之，货币是笼罩在实物经济上的一层面纱（称为货币面纱论），对经济没有实质性影响。

威克赛尔反对这种占主流地位的观点。他认为货币对经济有积极作用。这种积极作用就在于货币是交换、投资与资本交易的媒介，可以促进储蓄和资本形成。他特别关注货币作为资本交易的作用。这就是他的累积过程理论。

威克赛尔首先区分了自然利率与货币利率。如果不使用货币，一切以实物形态进行，这时供求关系所形成的利率就是自然利率，它相当于物质资本的收益率。货币利率指银行借贷活动中用货币支付的利率，它由资本市场上借贷双方的供求关系决定。经济活动与价值水平的波动都与自然利率和货币利率的背离相关。这就是说，自然利率不受货币影响，对货币是中立的。这两者一致时，经济均衡，但当这种利率不一致时就引起向上或向下的累积过程。

假设经济处于均衡状态，自然利率与货币利率一致。银行为了增加贷款而增加货币量降低货币利率。货币利率低于自然利率。这两者的差额称为超额利润，刺激了企业增加投资和扩大生产。在经济已经充分就业的情况下，这就会引起生产要素需求增加，价格上升。同时，货币利率下降，居民储蓄减少，消费增加，消费品价格也上升。但这个过程不会由于物价上升吸收了增加的货币而结束。这种影响是持久的、累积的。

累积的过程是货币利率下降，贷款流入企业，生产要素价格上升，生产要素转入支付能力高的部门。对生产要素支付能力高的是生产资料的部门，生产要素流入这些部门。对消费品的需求由于消费支出增加而增加，但生产要素流入生产资料部门又使消费品减少，消费品物价又上升。消费品物价上升又引起对生产资料需求增加，价格上升。这种循环会引起一个经济扩张的累积过程。在这个过程中，社会生产并没有实际扩大，但生产结构（生产资料与消费品的比例）受到破坏。持续的物价上升加剧了这个累积过程的发展，社会经济失衡。这时只有减少货币量，使货币利率与自然利率一致才能制止这一累积过程。如果银行减少货币量提高货币利率，累积过程正好相反。同时，技术变动等原因也会引起自然利率与货币利率背离及相应的累积过程。

威克赛尔这一理论以后被米塞斯、哈耶克、缪尔达尔、林达尔、凯恩斯吸收。这一理论的贡献在于在理论上打破了实物经济与货币的二分法，把它们作为一个整体，分析了货币变动对经济的影响。这种变动的中心是利率。凯恩斯的理论正是在此基础上发展起来的。在方法论上，威克赛尔打破了新古典经济学的静态分析法，引入了动态分析。可以说，威克赛尔的这种理论是宏观经济分析的先驱。由威克赛尔奠基的瑞典学派也成为经济学史中一个有相当大影响的流派。熊彼特在《经济分析史》中把威克赛尔、瓦尔拉斯和马歇尔并列为1870～1919年间三位对经济学纯理论作出最大贡献的经济学家。熊彼特甚至强调"还没有掌握威克赛尔《国民经济学讲义》第一卷全部理论的人，不能说已经完成了经济学学生应受的训练"。

　　在社会问题方面，威克赛尔是一个激进主义者，到老也未变。他信仰无神论、反对君主制，主张言论自由，实行普选，实行妇女参政，废除军备，实现收入平等，废除金本位，节制人口。他经常就酗酒、卖淫、言论自由、女权、节育等与经济理论无关的问题发表演讲。在相当保守的19世纪末，这给他带来麻烦。他因为反对王权，不愿在申请书上写"国王陛下的忠仆"而迟迟当不了讲座教授，又因发表"亵渎神明"的无神论言论而被监禁2个月。他退休后收入不多，靠朋友、同事的帮助才有安宁的晚年。这也是个性使然吧！

　　在今天看来，威克赛尔这些言行是进步的，起码没什么了不起，但在当时已属异端行为。这对他的事业不能没有影响。看来一个想潜心研究学问的学者还是要懂得，人不能改造环境，只能适应环境。

杰文斯

经济学界的"伯乐"

　　我知道的第一个西方经济学家的名字大概是杰文斯。上大学前我不知道什么是政治经济学（当时中学没这门课），更别提什么西方经济学了。上大一"政治经济学"经济危机理论时，老师告诉我们，资产阶级经济学家为了掩盖资本主义的矛盾，居然用太阳黑子来解释经济危机，还形成一套理论，这个资产阶级经济学家叫杰文斯。老师还把这三个字写在黑板上，我记住了。当时我也觉得，这个资产阶级经济学家为资本主义辩护的手法也太拙劣了，太阳黑子与你们的经济危机有什么关系？

　　以后我就一直想知道杰文斯是什么人，他为什么不找点别的更像样的理由，偏要用什么太阳黑子来解释周期。上研究生后知道了杰文斯是一位非常伟大的经济学家，太阳黑子理论也不是简单地把经济危机与太阳黑子联系起来。杰文斯在研究时发现，太阳黑子的周期和经济周期在时间上有吻合之处，都约为10年一个周期。在当时的技术条件下，太阳黑子影响农业收成，农业在经济中的地位相当重要，农业又会影响工业和其他经济活动。这样，他就把太阳黑子的出现与经济周期联系在一起。他和他的儿子（也是经济学家）研究了大量统计资料力图从中找出规律。尽管这种理论现在看来不能成立，因为太阳黑子对农业的影响有限，仅仅是农业也不足以引起经济周期。但这是一种科学探讨，他们父子的态度极为认真，失败了也没什么。其实这种理论在西方早已被遗忘了，我们的政治经济学课把它拿出来大概是故意用来证明资产阶级经济学之荒谬的。但一个人的机灵与否能用小时候摔过跤来证明吗？

在经济学史上，杰文斯是一个极其重要的人物。他和瓦尔拉斯与门格尔并称为边际效用学派的三位创始人。他的贡献首先是对边际效用价值论。他接受了边沁的功利主义思想，用效用来衡量福利，并把效用作为一种主观感觉。这是边际效用论作为主观价值论的出发点。他区分了总效用和最后一度效用，并说明了最后一度效用的衡量。最后一度效用就是边际效用。他还认识到边际效用递减规律。他把经济学分为以效用为基础的价值分析，经济政策与货币市场和经济危机。其中以效用为基础的价值分析是基础。这样，杰文斯就开创了由古典经济学的客观价值论向边际学派的主观价值论的转变，也使经济学的研究从生产转向需求和消费。这是经济学的一次飞跃。

杰文斯的另一个贡献是把数学运用于经济学。他早年就写过

《政治经济学一般数学理论简述》。在《政治经济学原理》中，他把经济学定义为"快乐与痛苦的微积分'。他用数学工具来表述的各种理论，包括交换论、劳动和生产交换理论、地租理论，以及资本和利息理论。用边际分析法研究变量之间变动的关系，本身就可以用微积分来表示，因此，边际分析法与数学在经济学中的运用也是同步的。杰文斯当然不是在经济分析中使用数学的第一人，但他用数学工具来表述与论证经济学理论对数理经济学的发展有重大的推动作用。

读到这里读者一定会问，你不是写经济学中的伯乐吗？这些事与伯乐无关啊。以上我写的不能算杰文斯独一无二的特点。提出边际效用理论并在经济学中运用数学的，他也不算第一人。但能在茫茫书海中发现前人有意义的著作，并使那些被淹没的明珠放光芒的，经济学家中杰文斯是独一无二的。

现在学经济学的人都知道戈森以及戈森关于效用的两个定理。但戈森生前并不得志，思想没人理解，书也没人买。尽管德国经济学家考茨和兰格提到过这本书，但并没有认识到它的价值。杰文斯知道这本书后才发现它的意义。杰文斯在自己的《政治经济学原理》第二版中特别指出："戈森对经济学理论的一般原理与方法，实在我之先发表了我所抱的见解。据我所知，他对于基本理论的探讨比我的探讨更为综括，更为彻底。"正因杰文斯（还有瓦尔拉斯）的介绍，这本书才引起人们的重视。而且，杰文斯对这位先辈的崇敬和高度评价，令今天许多争某种理论发明权的人汗颜。

康蒂永的《商业性质概论》对重农学派产生过影响，也是第一部从宏观角度分析经济问题的著作，但在以后一个多世纪中被埋没了。杰文斯1881年偶然发现了这本书，并写了一篇相当长（译为中文30页，3万字左右）的推荐文章《理查德·康蒂永和政治经济学的国籍》。杰文斯高度评价了这本书，考证了这位作者的生平，并逐章评价了他的思想，指出斯密、配第等人如何受他的影响。杰文斯称这本书有资格被称为"关于经济学的第一篇论文"，超过了配第的著作，是"政治经济学的摇篮"，因为这本书"土地和劳动创造财富的论点，拨响了经济科学的琴弦，把握住了各生产要素之间的平衡"，称它是"经济学的百科全书"，除了税收之外什么都谈了，关于货币理论它的分析比"任何文章都深刻"。由于杰文斯的介绍，这本书得到重视，陆续出版了各种版本，包括1931年的英文本，1952年和1979年的法文本。

杰文斯在自己的著作中曾介绍过许多曾经作出了重大贡献，但却不为后人所知的经济学家和他们的著作。这些经济学家包括：古诺、杜普伊特、埃利特、戈森、屠能、詹金、拉德纳、西泽尔·贝克瑞尔、兰格、博达斯、米纳德和博卡多。我们对这些人也许不熟悉，但他们的确为经济学的进步作出了贡献，为经济学大厦添了砖加了瓦。也许没有杰文斯，他们将被永远淹没。杰文斯发现并肯定和介绍了前辈的贡献，尤其是介绍了不被世人重视，甚至世人根本不知道的前辈的贡献。正是从这种意义上说，杰文斯是伯乐——尽管他发现的是老马。

当我知道了这一切时，我对杰文斯——这个我第一个记住名字的西方经济学家——有了新的认识。也许我永远达不到杰文斯的学术水平，但我要学他那种治学的态度和对前辈的尊重——包括他探索太阳黑子与经济周期之间关系的精神。

阿瑟·赛西尔·庇古

剑桥学派的最后一位传人

一列火车在如茵的田野上飞驰，蒸汽机车喷出的火花落到稻穗上，造成损失。但铁路公司并没有给农民以补偿，所引起的社会成本（稻米减产）也不在火车运行的成本之内。注意到这个现象的是庇古。

灯塔是航船所必需的，但在技术上难以向利用灯塔的船只收费。以利润最大化为目标的企业不会经营灯塔，所以灯塔应该由政府建立并经营。提出这个建议的也是庇古。

庇古是什么人？他说的这两件事有什么意义？阿瑟·赛西尔·庇古（Arthur Cecil Pigou，1877～1959）是英国经济学家，马歇尔的弟子，1908年接替马歇尔担任剑桥大学经济学讲座教授，成为马歇尔之后剑桥学派的掌门人，也是剑桥学派最后一位传人。以后剑桥学派就由琼·罗宾逊掌门的新剑桥学派取代了。

我们知道，以剑桥学派为代表的新古典经济学是市场经济的赞美者。他们认为市场机制自发调节的市场经济可以实现资源配置最优和供求相等的市场出清。但上述两件事的意义正在于庇古看出了市场经济的缺陷，或称为市场失灵。

第一件事情是经济活动外部性的例子。外部性是指一项经济活动给与此活动无关的人带来的影响。农民与火车运行无关，但火车带来的稻谷损失要他们来承担。这被称为负外部性。如果带来的影响是好的（在蒸汽机车变为电动机车后对稻谷的损害没有了，还可以吓走吃稻谷的小鸟），这就是正外部性。有负外部性时社会成本大于社会收益，有正外部性时社会收益大于社会成本。从社会的角度看，市场机制并没有实现资源配置最优，这就是市场失灵。

第二件事情是公共物品的例子。公共物品是消费中既无排他性（无法排除别人不用）又无竞争性（一个人使用并不减少另一个人的使用），无须购买就可使用（称为搭便车）的。社会需要灯塔这类公共物品，但由于无利可图，私人企业不愿提供，从而供给小于需求。这又是市场机制没有实现资源质量最优的市场失灵。

他认为，由于这两个原因引起市场失灵（还有另一个原因是垄断，庇古没有分析这一点），市场经济需要政府的干预作为补充。在前一种情况下是对带来负外部性的企业（铁路公司）收税。这种税被称为庇古税。在后一种情况下由政府用税收提供公共物品。

庇古认识到市场失灵，并主张由政府干预来解决市场失灵，这是一个进步。但作为剑桥学派的掌门人，他还是坚持自由放任，主张让市场机制调节经济的，国家只是在市场失灵的地方发挥一点补充作用。1929年包括英国在内的资本主义世界爆发了历史上空前的大危机，失业极为严重，要求经济学家作出解释。1933年庇古出版了《失业理论》一书。庇古认为，在市场经济中，实际工资由劳动供求决定，而且实际工资的调节可以实现劳动市场均衡。如果劳动的供大于求，工资下降，使愿意就业的人都有工作，如果劳动的供小于求，工资上升，使劳动需求减少。总之，只要实际工资有充分伸缩性，所有愿意工作的人都可以有工作，所有需要工人的企业都可以雇到所需的工人。这就是说，在市场调节之下，劳动市场总处于均衡就业状态。引起失业的原因是工人不愿意接受低工资，或一些难以克服的变动。前一种情况称为自愿失业，后一种情况称为摩擦性失业。这种理论显然是来自新古典经济学的传统。

然而，庇古在剑桥大学的弟子凯恩斯不接受这种理论。他认为，自愿失业和摩擦性失业仍然没法解释如此严重的失业。于是，凯恩斯写了《通论》，驳斥了庇古的观点，用有效需求理论来解释失业。凯恩斯认为，失业的原因是有效需求不足，解决方法是国家干预，即政府增加公共支出，以弥补私人需求的不足。凯恩斯背叛了新古典经济学的传统，成为剑桥学派的叛徒。庇古尽管以绅士的态度接受了凯恩斯的某些观点，但仍坚持新古典经济学的立场，对凯恩斯进行了批判。不过从此之后，剑桥学派就衰落了，新古典经济学在经济学中的主流地位也被凯恩斯主义经济学代替。

作为一代经济学大师，庇古在经济学中的贡献还是很多的，其中对后世影响最大的是创立了福利经济学，他1920年出版的《福利经济学》一书至今仍是经典。

庇古福利经济学的基础是边沁的功利主义，即每个人都追求自己的福利最大化，福利可以用效用衡量，所以，每个人都追求效用最大化。功利主义的目标是最大多数人的最大幸福，即社会总效用的最大化。福利经济学有两个基本命题。一是福利的大小可以用效用衡量，国民收入总量越大，所带来的效用越大，福利也越大。因此，要增加福利必须增加国民收入总量。增加国民收入总量就要实现资源配置最优。资源配置最优的标准是边际私人纯产值等于边际社会纯产值。边际私人纯产值是私人增加一单位投资所增加的收入值，边际社会纯产值是社会增加一单位投资所增加的收入值。在完全竞争条件下，通过市场机制调节可以实现资源配置最优。如果存在外部性和公共物品问题，则需要政府干预，才能实现资源配置最优。

二是边际效用是递减的，所以，富人单位货币的边际效用小于穷人，将富人的一部分收入再分配给穷人，可以在国民收入不变时增加整个社会的福利。因此，收入分配越平等，社会福利越大。实行累进所得税，增加社会福利，有利于收入分配平等和社会福利增加。当然，这不是说收入要绝对平等，因为收入平等有降低效率的"漏桶效应"。

庇古的福利经济学被称为旧福利经济学，现在已被新福利经济学取代。但他主张的收入平等化政策已被各国所采用。

庇古去世已经40多年了，但庇古效应（物价变动对财产和消费的影响）、庇古税（对污染征收的税）仍然是现代经济学中使用频率极高的名词。这说明一代大师的智慧已成为人类思想宝库的一部分。人类知识大厦正是由这一代又一代大师构建起来的。

亨利·乔治

平民的代言人

　　每个社会在发展过程中总有一个贫富分化加剧，劳动人民饱受苦难的时期。每当这种时期出现时总会有人站出来为民"鼓与呼"。读这些人的书总为他们的人文关怀精神所感动，但仔细想来他们的观点常是感情压倒了理性，空想的色彩极为浓厚。美国19世纪后期的经济学家亨利·乔治（Henry George，1839～1897）正是这样一位平民代言人。

　　19世纪后半期是美国资本主义迅速发展的时期，也是贫富对立，劳动人民不堪其苦的时期。这一时期发生的平民党运动（Populist Movement）则是保护平民，尤其是农民利益的一场运动。亨利·乔治正是在这一场运动中涌现出来的经济学家。

乔治出生于美国费城一个海关税务员之家，他从小就不安分，12岁起辍学，外出当学徒。当加州发现金矿时，他也加入采金大军，失败后进入《旧金山时报》（*Sanfrancisco Times*）当排字工人。由于勤奋努力，居然升至该报主编。1872年又与好友创办为工人代言的《晚邮报》（*Evening Post*），经营失败。此后他积极参与社会与政治活动，1886年由纽约中央工会（New York Central Labour Union）推选为纽约市市长候选人。1897年又一次竞选纽约市长，未当选，并于当年去世。

　　今天我们仍然记得乔治，不是由于他当年在平民党运动中的各种活动，而是由于他在1879年出版的《进步与贫困》（*Progress and Poverty*）一书。这本书的中心是，资本主义社会贫富对立的根本原因是土地私有。解决的办法是对土地征收单一税和土地国有化。以后他还写过《土地问题》（*The Land Questions*，1883年）、《社会问题》（*Social Problems*，1884年）、《保护还是自由贸易》（*Protection or Free Trades*，1886年）、《政治经济学》（*The Science of Political Economy*，1898年）等书，但影响并不大。

　　19世纪后半期，受苦最深的是美国农民。由于南部农业歉收、货币（黄金）短缺、通货紧缩、债务沉重，农民处于水深火热之中。平民党运动正是在这种背景下发展起来的。乔治的《进步与贫困》正是力图揭示农民这些苦难的根源，即"巨大财富和得不到满足的欲望之间鲜明对照"的根源。

　　乔治认为，土地、劳动、资本是生产的三要素。土地是自然资源，劳动是人的努力，资本是能生产更多财富的财富。土地是生产财富的基础，是劳动的前提，资本是劳动的结果。在生产中是有土地才有劳动，有劳动才有资本。所以，这三种生产要素按其重要性的排序是土地、劳动、资本。但他特别强调，土地本身并不能生产财富，土地所带来的地租并不是土地产生的，而是劳动作用于土地带来的。劳动使土地有价值，劳动产生的财富积累而成资本。因此，在财富创造中起中心作用的是劳动。乔治对劳动在生产中作用的肯定表明他为民代言的立场。当然，这个"民"是劳动人民。

乔治分析生产是为了说明分配的决定。劳动的收入工资取决于劳动的边际生产力，资本是劳动的形式之一（物化的劳动），其收入利息取决于资本的边际生产力，并随工资变动而变动。产品中扣除工资与利息剩下的部分都是地租。当土地私有权存在时，它可以允许或排斥劳动和资本使用土地，从而支配着劳动与土地。正如一个百人小岛上，一个人占有土地，其他99人都成为其奴隶一样。这样，随着经济发展，人口增加，对土地的需求增加，地主不劳而获的地租增加，贫富差距就加剧了。解决的根本办法是废除土地私有，实现土地国有。考虑到传统与习惯，实行土地国有不容易，现实的办法是取消一切赋税，只对土地征收赋税，即实行单一土地税，由这种税承担政府的一切支出。由于地租在不断上升，这种税可以保证政府财源充分。

乔治的这种观点在当时引起欧美的广泛关注。他在1886年得以参与纽约市市长竞选正是由于这本书的影响。美国的自由土地协会（Free Land Society）和英国的土地回归同盟（English Land Restoration League，后改名为English League for the Taxation of Land Value）都以乔治的土地改革主张为宗旨。乔治关于收入分配的论述也影响了克拉克（John Bates Clark）的边际生产力理论。直至今天弗里德曼仍然认为"亨利·乔治在许多年前主张的按原始土地价值征收的财产税危害最小"。

乔治的这种观点也是孙中山三民主义中民生主义的来源。孙中山先生一生为革命奔波，1896年夏秋曾在美国住了几个月。这正是乔治的思想影响最大的时期。孙中山正是受乔治影响提出了"平均地权"，主张征收地价税并实行土地增价归公。这些主张显然与乔治的思想一致。

乔治是一个关注经济进步中不幸者的社会改革家。这种人令人尊敬，但并不能改变现实。

凡勃伦

放荡不羁的经济学家

经济学家尽管也不乏情趣、幽默，但作为学者还是举止有度的。如果谁像艺术家那样放荡不羁，那就会被指责为异类了。美国经济学家蒙代尔即使获得了诺奖也由于行为怪异而受到指责。不过就生性放荡而言，蒙代尔与制度学派的创始人凡勃伦相比，那真是小巫见大巫了。

凡勃伦出生于一个以养牛为生的美国北欧移民家中，从小只知看书而不干活。获得了耶鲁大学博士学位之后，闲呆了几年，然后在许多大学任教和写书。无论在什么地方，从事什么职业，他都是不修边幅，终生穿灯心绒西服，上下色调不调和且不挺括，不分四季戴浣熊皮帽，好像从不上洗澡间，浑身臭气，烟不离口，肮脏邋遢。而且，好色无度，到哪里都以追求异性为乐，对他的女学生更是穷追不放。身为教师，从不认真讲课，常遭学生投诉，甚至连考试也不考，一律给学生"C"以了事。不喜讲话，讲课阴声细气，常望窗外树木发呆，甚至当选为美国经济学会会长都因不愿发表就职演说而不就。

但就是这样一个怪人，居然在美国约翰·霍普金斯、耶鲁、康奈尔、芝加哥、哈佛、斯坦福这些名校任教，并且是接纳欧洲流亡学者的纽约新社会研究院（诺贝尔经济学奖获得者莫迪利亚尼曾就读于此）的创立者之一。他的学术著作有10大卷之多，成为一代制度学派的首领，对今天的经济学家亦有影响。他写的《有闲阶级论》至今仍是最受重视的经济学经典之作。在他生前，尽管如此放荡，爱他之女性仍然有很多，大有段正淳（《天龙八部》中的风流才子）之魅力。说来，凡勃伦还是一个才华横溢的人，其实也只有这样的天才才有放荡不羁的资本。也正因这样的个性才会在学术上标新立异，创立学派。天才还是有人理解的。美国著名经济学家、凡勃伦的老师约翰·贝茨·克拉克（以他命名的克拉克奖无人不知）很喜欢他，只是认为他是个"不适应环境的人"。

认识凡勃伦和制度学派的意义还要从当时的时代特点开始。凡勃伦生活在美国内战后和一战前的这段时期中。这是美国历史上一个剧变的时代。一方面，美国经济迅速增长，建立了世界上最大、最强有力的工业体系，成为头号经济强国。另一方面，社会贫富对立空前加剧，垄断集团财富快速增长的同时，劳动人民生活痛苦不堪。作家德莱塞称这是一个"镀金时代"，光辉的表象之下掩盖了许多罪恶和贫穷。凡勃伦的古怪行为之中蕴含了对主流社会的强烈愤恨。主流的新古典经济学是为现存的制度辩护的，凡勃伦代表的异端制度经济学正是要向正统社会秩序和主流经济学挑战。

从制度角度研究经济问题的经济学家早已有之，如19世纪上半期的英国经济学家理查德·琼斯。但美国制度学派的鼻祖是凡勃伦。他的《有闲阶级论》、《企业论》《工程师和价格制度》、《不在所有权》等建立了一套制度学派的形体，成为以后制度学派经济学家都遵循的"凡勃伦传统"。

"凡勃伦传统"主要有两点。一是批判主流的新古典经济学，建立以研究制度演进过程为基本内容的经济学体系。凡勃伦反对新古典经济学以边际效用为基础，把个人从特定社会关系中抽象出来，分析个人欲望及其满足的途径。他也反对马歇尔用均衡分析来解释社会现象，把各种矛盾的力量归结为最终的调和。他认为，经济是整个社会制度的一个组成部分。因此，经济学应该研究人类经济生活借以实现的各种制度。他把社会看作一个动态的过程，认为经济发展是制度演进中的一环。因此，经济学还要研究制度的形成变化。凡勃伦把制度作为人的心理意识，所以，用心理分析来解释制度的形成，又用进化论来解释制度的发展与演变。这就形成了以经济制度之累积的进化历程为中心的制度经济学。

二是批评资本主义社会的弊病，主张从制度或结构上来进行社会改革。凡勃伦对当时的美国资本主义持批评态度，揭露其种种问题，竭尽挖苦讽刺之能事。但他更重视从制度的角度寻找这些问题的根源。他把人类经济生活中的制度分为满足人的物质需求的生产技术制度和私有财产制度。在当时美国社会中，这两种制度表现为现代工业体系和企业经营。各种社会矛盾正在于这两种制度之间的矛盾。解决的方法是建立由工程师、科学家和技术人员组成的"技术人员委员会"来代替企业经营的统治。

制度学派作为主流经济学和正统社会秩序的反对者，一直处于经济学"异端"的地位。当社会矛盾较为尖锐时，它就兴盛，20世纪60～70年代以加尔布雷思为代表的新制度学派和其他激进经济学兴盛正是由于滞胀引发了各种问题激化。但当社会较为稳定时，这些"异端"学派就销声匿迹了。这也是20世纪80年代之后，这些学说一蹶不振的原因。

当然，从学术的观点看，以凡勃伦为代表的制度学派和以后以加尔布雷思为代表的新制度学派，有一些观点还是值得重视的。这些学派中的一些经济学家如康芒斯、米契尔对经济学仍作出了重大贡献。凡勃伦所倡导的制度的、整体的、演进的方法也被主流经济学所吸收。但是也应该承认，这个学派许多感情化的内容，已被证明是错误的。

凡勃伦影响最大的观点是在《有闲阶级论》中提出的炫耀性消费和代理消费。炫耀性消费指为显示自己身份的豪华消费（如坐名车等），代理消费是别人代表自己进行炫耀性消费（如夫人戴珠宝即为丈夫进行炫耀性消费）。凡勃伦把这作为一种浪费，痛加斥责，认为是有钱人用不必要的花费来出名，卑下得很。但现在随着人民生活水平提高，炫耀性消费越来越多了，而且成为拉动消费和需求，促进经济增长的动力。爱炫耀也是人的本性之一，何罪之有？大家都不炫耀，那些生产奢侈品的工人何以为生？凡勃伦有点感情用事了。

无论从哪一个角度看，凡勃伦都是一个天才。天才的有些行为（生活放荡）不是我等凡夫俗子能模仿的，但天才的有些观点还是值得我们深思的。这就是我的"凡勃伦观"。

阿道夫·贝利

进入经济学界的法学家

经济学帝国主义是指经济学家进入其他领域。诸如科斯是芝加哥大学法学院教授，贝克尔研究人口、家庭、犯罪这类传统上属于社会学的问题，诺斯和福格尔也是历史学家。其实，在各学科交叉的今天，其他学科的专家也在进入经济学。现成的例子就是美国的法学家阿道夫·贝利（Adolf A. Berle，1895～1971）和理查德·波斯纳（Richard A. Posner，1939～ ）。贝利早年毕业于哈佛大学法学院，毕业后成为一名执业律师，1928年成为哥伦比亚大学公司法教授。罗斯福新政时期，贝利以公司法和企业财务专家的身份成为参与策划新政的三位智囊人物之一（另两位是政治学家雷蒙德·莫利和经济学家雷克斯福德·特格韦尔），并起了重大作用。贝利反对允许私人垄断集团侵害公众利益的自由放任政策，主张国家干预经济。新政使他有实现自己宏图的机会。他参与了大量银行和证券立法的工作，并对新政各种政策的制定与实施有重要贡献。1938～1944年，贝利担任负责拉美事务的助理国务卿，1945～1946年又出任美国驻巴西大使。1946年后，贝利回到哥伦比亚大学法学院任教，同时又是一位活跃的政治家。他在1952～1955年组建纽约自由党，并任主席，60年代肯尼迪政府时期担任美国进步联盟总裁，以后又担任20世纪基金会主席。

我们把贝利作为进入经济学界的法学家主要并不是因为他参与过罗斯福新政，更不是他的其他政治活动，而是因为他写过一本在20世纪经济学中堪称经典的著作。这就是他与经济学家加德纳·米恩斯（Gardiner C. Means，1896～1988）合著的《现代公司与私有财产》（1932年）。这本书以对美国200家大公司的调查为基础，分析了这些公司权力结构的变化。他们认为，从20世纪初以来，大公司在美国经济中居于支配地位，除银行以外的200家大公司集中了38%的企业财富。在公司扩大的同时，公司内部结构也发生了根本性变化。这就是公司的所有权与控制权分离。股份化使公司的股东众多，他们无力根据自己的利益控制公司，也没有兴趣过问公司事务。股权的多元化与分散化使公司真正的所有者（股东）已失去对公司的控制权。高层管理人员则通过松弛的联营执照、委托投票、发行无投票权股票、组织控制公司等合法手段控制了企业。随之而来的是私有权变为一种利润分享权和传统的利润最大化目标弱化。

从经济学发展的角度看，这本书中提出的所有权与控制权分离对现代企业理论的发展极为重要，仍然是研究企业各种问题的出发点。另一方面，贝利等人被认为是制度学派从凡勃伦的旧传统向加尔布雷思的新传统的连接者或过渡。制度学派重视从制度演进的角度分析社会经济问题，贝利和米恩斯在《现代公司与私有财产》中对公司权力演变的分析正体现了这一点。今天，我们在研究公司治理结构、激励机制等问题时，仍然重视所有权与控制权（或管理权）的分离问题。《现代公司与私有财产》一书现在仍在重印（笔者使用的正是 2000 年美国重印的英文本），并成为不断给人以启迪的经典。

这本书是经济学家和法学家的合作结果，其中从法律的角度分析公司内部的权力变化，显然是贝利的贡献。以后贝利还写过《20世纪的资本主义革命》（1954 年）、《危机的浪潮》（1957 年）、《没有财产的权力》（1959 年）以及《权力论》（1969 年）等书，其中也有许多内容是从法律、权力结构的角度分析经济问题，但影响不如《现代公司与私有财产》一书大。

另一位进入经济学界，并作出重要贡献的是理查德·波斯纳。波斯纳也毕业于哈佛大学法学院，从事过律师、法律顾问等实际工作，担任过法学教授。他从 1987 年起担任美国联邦上诉法院第七巡回审判庭（芝加哥）法官、首席法官，芝加哥大学和斯坦福大学法学院教授，法律经济学高级讲座主持人，还担任过《哈佛法学评论》和芝加哥大学法学院《法学研究杂志》编辑。这是一个地道的法学家经历。但他的贡献是为法律经济学奠定了基础。

波斯纳把互相自愿交易使人们各自获益的经济理论与市场调节实现经济效率的市场经济原理运用于法律制度和法学理论的研究，奠定了法律经济学的理论基础，也对法学一般理论的发展作出了重要贡献。他在这方面的主要著作是《法律的经济分析》（上下册，1973年第1版，1992年第4版，中文本由中国大百科出版社出版）。这本书被称为法律经济学的经典，至今仍是被广泛采用的标准教科书。这本书运用价格理论、福利经济学、公共选择理论等经济学理论研究法律和法律制度的形成、结构、过程、效果、效率及未来发展趋势。这就构成法律经济学的基本内容。这本书首先介绍了经济推理的本质及价值、效用、效率等重要概念，说明了法律经济学的研究方法，然后，从经济学角度分析了普通法、市场公共管制（反垄断等问题）、企业组织和金融市场立法，法律与收入和财富的分配、法律程度以及宪法的联邦制度。用经济理论与方法分析这些传统的法律问题，对理论和实践都有重要的意义。

自从20世纪80年代以来，法律经济学已得到广泛重视，波斯纳正由于在这方面的贡献在1981年被里根总统任命为联邦上诉法院法官。美国还通过了12291号总统令，要求所有新制定的政府规章都要符合成本—收益分析的标准。现在还有一批学者力图把法学、经济学和哲学结合起来建立经济法哲学（Economic Jurisprudence），甚至开始对法律规则和程序进行经济学式的模型化和数学分析。这种结果正是法学家进入经济学，经济学家进入法学的结果。

各种学问都是相通的，因此，应该提倡各个学科都有"帝国主义精神"，也欢迎别人来对自己"帝国主义"。法学家贝利和波斯纳对经济学的贡献就不是没有法学修养的纯经济学家所能作出的。如果把相互"帝国主义"理解为一种开放的态度，这就找到了学术繁荣的人间正道。

弗兰克·普伦普顿·拉姆齐

早逝的天才

这个题目很普通，但要介绍的人却不一般。这就是在经济学中作出极重要贡献，但仅活了27岁的弗兰克·普伦普顿·拉姆齐（Frank Plumpton Ramsey，1903～1930）。

拉姆齐出生于英国剑桥，他的父亲是数学家，弟弟以后成为坎特伯雷大主教。他从剑桥大学的三一学院毕业，24岁时就担任国王学院数学讲师和学术委员，27岁时死于黄疸性并发症。尽管他的一生只有如此短暂的年华，但却作出了许多长寿经济学家一生也没有作出的成就。

我称拉姆齐为真正意义上的天才，首先指他并不是一般意义上的经济学家。他对哲学、数理逻辑和经济学都作出了卓越贡献。

他从哲学的角度，运用数学工具研究经济问题，作出了至今仍影响经济学发展的成就。拉姆齐原来是学数学的，当他19岁还在大学读书时就独自翻译大哲学家维特根斯坦（Ludwig Josef Johnann Wittgenstein，1889～1951）的《论逻辑哲学》，并写了一篇深刻的评论。在这一过程中，他与维特根斯坦探讨有关哲学问题，并建立了终生友谊。拉姆齐临终前几小时，维特根斯坦一直在医院陪他。维特根斯坦在写《哲学研讨》时经常与拉姆齐和皮罗·斯拉伐（Piero Sraffa，1898～1983）进行研讨，并在该书前言中感谢这两位经济学家。拉姆齐对罗素、怀特海等现代哲学家都颇有研究，写了不少手稿，并体现在包括经济学在内的其他研究中。许多优秀的经济学家，包括凯恩斯和哈耶克，都对哲学有所研究。看来这是作出重要经济学贡献的基础。一个20岁左右的青年已在现代哲学的海洋中探索，这只能用天才来解释。

作为经济学家，拉姆齐写的文章并不多，但他的天才之处就在于几乎每一篇文章中提出的思想都影响到当代经济学。文章在精不在多，一篇能不断给人以启发的短文胜过著作等身。

拉姆齐最重要的经济学著作包括《真实与概率》（*Truth and Probability*，1926年）、《对赋税理论的一个贡献》（*A Contribution to the Theory of Taxation*，1927年），以及《储蓄的数学理论》（*A Mathematical Theory of Saving*，1928年）。

从经济学的角度看，《真实与概率》研究不确定情况下的选择理论。传统的选择理论研究确定情况下人们如何根据效用最大化的目标函数做出选择。但现实世界充满了不确定性，人们的效用最大化如何确定呢？拉姆齐用了预期效用的概念，并用数学预期的方法表述预期效用，用概率来计算和衡量预期效用，估算预期效用的值。这就是说，不确定世界中人们的选择行为受数学预期的支配，并且用概率衡量效用。这种理论已成为当代微观经济学的基础之一。对此作出贡献的是当时仅23岁的拉姆齐。美国经济学家阿罗公正地指出，现代有关预期效用的理论都"只是拉姆齐观点的变形"。

拉姆齐的《对赋税理论的一个贡献》探讨最优赋税结构问题，他所提出的拉姆齐规则（Ramsey Rule）成为现代商品税收理论的基础。税收理论要解决以尽可能最小的超额负担筹集税收的问题。在解决这一问题时，首先要确定税收增加引起的边际超额负担，然后计算税收的增加额，最后是把第一步的结论除以第二步的结论，得出增加一元税收引起的边际超额负担。拉姆齐按这种思路得出了一个结论：为了使总超额负担最小化，税率的制定应该使各种商品在需求量上按相同的比例减少。这就是著名的拉姆齐规则。这个规则所说明的有效课税应使各种商品需求量按相同比例变动，而不是使各种商品的价格按相同比例变动，已成为税收的基本原理，至今仍是财政学的基础理论之一。

在《储蓄的数学理论》中，拉姆齐奠定了研究最优积累率和最优增长的基础，并确立了储蓄和利率的建设性理论。在这篇文章中，拉姆齐首先研究一个国家的最优储蓄率，结论是储蓄率乘以消费的边际效用应该是等于效用的总净享乐率与最大可能享乐率之差。这被称为凯恩斯—拉姆齐法则（因为凯恩斯为这个结论的得出提供了一个非技术性的论证）。这个法则的特点一是储蓄水平不取决于生产函数，二是储蓄水平不取决于利率（除非利率为零）。这一法则不仅提出了储蓄率应该是多少，而且还用动态最优化技术解决了这一问题。

在此基础上，拉姆齐研究了一个部门经济的最优增长问题。他假设没有人口增长、没有技术进步、没有效用的贴现。他假设的世界里资本和劳动生产一种产品，一部分用于消费，余下的是储蓄。目标是实现所有时间内加总后取得最大的享乐水平，享乐等于消费的效用减去工作的负效用。增长取决于储蓄，最优储蓄则用凯恩斯—拉姆齐法则决定。这就是今天所说的拉姆齐模型（Ramsey Model）。这一模型是美国经济学家索洛（Robert Solow）的新古典增长模型之前最重要的古典静态增长模型，也是现代增长理论的出发点。

以拉姆齐命名的经济学理论除了拉姆齐规则、凯恩斯—拉姆齐法则、拉姆齐模型外，还有拉姆齐均衡（Ramsey Equilibria）和拉姆齐定价（Ramsey Pricing）。拉姆齐均衡研究静态多产品经济中，政府决定收税，市场决定价格。政府的最优政策是选择使消费者福利最大化的税率。政府制定政策就是设计一种规则，这种规则决定一组与经济状态相关的税率。均衡价格和均衡分配是经济状态的函数。社会福利最大化政策和它所引起的竞争均衡的结合就是拉姆齐均衡。拉姆齐定价是如何确定受一个供给者或一群供给者总利润约束的帕累托（Pareto）最优价格。这种价格称为拉姆齐价格，其确定的方法就是拉姆齐定价。这种定价方式至今仍是政府管制时定价的原则之一。

拉姆齐提出的这些理论在当代经济学中仍有强大生命力，对研究石油市场、公共投资规则、公司税收制度、政府对铁路定价的管制等现实问题仍有重大意义。一个只活了27岁的人，即使不考虑他在哲学、数理逻辑等方面的贡献，仅仅是凭经济学上的这些贡献，就足以称得上"天才"二字了。

米塞斯

预言家米塞斯

在计划经济各国转向市场经济，苏联解体之后，人们又想起早已被遗忘的奥国学派经济学家米塞斯（Ludwig Edler Von Mises，1881～1973），因为早在20世纪20～30年代那场关于计划经济是否可行的讨论中，米塞斯预言了计划经济必定失败。其实米塞斯的预言能成真已经不止一次了。据他的学生，著名经济学家马克洛普回忆，1924年，他当学生时经常陪米塞斯回家，路经国家信贷银行时，米塞斯总说这家银行迟早要倒闭。1931年这家银行果然倒闭。这位学生当时没有在意老师的话，仍持有这家银行的股票，结果都化为乌有。米塞斯妻子马格瑞特在回忆录里也曾写道，1929年，国家信贷银行有意请米塞斯任高职，马格瑞特大喜过望，但米塞斯拒绝了。他说：这家银行快要倒闭了，我不想我的名字和此事联系在一起。

作为货币理论权威预言银行的倒闭自然不是算命先生的胡话。米塞斯1912年曾出版《货币与信用理论》一书，该书用边际效用理论解释货币问题，并用这种理论解释经济周期。这本书受到他的老师庞巴维克的好评，并被欧洲许多大学作为教科书。根据这种货币理论，随着货币量增加，其边际效用递减，货币贬值。当银行发行的货币量太多，边际效用为零时，货币一文不值，发行银行倒闭当然是迟早的事。米塞斯知道这家银行大量发行货币，预言其倒闭也就是有可靠依据了。

米塞斯对计划经济失败的预言也绝非空穴来风。十月革命之后苏联实行计划经济，而且，最初是计划经济的最高形式——战时共产主义。尽管仅仅是开始，计划经济的弊端已经显现，效率低下，资源浪费，物质严重短缺。作为生活在市场经济中并对其运行机制有深入研究的经济学家，米塞斯当然能看出这种经济体制的问题。1920年米塞斯发表了《社会主义社会的经济计算》，拉开了这场争论的序幕。1922年又出版了《社会主义：一种经济学与社会学分析》(通称《社会主义论》)。与他站在一起的是另一位奥国学派经济学家哈耶克和英国经济学家罗宾斯。计划经济的支持者、旅美波兰经济学家兰格、美国经济学家泰勒、英国经济学家迪金森等人起而迎战。这就是历史上有名的计划经济大论战。这场论战持续了近20年，过了近50年后才有了最终结论。

米塞斯的基本观点是，计划经济用计划体制代替了市场调节。"没有自由市场，就没有价格制度，就不能进行经济计算。"一个没有经济计算的经济体制必定资源配置失误，效率低下。

米塞斯认为，市场经济是以产权为基础的。这符合人利己的本性。理性人会根据自己的利益做出使用自己拥有的资源的决策。在市场机制的引导之下，这些分散的决策会使整个社会的资源配置实现最优。在市场经济中，计算是重要的，"没有计算就没有合乎经济的活动"。这种计算的基础是保证个人利益的产权和市场在竞争中形成的价格。计划经济中，个人失去了进行计算的动力，用计划代替市场，社会失去了形成价格的竞争机制，也没有用于进行计算的工具。没有计算，没有成本与价格的比较，就无法以最小成本生产出最大的产量。这正是计划经济中效率低下的根本原因。

集中的计划为什么不能代替市场呢？从企业层次来看，市场经济中，企业经理是董事会任命的，他们要为股东谋取最大利润，这就不得不进行认真的计算，实现效率。计划经济中，经理是政府任命的，以完成政府的指令为目标，这种目标并不是利润目标。从决定经济的政府来看，即使他们想做出有效率的计划也不可能，因为信息是分散的，而且在随时随刻变动，没有一个能掌握这种信息的全能决策者。市场以最高的效率传递信息，并通过对供求的影响反映在价格的变动上，这就使资源流向最有利的地方。这种价格包括资源和物品的货币价格、劳动的货币工资和资本的利率。当用集中的计划代替这一切时，中央计划者绝做不出正确决策。这就是米塞斯的观点。

当然，米塞斯在经济学中的贡献还不仅仅是货币理论和对计划经济的分析。他在1949年出版的《人的行为》被认为是经济学中极为难读，又意义深远的书。据说这本书用了十几种文字，有人专门编写了指导读这本书的辞典。前些年我曾想译此书，但翻了一下后觉得部头大，又难译，就知难而退了（台湾出过夏道平先生的中译本）。该书不仅涉及经济学，而且涉及现代所有社会问题。该书以人类行为学的一般理论为经济学的基础。他认为，关于社会组织的基本问题必须根据人类行为学来讨论。在方法论上，米塞斯深受马克斯·韦伯的影响，但强调了企业家精神与利润的作用，拥护自由市场经济。米塞斯还著有《经济学的最终基础》、《经济学的认识论问题》等书，对经济学方法论亦有研究。

说起来米塞斯是一位经济学大师，但命运对他似乎不够公正。在奥地利时由于是犹太人，且鼓吹完全自由放任，而无法在母校维也纳大学担任正式教职，只能当没有报酬的私人讲师（Privatdozent，在欧洲一种特殊的教职，没有报酬，只有讲课资格）。他主张完全自由放任也受到一些自由主义经济学家，如弗莱堡学派的批评。到美国后，由于自由主义立场不变，不符合当时的主流凯恩斯主义，加之生性耿直，常得罪人，尤其是领导，无法在一流大学任教。只能到纽约大学任职，工资还是由威廉·沃尔克基金支付的。

唯一让米塞斯值得骄傲的是他有一批好学生，包括哈耶克、马克洛普、哈伯勒、摩根斯坦、熊彼特、罗宾斯、德鲁克、罗斯巴德等。这些名字我们今天听来都不生疏。

中年米塞斯　　　　　庞巴维克

米塞斯不是浮云

　　经济学史上，的确有不少当时名气甚大的经济学家和流派是浮云。随着时间的流逝，有些人没有留下什么值得后人怀念的东西。远的不说了，20世纪60年代曾红极一时的各种激进经济学，诸如加尔布雷思、罗宾逊夫人等，80年代曾被里根政府推崇的供给学派，如今即使是研究经济思想史的人也少有问津了。凡是没有理论根基，只是迎合时尚的经济学家和流派，都会是这样的，但那些在经济学理论和方法上做出了创新的经济学家和流派，无论遇到什么挫折，最后仍会受到人们的重视，不会成为随风而去的浮云。奥国学派的米塞斯就是这样。

　　说到奥国学派，就必须从19世纪70年代的边际革命说起。著名的经济思想史权威、英国经济学家埃里克·洛尔在其《经济思想史》中指出，边际革命是经济学"一场全面革命的标志"。从这时起，经济学从古典经济学关注生产转向关注需求，边际分析"是经济科学研究方法上一项极其重要的革新"。由于这两项变化，经济学从古典进入现代。

边际效用理论的创立者是德国的经济学家赫尔曼·海因里希·戈森。不过他当时连一片云都算不上。他在1854年出版的边际效用理论奠基之作《人类交换法则的发展及由此而产生的人类行为的规律》没有引起任何关注，书没卖出去几本，他也闷闷而死。19世纪70年代以后，戈森经过英国经济学家杰文斯和法国经济学家瓦尔拉斯的大力赞扬才受到重视，被称为边际学派的先驱。对边际效用理论和边际分析法作出关键贡献的，除了杰文斯和瓦尔拉斯之外，还有奥国经济学家门格尔。历史上称他们三人为边际学派的创立者。

从边际效用理论出发，他们三人以后的发展方向并不同。杰文斯本人是位统计学家，他强调了数学在经济学中的应用。在著名的《政治经济学原理》中，他认为，"我们的科学应该是数学的，主要原因是它所研究的是数量"。他认为经济学就是"快乐和痛苦的微积分"。这就开创了经济学中的数理经济学和以后的计量经济学。瓦尔拉斯更为重视数学在经济学中的应用，以此为基础，他建立了一般均衡理论，成为新古典经济学的核心。门格尔则没有沿着数学或一般均衡的思路发展，而是在此基础上创立了一个具有自己特色的奥国学派。我们说奥国学派不是浮云，原因就在于它有自己的特色，而这些特色对今天的经济学仍有不可忽视的影响。

早期奥国学派的创始人是门格尔、维塞尔和庞巴维克。奥国学派是在与德国历史学派的方法论争论中形成自己的特色的。19世纪后期，德国的历史学派统治着经济学。他们主张根据历史事实的经验得出一般的经济规律。奥国学派反对这种研究方法。他们主张的研究方法可以称为个人主义的和主观主义的。个人主义就是从个人的行为出发来研究经济学。主观主义是根据个人的知识、信念、知觉和期望来理解他们的行为，并推寻出经济规律。所以方法论是奥国学派不同于其他学派的一个基本特点。只有从这一点出发，才能理解奥国学派。

在经济理论上，奥国学派用主观的边际效用理论取代古典经济学家客观的劳动价值论和生产成本论，作为整个经济学的基础。以边际效用说明需求和市场价格的决定，用迂回生产理论，即消费和生产的时间结构来解释经济周期。并提出了现在人所共知的机会成本概念。

随着庞巴维克在1914年、门格尔在1921年和维塞尔在1926年去世，奥国学派分为两个分支。一支是继承了庞巴维克教授职位的汉斯·迈耶，另一支是米塞斯和哈耶克。英国经济学家莱昂内尔·罗宾斯于1931年邀请哈耶克去伦敦经济学院讲学，并主持该院的图克讲座。罗宾斯接受了奥国学派的许多观点，包括边际效用价值论、对需求的关注以及机会成本的概念，并写进了他影响甚大的《经济科学的性质和意义》。这些观点被当时的英美主流经济学，即新古典经济学所吸收。以汉斯·迈耶为代表的传统奥国学派已经烟消云散，像浮云一般过去了。但以米塞斯和哈耶克为首的奥国学派，却在美国顽强地生存下来，使奥国学派有了重大发展，在今天仍有其不可忽略的意义。哈耶克在1974年获得诺贝尔经济学奖，在20世纪80年代全球经济自由化的进程中广受重视，连撒切尔夫人的提包中都常放一本哈耶克的《通往奴役之路》。米塞斯实际上对奥国学派理论的发展起的作用并不比哈耶克少，在经济学方面米塞斯甚至超过转向法律与政治的哈耶克。但由于他在1973年去世，生前的影响远不如哈耶克，他的意义在其身后才逐渐被当代的经济学家认识。

米塞斯原来是学法律的，就学于维也纳大学法律与政治科学系，1906年获法学博士学位。1903年末他读了门格尔的《国民经济学原理》，深受震撼，写了几篇驳斥德国历史学派经济学方法论的文章，自此进入经济学。以后他也承认，"这个经历使自己成为一名经济学家"。从1905年起，庞巴维克在维也纳大学主持著名的讨论会，米塞斯连续几年都参加了这个讨论会，直到1913年，他成为维也纳大学不领薪水的编外讲师（privatdozent），被允许在该大学讲课。在这期间，他沿着门格尔和庞巴维克开辟的路径，对经济学有了系统的理解，并于1912年出版了用边际效用理论解释货币理论的《货币与信用理论》。1919年又出版了《民族、国家与经济》。20年代，他与哈耶克发起了对计划经济的批判，挑起了对现代仍有影响的计划经济大论战，并在1922年出版了他在这次论战中最重要的著作《社会主义：一个经济学与社会学分析》。1927年，他出版了弘扬自由主义和市场经济的《自由与繁荣的国度：论古典自由主义》，1929年出版了批判当时开始流行的国家干预经济思潮的《国家干预主义批判》。1933年又出版了关于经济学方法论的《经济学的认识论问题》。这一时期，他还在"奥地利商会"中组织了自己的私人讨论班，吸引了一大批以后成为奥国学派著名经济学家的人，如：哈耶克、哈伯勒、马赫卢普、沃格林、舒尔茨和考夫曼。在讨论中，他正确预言了30年代的大萧条。当时，他在学界影响甚大，他的朋友称他为那个时代"奥地利最伟大的灵魂"。

尽管在他那个圈子里，米塞斯著作颇丰，活动频繁，声誉甚隆，但他在社会上却并不如意。他的理想是在大学从事教学与研究工作，然而在1913年成为编外讲师、1918年成为副教授之后，就没有得到教授的职位。维也纳大学奥国学派的正统继承人汉斯·迈耶甚至"满脑子阴谋诡计反对他"。他知道根本原因是他反对干预主义者和社会主义者的彻底自由主义立场。他在《笔记和回忆》中写道："相当早的时候我就意识到作为一名古典自由主义者，德语国家的大学将一直拒我于'终身教授'门外。"1934年10月他去瑞士日内瓦"国际研究学院"工作。在那里，他的生活是平静而幸福的。1940年，由于法西斯德国已占领了欧洲，出于安全的考虑，他极不情愿地与妻子一起移居美国。

当时正处于社会主义与凯恩斯主义的全盛时代，人们并不了解苏联的真相。凯恩斯主义正成为所有资本主义国家走出大危机的法宝，国家干预经济的思想深入人心，主张自由放任、反对社会主义的都被冠以"反动"的名号。这正是米塞斯和哈耶克到美国后，长期不得志的根源。

米塞斯到美国，是加州大学伯克利分校为他提供了一个为期六个月的"讲师与研究副教授"的职位，但他并没有获得终身教职的保证。他到纽约之后，决定不去伯克利，留在纽约。他在欧洲的朋友与学生都在帮他找合适的职位，但一无所获。在哥伦比亚大学、哈佛大学和普林斯顿大学做过短期客座讲习之后，仍没有一所知名大学邀请他。直到1945年，才在当时充其量是二流的纽约大学获得"访问教授"的资格，且工资由一家基金会承担。米塞斯以这种身份一直工作到1973年去世。

面对这种环境，米塞斯刚到美国时心情也不好，但他很快振作起来，拜访朋友，研究学问。他主持了纽约大学一个讨论班，又勤奋地著述。他到美国时已经接近六十岁了，但他一生最重要的著作都是在美国写的。这些著作包括《全能政府：全权国家与全面战争的兴起》（1944年）、《官僚体制》（1944年）、《人的行为》（1949年）、《理论与历史：对社会与经济演变的解释》（1957年）、《经济科学的终极基础：论方法问题》（1962年）、《奥地利学派经济学的历史背景》（1969年）等。在这些著作中，他坚持并发展了奥国学派的方法论与自由放任传统。在经济学方法论上，他坚持奥国学派的个人主义与主观主义，反对当时流行于经济学中的实证方法以及在经济学中运用数学；在理论上他坚持最彻底的自由放任，可以称之为"市场原教旨主义"，不仅反对计划经济和凯恩斯主义，而且反对国家有限干预经济的芝加哥学派。正是这两个特色使米塞斯不是浮云。

米塞斯一生众多著作中，最重要的是《人的行为》。这本书是他整个经济学的基础，也是奥国学派思想体系的核心。从人的本性和行为出发实际上是真正回到了亚当·斯密自由市场经济的核心。我们知道，斯密深受他的好友大卫·休谟的人性论的影响，并由此形成了自己的自由市场经济的思想体系。他认为人的本性是多方面的，既有利己的，也有利他的，但最基本的仍然是利己。这是一种客观存在，无所谓好坏。人为实现自己的利益而产生了各种行为，最基本的是经济行为。但人不能一切都自力更生，需要与别人交换，由这种交易行为就衍生出了市场经济体系。让人自由地从自己的利益出发行动和交换，社会就可以正常运行。所以，市场经济体系是符合人性的，是人性的必然结果。彻底的市场经济就是保证每个人的行动和交换的自由，其他任何破坏这种自由的干预都是对人性的扭曲。《人的行为》一书回到了斯密的出发点，回到了人性。这正是米塞斯的思想在今天仍有意义的根本原因。

《人的行为》是一部厚达889页的巨著，它包括了米塞斯关于经济学、经济学方法论、市场过程、货币与经济周期理论以及比较经济体制等领域的原创性思想。贯穿这本书的是"经济理解"这样一个观点，"经济理解"是理解从人性引申出的市场过程。他认为这是"人类保持自由繁荣社会的关键"。"市场过程"是米塞斯对奥国学派和整个经济学最伟大的贡献，也是理解米塞斯思想的关键。这种理论集中体现在他《人的行为》第四部分"市场社会的交换学或经济学"中。

占据经济学中主流地位的新古典经济学用均衡的方法论解释市场，这就是我们所熟悉的均衡价格理论。米塞斯认为，奥国学派的特点正在于它不用均衡理论来解释市场经济，而是"创造了一个经济行为的理论"。这就是说，经济理解的核心不在于把满足均衡状态的条件解释清楚，而在于指示市场过程的系统特征。市场过程是不同的人在分工合作行为的相互作用之下驱动的。在市场过程中，最活跃的因素是受利润驱动的企业家的活动。企业家是市场中的灵魂，他们的作用是纠正市场价格和决策中的失调。他们发现要素价格和产品价格的失调，并通过纠正这种失调而获利。市场过程是企业家纠正失调的过程。市场是不确定的，因此市场过程也是一个动态过程。在这种过程中，企业家是"掌舵者"、"驾驶人"，而"船主是消费者"。消费者的买与不买控制了生产的模式，企业家要满足消费者的偏好，让消费者和企业家从自己的本性出发行动，才是完美的市场经济，因此，这种理论的政策含义就是"自由市场在经济上是可取的"。以此为基础，米塞斯解释了竞争、垄断、价格决定等基本问题。也正是基于这种理论，米塞斯否定了计划经济和凯恩斯主义，并解释了经济周期等问题。

尽管米塞斯去世已经近三十年了，但他的思想并没有由于他的去世随风而去，而是受到越来越多人的重视。尤其是在凯恩斯主义盛行，引起一次又一次经济危机的今天，人们会经常想到米塞斯的思想。也许现实还不允许完全按米塞斯的思路行动，国家对经济生活的干预也不会完全退出经济领域，但按米塞斯的思路反思一下我们有哪些做法适得其反，是非常重要的。

米塞斯的思想对正在改革中的中国也有意义。首先，我们必须认识到，用市场经济取代计划经济，根本原因并不在于效率，而在于市场经济符合人性。市场经济是以人为本的经济，因此市场经济的成功在于尊重人、保护人权。种种限制人的行为的做法，是计划经济的回潮。

其次，市场经济的活力来自企业家，而不是官员。让企业家成为官员（国企的领导）或让企业家依附于官员（民营企业的领导），与市场经济是背道而驰的。政府的作用不是命令企业家做这做那，而是为企业家的创新活动创造一个良好的环境。

最后，我们在改革中要总结各国政府干预市场引起的不良后果，而不能去模仿他们干预市场的做法。完全依靠政府干预、管制企业去纠正市场经济的缺点，结果会适得其反。

米塞斯的思想对我们的意义不是操作层面的，而是认识层面的。米塞斯的思想离我们并不远，但我们对这位思想家的研究还是太少了。我写这篇文章所依据的《米塞斯评传——其人及其经济学》是我见到的唯一一本译成中文的米塞斯传记，而且是在2010年才出的。米塞斯的著作译成中文的有好几种，《人的行为》简体版，2015年也已由上海社会科学院出版。国内学界对哈耶克的重视远远超过米塞斯。我写这篇文章，并不在于介绍米塞斯，而是希望能催生更多的米塞斯著作和传记的翻译出版，能引起更多人了解和研究米塞斯的兴趣。米塞斯毕竟不是浮云。

兰格

计划经济改革的先驱者

    写到米塞斯就不能不写兰格（Oskar Ryszad Lange，1904～1965），因为在20世纪20～30年代关于计划经济的争论中，米塞斯是计划经济的反对派，兰格是与他对立的计划经济的支持派。而且，兰格的计划经济思想不同于斯大林计划经济模式，因此，在苏东各国经济改革初期，兰格的计划经济模式曾一度成为目标。在这个意义上说，我们不仅把兰格作为计划经济的支持者，还把他作为计划经济改革的先驱。

    在经济学家中，兰格是少数既精通西方经济理论，又精通马克思主义经济理论的人。兰格出生于波兰，14岁时就作过一次马克思主义的讲演。他研究马克思主义经济学，并愿意主讲政治经济学，但由于思想左倾，波兰、美国等国家的学校只让他讲统计学。由于从事政治活动无法在国内任教，从1938年到1945年，兰格在美国哈佛大学、加州大学和芝加哥大学任教，并在1943年加入美国国籍。兰格还是一位政治活动家，早年加入波兰社会党，二战中与坚持抗战的地下组织有联系。二战后恢复波兰国籍，出任波兰第一任驻美大使，驻联合国安理会代表。以后又担任波兰统一工人党（当时波兰执政党）中央委员，国务委员会副主席，以及议会中外交、财政委员会主席。1956年后任华沙大学教授。不过由于兰格并没有真正接受斯大林模式，在波兰战后政治中所起的作用相当有限。

在有关计划经济的争论中，兰格发表了《社会主义经济论》。他反对米塞斯等人计划经济不可能有经济计算，从而低效率的观点，认为计划经济同样可以运用价格实现经济计算，而且会比市场经济下更好。兰格的这种观点被称为计划经济的模拟市场模式。

兰格认为，在竞争的市场经济中，市场的均衡运行取决于三个条件：个人收入与效用最大化和企业的利润最大化决定了某种物价水平时商品的供求数量；各种商品的供求均衡决定了实现所有个人与企业最大化的唯一一组价格；个人的收入等于他们转让资源使用权的收入加企业家的利润。这三个条件是在市场上的试错过程中不断调整而实现的。这样的试错原理同样可以运用于计划经济中。这种计划经济应该具有三个特点：有消费者选择自由，效用最大化适用于消费品市场，消费者收入和消费品价格决定了消费品需求量；企业的生产决策不由利润最大化目标指引，由计划当局决定，要求实现最低成本和最优规模 劳动者自主择业，劳动给予支付最高工资的产业或企业，公有生产资料由计划当局决定价格，并给予能支付这一价格的产业或企业。

计划经济中实现均衡的条件是价格要使供求相等。消费品和劳动的价格由市场决定，这与市场经济相同。在公有制下，生产资料价格和利率由计划当局决定，通过试错法，计划当局同样可以确定出正确的价格。计划当局模拟市场是计划经济有效率的保证。兰格详细论述这种合理价格形成的机制。而且，他认为这样形成的价格比市场更有效率，因为计划机构掌握的信息要比私人全面得多。

苏联和东欧国家实际运行的计划经济与兰格设想的并不一样，例如，消费者选择商品和劳动者就业自由都不存在。计划是靠强制的行政命令来实现的。兰格预言的高效率也没有实现，而且，供求长期处于失衡状态。针对这些问题，兰格的计划经济思想有所发展。首先，兰格区分了实现计划中的行政方法与经济方法。他认为这两种方法都可以用，但应优先用经济手段。其次，兰格提出了计划决策中的分权问题。这就是说，主要决策由国家（政府）做出，其他决策可以分散让企业做出，以便决策有灵活性。最后，在计算机发展之后，兰格提出用电子计算机来进行模拟市场的试错过程。这也被称为，"计算机社会主义"。

兰格的基本思路是在不改变公有制和计划体系的情况下来完善计划经济。这种思路容易被计划经济中的领导与群众接受，而且实行起来阻力也较小，因此，成为许多计划经济国家改革初期的基本思路。我国20世纪80年代的一些提法与做法，包括把计划建立在价值规律的基础之上，让利放权等等都受到了这种改革思路的影响。

兰格在1965年去世，这时社会主义经济改革刚刚开始。如果他能活到80年代之后，也许他的观点还会改变。兰格毕竟是一个伟大的经济学家，也是他对计划经济改革做出了最早的设想。

兰格年轻时接受了马克思主义思想，尽管以后在西方学习与研究，并且对当代经济学颇有贡献，但仍然没有改变对计划经济的支持。

爱德华·哈斯丁·张伯伦

书斋中的经济学家

　　许多经济学家既从事理论研究，又关注并参与现实经济生活。他们的经济学有强烈的现实感，对经济发展或政策制定，起了重要作用。但是，也有一些经济学家终生都在书斋中，在他们的象牙之塔中玩"经济学智力游戏"（希克斯语），他们的理论也许相当抽象，但对现实绝非没有意义。美国20世纪30年代的经济学家爱德华·哈斯丁·张伯伦（Edward Hastings Chamberlin，1899～1967）就是这样一位学者。

　　张伯伦的经历十分简单，获得哈佛大学博士学位之后就在哈佛大学任教，终生未变。他没有担任过任何其他实质性职务，也没有从事企业顾问或政府顾问之类的工作。终生在书斋中研究垄断竞争理论。这种理论的出现标志着微观经济学整个体系的完成。今天这种理论已成为企业战略学、市场营销学等实用性学科的基础，最热门的产业组织理论或称产业经济学也是在他这种理论的基础上发展起来的。但当他20世纪30年代研究这种理论时只是要发展价值决定理论，解决纯理论的不完全竞争下的价值决定问题。也正是这种能坐下来冷静思考的精神，使他在微观经济学研究中作出了开创性贡献。萨缪尔森称垄断竞争理论的建立是经济学中的"垄断竞争革命"。垄断竞争理论的建立标志着新古典微观经济理论的完成。著名的 *Who's who in Economics*（中文本名为《世界重要经济学家辞典》）认为他是"20世纪六位最有影响的经济学家之一"。他在1933年出版的《垄断竞争理论》成为每一代经济学人必读的经典。书斋里同样出大学问家。

在经济学中，供求决定价格的理论称为价值决定论。在张伯伦开始学术生涯时，在这一领域中占统治地位的是马歇尔的均衡价值论，这也是新古典经济学的基础。这种理论以市场完全竞争为基本假设前提。这就是说，市场上任何一个企业都没有通过调整产量或产品差别来影响或控制价格的垄断势力（即都是价格接受者），企业可以自由进入或退出一个行业，以及交易双方信息的完全性。而且，这种理论只分析企业而没有涉及由企业组成的行业。但在20世纪以后垄断越来越严重。尽管马歇尔也注意到了这种现象，但并未深入研究。马歇尔以后的学者更多地注意到垄断，但并未注意介于竞争和垄断之间的市场。张伯伦要解决的正是各种市场结构下价值的决定。《垄断竞争理论》一书的副标题就是"价值理论的重新定位"。

张伯伦认为，过去人们只看到了竞争和垄断这两种极端的市场结构，其实大量的市场是介于这两者之间竞争与垄断的不同程度结合。张伯伦又把介于竞争与垄断之间的市场分为寡头和垄断竞争。张伯伦正是要分析这四种市场结构中的单个均衡（一个企业价值的决定）以及集团均衡（一个行业价值的决定）。

对于竞争、垄断和寡头市场，前人已有许多分析。张伯伦最大的贡献是对垄断竞争的分析。他第一次提出了"产品差别"的概念。产品差别是同一种产品在质量、包装、外形、品牌、服务等方面的细微差别。产品差别会引起垄断，产品差别越大，垄断程度越高。这就是说，有自己产品差别的产品可以以自己独有的特点形成对一部分消费者的垄断，利用自己的产品特色控制价格，成为价格决定者。在这种存在产品差别的市场上，尽管企业规模并不大，但由于有差别的产品没有完全替代性（消费者对有差别的产品有不同的偏好），这就引起一定程度的垄断。但有差别的产品毕竟是同一种产品，这就有一定程度的替代性，而且企业仍然可以自由进入，因此，生产有差别产品的企业之间仍然存在竞争。这种垄断与竞争的并存就形成垄断竞争。

张伯伦重点分析了垄断竞争市场上一个企业的单个均衡和整个行业的集团均衡。垄断竞争市场上，一个企业的需求曲线向右下方倾斜，短期中可以靠产品特色控制价格而获得利润，但在长期中由于竞争利润会消失，实现了长期均衡。集团均衡是研究许多企业的产品有高度替代性情况下整个行业价格和产量的调整。分析方法是先假设产量不变，考虑价格调整，然后再假设价格不变，考虑产量调整。在长期集团均衡时，企业有过剩生产能力，由于生产成本和销售成本增加，平均成本高于竞争时，市场价格也高于竞争时。

张伯伦的分析区分了不同的情况，而且所用图形复杂，所以，这本书读起来不易，非专业人士不必看这本书。但张伯伦的垄断竞争理论今天仍有强烈的现实意义，企业家常讲的差异化竞争战略正是根据这种理论提出的。不过张伯伦没有预见到他的理论的现实意义，甚至把创造产品差别的广告作为增加成本的无用支出。

还应该指出的是，张伯伦的垄断竞争理论完全是独创的。之所以强调这一点是因为1926年英国经济学家斯拉伐在《经济学杂志》上发表了一篇题为"竞争条件下的报酬规律"的文章，提出了研究竞争与垄断之间市场的观点。英国经济学家琼·罗宾逊受他的影响在1933年出版了《不完全竞争经济学》。这本书的观点与内容同张伯伦的书有类似之处。因此，有人认为张伯伦亦受到斯拉伐启发。张伯伦在书中也说到支持他这种"中间理论"的有三个人，第一个就是斯拉伐。但张伯伦强调，他早在密歇根上大学时就考虑这一问题，1922年进入哈佛大学攻读博士学位时已开始研究这一问题。《垄断竞争理论》作为博士论文1926年已经完成。熊彼特在《经济分析史》中经考证证明了这一点。张伯伦在哈佛大学攻读博士学位时的同班同学、已故北大陈岱孙教授也证明了这一点。张伯伦说到斯拉伐支持他的理论是在该书1933年出版时加的一个注。

张伯伦的《垄断竞争理论》和琼·罗宾逊的《不完全竞争经济学》有相似之处，但张伯伦关于产品差别与垄断的论述，关于销售成本对创造需求和增加需求的作用等都是独创的。现在经济学界更看重的是张伯伦的书，这也是现在微观经济学"厂商均衡理论"或"市场结构分析"的内容。琼·罗宾逊的书看的人不多了。

当然，作为一个一心搞学问的书斋中经济学家，张伯伦不会介意这些。说这些无非是我们后人多事而已。

珂尔文·费雪

长寿的经济学家

　　据说经济学家是为社会谋福利的　所以，应了"好人有好报"这句古话，都健康长寿。此话是否真理，无法确证，但经济学家普遍长寿是一个事实。已经去世的诺贝尔经济学奖得主，寿命基本都在80岁以上，知名经济学家中长寿老人亦不少。报应之说大概是开玩笑，经济学家的长寿与他们的心态有关。一个现成的例子就是20世纪美国经济学家阿尔文·费雪。

　　阿尔文·费雪（Irving Fisher，1867～1947）是耶鲁大学第一个经济学博士，但却是在耶鲁大学数学系获得这个学位。他的学位论文《价值与价格理论的数学研究》用定量分析研究效用理论，至今为经济学家称道。这篇论文奠定了他作为美国第一位数理经济学家的地位。费雪涉猎的领域相当广泛，据他的儿子I. N. 费雪为他们写的传记所列，他一生共发表论作2 000多种，合作400多种，用著作等身来形容并不为过。

在经济学中，费雪对一般均衡理论、数理经济学、物价指数编制、宏观经济学和货币理论都有重要贡献。张五常先生经常告诉年轻人，费雪的书是不可不读的。费雪的代表作之一是1922年出版的《指数的编制》，这本书利用时间逆转测验法（Time Reversal Test）和因子逆转测验法（Factor Reversal Test）编制物价指数，对以后物价指数的编制影响颇大。

在今天人们仍然经常提到费雪是由于他对货币数量论和宏观经济学的贡献。这方面他的代表作是《货币的购买力》（1911年）和《利息理论》（1930年）。美国加州伯克利大学经济学教授J. B. 迪龙（J. B. De Long）在评论货币主义时把费雪称为"第一代货币主义者"。这就是指费雪的货币数量论是最早的货币主义。我们知道，费雪货币数量论的中心是交易总量（T）乘价格（P）等于货币量（M）乘货币流通速度（V）（$T \cdot P = M \cdot V$），当T和V不变时，物价水平（P）取决于货币数量（M）。这也正是弗里德曼现代货币数量论的中心思想。费雪提出，通货膨胀率加实际利率等于名义利率，强调了预期通货膨胀对名义利率一对一的影响。这种观点被称为费雪效应，现在仍是每一本宏观经济学教科书的基本内容。

人们会以为，这样一位有成就的经济学家一生应该是春风得意的。其实费雪的一生也是颇多坎坷的。就人生而言，费雪的女儿玛格丽特在1919年由于精神崩溃而去世。与费雪共同愉快地生活了47年的妻子玛格丽特·哈泽德于1940年去世。费雪本人在1898年感染了当时被称为不治之症的肺结核。就事业而言，费雪发明了可显示卡片指数系统，并取得专利，办了一个获利颇丰的可显示指数公司。后来该公司与竞争对手合并为斯佩里·兰德（Sperry Rand）公司。这项事业使他致富。但20世纪30年代大危机之前他对美国经济和股市盲目乐观。认为经济和股市会停留在一个高水平平台上持续下去。他在媒体上宣传这一观点并身体力行。他借款以优惠权购买兰德公司股份，大危机爆发后，他的股票成为废纸。据他儿子估计，损失为800万～1 000万美元，连妻子、妹妹和其他亲属的储蓄都赔进去了。他一文不名，耶鲁大学只好把他的房子买下，再租给他住，以免被债主赶出去。他的名声亦受到打击。

尽管人生有如此多的挫折，费雪还是健康地活了80岁，这就在于他健康的心态。他深信人性本善，而人类优良天性的保持，有赖于优生。他组织优生学研究会（Eugenics Research Association）、美国优生学会（American Eugenics Society），并任主席，亲自写成《民族活力报告》（*Report of National Vitality*），提出建议。相信人性之善，是一个人心态健康的出发点。

1898年费雪患肺结核病之后，深感卫生保健的重要。他在1913年发起成立生命延续研究所（Life Extension Institute），并担任该所保健指导委员会（Hygiene Reference Board）主席。他与该所医学专家费斯克（Fisk）合写了一本名为《如何生活》（*How to Live*）的书，畅谈养生之道。该书观念新颖而又切合实际，成为美国大学和高中的卫生保健教科书，共印行90版次，在美国销量达40万册之多，亦有德、法、日等十几种文字的译本，比他的经济学名著影响要大得多。他反对纵欲，主张禁酒、素食主义、锻炼身体、养成良好卫生习惯，以及呼吸新鲜空气。这恐怕是他的肺结核在3年后痊愈，又精力充沛地投入研究工作，并取得了许多成就的原因。他的主要贡献都是在这次病后作出的。

费雪还是一个关怀人类的世界和平主义者，他在1922年写了《联盟或战争》（*League or War*）一书，主张美国放弃孤立主义，参加国际联盟，为世界和平而努力。

阅读费雪传记，我深为他那种始终乐观的人生态度所感动，1929年他在大危机中受到沉重打击，但仍在1930年出版了代表作《利息理论》，在1932年出版了《繁荣与萧条》，在1933年出版了《大萧条的债务通货紧缩理论》，在1935年出版了《百分之百的货币》。一个人在经济上完全破产之后仍然能如此潜心研究学问，且不断有重要著作问世，这是一种什么样的人生态度啊！我们应该学习的不仅有费雪的理论，更重要的还有他的人生态度。

如果把有好报的好人理解为费雪这样有正常心态，热爱人生和他人的人，"好人有好报"就是真理了。

热衷从政的经济学家

　　使我对保罗·道格拉斯（Paul Howard，Douglas，1892～1976）感兴趣的不仅是他的名著《工资理论》，而且还有他幽默的风格。

　　在弗里德曼夫妇写的回忆录中，他们写道："在罗斯（弗里德曼夫人）的印象中，道格拉斯是一位极其有趣的教师。她在芝加哥大学读一年级时选了他的经济学原理这门课。某一天，他进教室时提着一包橙子，为的是向大家解释边际效用递减规律。他依次将橙子一个一个抛给学生，直到他们大叫'别给了'。在这样演示后，谁还会忘记边际效用递减规律呢？"作为一位好教师，道格拉斯"总是和蔼可亲"，慈父般地教导学生。当然，作为一个好教师不仅要有这些人格上的优点，还要学问好。道格拉斯也是一位优秀的经济学家，他对生产理论的研究至今仍有影响，他与柯布共同提出的柯布—道格拉斯生产函数是每一个学过点经济学的人都知道的。

道格拉斯早期研究工资、社会保障、失业等问题。他1925年发表的《一家人的工资》曾被誉为"分析工资支出中的家庭津贴制度最好的书"。由于这种声誉，他担任报纸出版业仲裁委员会主席达17年之久。1930年，道格拉斯出版了《美国1890年至1926年的工资》，又获得好评，出任沃思莫夫失业问题委员会代理主席和宾州失业问题委员会秘书，并被当时的纽约州长罗斯福（以后当过总统）聘为该州社会就业稳定委员会顾问和秘书。但使道格拉斯在经济学界久负盛名的还是他与数学家柯布合作在1934年出版的《工资理论》。这本书的思想是他研究的结果，柯布负责进行数学推导与论证。

《工资理论》从研究生产理论与分配理论的关系入手，其重大贡献是该书第二部分根据边际生产理论提出的柯布—道格拉斯生产函数，以及对这一生产函数的检验。柯布—道格拉斯生产函数的代数式是：

$$P = b \cdot L^k C^{1-k}$$

在这个式子中，L、C代表一定时期内投入的劳动量和资本量，P代表与之对应的产量。b、k为常数，$b \neq 0$，$0 < k < 1$。根据美国1899～1922年的实际资料，计算出b=1.01，k=0.75。因此，柯布—道格拉斯生产函数的结算式为：

$$P = 1.01 L^{0.75} C^{0.25} = 1.01 L^{3/4} C^{1/4}$$

这说明，在生产中，劳动作出的贡献为3/4，资本所作出的贡献为1/4。换句话说，产量增加1%时，有3/4来自劳动量的增加，1/4来自资本的增加。也可以说，劳动增加1%使产量增加0.75%，资本增加1%使产量增加0.25%。经过计量经济学的统计检验，其样本相关系数为0.9649，每年平均误差为4.3%，说明回归分析的相关性是高度显著的。根据边际生产力理仑，收入分配取决于劳动和资本的边际生产力。这就是说，工资率和利率分别取决于其各自的边际生产力，工资率乘劳动量为劳动的总收入，利率乘资本量为资本的总收入。这两种收入在国民收入中占的比率称为分配率。由柯布—道格拉斯生产函数得出，分配率就是这个函数中劳动与资本的幂数，即3：1。这个结论也被统计资料证明是正确的。

这种研究对以后生产理论的发展和计量经济学都有重大影响，被认为是20世纪30年代经济学重大的进展之一。

如果沿着这条路发展下去，道格拉斯在学术上会有更大造诣。可惜他的兴趣不在学术，而在政治上。如上所述，道格拉斯在任教期间就担任过不少政府职务。1938年，道格拉斯参加芝加哥市议员竞争，并以绝对多数当选。从此，他走上了从政之路。二战中年逾五十的道格拉斯入伍当美国海军陆战队士兵，在佩累鲁、冲绳作战时多次负伤，于1946年晋升中校后退伍，担任过一段总统特别侍从官，以后又重返芝加哥大学当教授，并在1947年当选美国经济学会会长。这是他学术事业的顶峰。

然而，道格拉斯依然热衷于从政。1948年他参加参议员竞选。他提出的竞选纲领是：在10年内新建1 500万套居民住房，对通货膨胀和垄断严加控制，废除塔夫脱—哈特莱法，农民的收入最低应与1941～1945年的平均收入水平相等，联邦政府应扶助教育事业，扩大社会保障等。这些主张颇得民心，他得到了美国最大的工会组织美国劳工联合会和产业工人联合会（劳联—产联）的支持当选为参议员。他当了18年参议员。其间，参与国家复兴署、参议院社会保障委员会的工作。

1966年，道格拉斯在与查尔斯·珀西（芝大校友、校董事会成员）竞选参议员时失败。斯蒂格勒请他为芝大沃尔格林讲座作一次演讲。与同事吃饭时，弗里德曼见他身体比以前更好，就劝他，"你竞选失败也许是坏事变好了"。道格拉斯反应极为强烈地说："不！这是我遇到的最糟糕的事。这个世界上没有比当美国参议员更好的工作了。"

有人为道格拉斯放弃学术感到遗憾。其实遗憾与否是个人的感觉，道格拉斯自己觉得从政好，我们有什么遗憾呢？

熊彼特

熊彼特的婚恋与事业

　　人的婚姻有幸福也有不幸，但对待婚姻波折的态度却对人事业成败至关重要。美国经济学家熊彼特为我们树立了一个榜样。

　　熊彼特（Joseph Alois Schumpeter，1883～1950）毕业于维也纳大学，曾到英国游学，在这里他见到马歇尔，更多了解了瓦尔拉斯、埃奇沃斯和克拉克。这些人对他以后都有重要影响。当年24岁的熊彼特身材高大、贵族气质，两眼忧郁，吸引了比他大12岁的茜芭。他们很快坠入情网而结婚，但这段婚姻并不快乐。1907年他与夫人到埃及成立律师事务所。他把女王的地产租金减了一半，却使女王的收入翻了一番，显示出一个经济学家的理财能力。同时，他出版了第一部著作《理论经济学的本质与内容》，该书使他成为欧洲经济学界名人。1909年，熊彼特回到奥地利，在格拉兹大学任教，并于1912年出版了他最重要的著作《经济发展理论》。

这一时期，他的婚姻不幸，他忙于学术工作难免冷淡了妻子，两人常为小事争吵。熊彼特在反思这次婚姻时说："在学者的生活中，尤其在被称作灵魂形成期的时候，要想过完美的婚姻生活是很困难的。至少从学问成果的角度而言，它可能有消极效果。"尽管他悔恨结婚太早，但婚后的不幸并没有阻碍他的进取。他把烦人的事忘在脑后，学术上取得突飞猛进的发展。正是在《经济发展理论》中，他提出了奠定他一生事业基础的创新理论。

创新是指"企业家对生产要素的新组合"。包括：引进一种新的产品或提供一种产品的新质量；采用一种新的生产方法；开辟一个新的市场；获得一种原料或半成品的新的供给来源；实行一种新的组织形式，例如，建立或打破一种垄断地位。熊彼特特别强调，创新并不等于发明。一种发明只有应用于经济活动并成功时才是创新。创新者不是实验室的科学家，而是有胆识、敢于承担风险又有组织实干才能的企业家。

熊彼特把创新作为不断地从内部革新经济结构，即不断破坏旧的、不断创造新的结构。它是来自内部创造性的对经济生活的一种变动。这种变动是一个"创造性破坏的过程"，如同生物界的突变一样，可以称为"产业突变"。创新是社会进步的动力，也是利润的源泉。

熊彼特认为，在静态体系内，资本、人口、技术和生产组织都不变。竞争的结果是价格等于成本，没有利润。这样的社会是停滞的。在动态社会里，企业家创新者利用新技术、新方法，提高效率，使成本低于价格而获利润。创新总是先由个别人进行的。但创新活动所得到的利润鼓励其他模仿，形成创新浪潮，这时整个社会生产率提高，社会就进步了。当创新普及之后，利润会消失。但还会有另一次新创新再推动社会前进。正是不断的创新推动了社会不断进步。

1914年，一战爆发前夕，熊彼特把茜芭送回英国，他们这一段名存实亡的婚姻事实上就结束了。这一时期，欧洲动乱，他仅发表过两篇文章。1918年他曾参加考茨基等人领导的德国社会民主党的社会化委员会，以后又出任过私营反达曼银行总裁，该银行破产后，他一直在还债。1925年他与比他小20岁的安妮·莱瑾结婚。他还把妻子送到巴黎和瑞士的学校学习。这次婚姻是幸福的，可惜不到一年妻子难产去世，同年他又失去了母亲。这双重打击没有使他消沉。家庭没有了，他一心投入学术事业。到波恩大学任教后，又是他学术事业的一个高峰，为写《经济周期》一书进行准备。1932年，他移居美国，在哈佛大学当教授。1937年他与经济学家伊丽莎白·波蒂结婚。这次婚姻是幸福的。他们有共同的事业和追求。美满的家庭生活给了他力量，他的许多重要著作正是在这一时期出版的。1939年，熊彼特出版了两大卷一千多页的《经济周期》一书。在这本书中，他用创新理论来解释经济周期。他认为，经济周期是由创新活动引起的原有均衡的破坏和向新均衡的过渡，并不是什么社会灾难。创新为创新者带来利润，引起其他企业模仿，形成创新浪潮。这就引起对银行信用和生产资料的需求增加，形成繁荣。创新普及之后赢利机会消失，在新创新出现之前，就会由于对银行信用和生产资料需求的减少而引起衰退。直至另一次创新出现再次繁荣。经济周期正是由创新引起的复苏、繁荣和衰退、萧条这四个阶段的交替而形式的。熊彼特还用创新的大小解释统计资料中显示的长周期、中周期和短周期。这就是说，创新的大小引起周期的长短，大创新引起长周期，中创新引起中周期，小创新引起短周期。熊彼特这本书把经济理论、历史和统计资料结合在一起，对后人也很有启迪。

在哈佛大学这一段是熊彼特家庭幸福、事业有成的时期。他为哈佛大学学生讲授"高级经济理论"和"经济思想史"，构思他另一部巨著《经济分析史》，并参与了计量经济学会的创建，担任第一任会长。这一时期，他出版的另一部重要著作是《资本主义、社会主义和民主主义》。熊彼特认为，随着社会越来越富有，企业家的职能会被技术专家代替，资产者的职能消失，资本主义保护阶层毁灭，不再有创新，这时资本主义就会灭亡，社会主义将取代资本主义。不过这一过程还相当长，至少在50～100年内，资本主义仍会创造奇迹。这是他对社会主义这个问题思考的结果。

1950年，熊彼特去世。他去世后，妻子整理出版了三卷本《经济分析史》。熊彼特用了9年时间写这本书，临终仍未最终完成。他的妻子还把他以前写的一些文章编辑成《从马克思到凯恩斯》一书出版。

熊彼特在婚姻不幸时仍能潜心于学术研究，在婚姻幸福时也没有贪图享受而放弃了学术。无论是逆境还是顺境，他都孜孜不倦地在科学事业上探索。这正是他的伟大之处，也正是他成功的重要原因。

瓦尔特·欧肯

反法西斯的经济学家

法西斯统治时期，德国经济学界发生了分化。少数经济学家投靠纳粹，为希特勒出谋划策，最著名的当数金融专家沙赫特了。他出任帝国银行总裁和经济部长，发明了名为米福（Mefo）的期票来发行货币，为侵略战争筹资，又发明了分别与别国进行易货贸易的办法，克服外汇不足的困难。还有一些经济学家并没有卖身投靠，但他们反对自由主义的思潮有意无意为法西斯提供了思想工具，并推动经济走上适于战争的集中管理之路。但在这一时期仍有一批经济学家坚持自由主义，以他们的理论武器反对法西斯独裁。尽管他们没有拿起枪上战场，但仍无愧于反法西斯战士的称号。他们就是以欧肯为首的弗莱堡学派。

弗莱堡学派产生于一战之后的德国，因其成员主要在弗莱堡大学任教并以此为学术中心而闻名。它的形成时期与法西斯在德国的统治时期不谋而合。但它不是作为法西斯统治的意识形态发展起来的，而是作为反法西斯的思想体系发展起来的。在法西斯独裁统治之下居然有这样一个自由主义流派得以发展，这在独裁国家是绝无仅有的。

弗莱堡学派是一个严格的学术集团，它以弗莱堡大学教授瓦尔特·欧肯（Walter Eucken，1891～1950）为核心，成员多为其同事或学生，包括经济学家和法学家，如法学家伯姆、格劳斯曼-道艾尔特，经济学家盖斯特里希、迪莱、弗里德里·卢茨、麦耶尔、梅耶等人。他们共同的信念是自由主义，即市场经济制度，但他们所主张的是有正常社会秩序的市场经济，即社会市场经济。他们研究的中心是市场经济的制度结构，即他们所说的秩序问题。

欧肯的秩序学说是整个弗莱堡学派的理论基础。"秩序"德文简称奥尔多（Ordo），所以，这个学派又称奥尔多学派。这里说的秩序指一定的规则制度安排。欧肯用理念类型来概括历史上的秩序。理念类型并不是现实经济类型，只是一种抽象的理论类型。他认为，人类社会有两种理念类型秩序：集中领导的经济和交换经济。集中领导的经济又称中央领导的经济，是整个社会的经济生活都由一个中央计划来控制的经济。这种经济要满足的是中央管理机构的需求，而不是消费者的需求，这两者是不同的。这种经济制定计划和实行控制的基础是粗略的评价，没有市场经济下的精确计算。而且，剥夺了生产者与消费者的决策权，靠强制实现计划。这就不可能实现均衡，并引起资源浪费、效率低下等弊病。欧肯对集中领导经济的批判具有现实意义，因为在他看来，法西斯对经济生活的控制正是这种经济类型的变种。

交换经济指由多个个别经济体组合起来的经济。这些个别经济体相互依赖，并通过交换来实现他们之间的联系。交换是通过货币制度来实现的，这就有以货币为标准的计算。欧肯分析了供给与需求的五种纯粹形式：垄断、部分垄断、寡头垄断、部分寡头垄断和竞争，组合为25种市场形式。

那么，现实中应该是一种什么经济秩序呢？欧肯认为，现实的市场经济应该坚持六个原则：保护私有财产，这是交换的基础；保证契约自由，这是交换的前提 稳定的货币秩序；开放的市场，即进入与退出的自由，特别是自由的国际贸易与货币；严格的责任；政策的不变性。但是这种经济要由政府保证正常秩序，这就要：使权力分散，反对垄断；收入与财产的再分配以保证公正；用最低工资保证低收入者的利益；保护环境，实现个人与社会成本的均等化。为了使这种经济秩序得以实现，国家的干预必须遵循三项原则：国家必须限制利益集团的权力；所有的国家干预必须是针对经济秩序的，而不是针对经济过程的；经济与社会政治必须是系统的，不能是特定的。欧肯特别重视原则与历史的区别。这就是说决策者不能教条地看待原则，而要考虑具体历史环境。他明确指出，科学、宗教与国家都是维护经济、政治与社会秩序的制度力量。在秩序中，弗莱堡学派特别强调反垄断，这也是针对法西斯扶植垄断企业的政策。

欧肯强调，经济政策的目标是实现竞争秩序。他们既反对那种自由放任的政策，又反对中央管理经济，同时还反对他称为"各种不稳定的中间道路政策",即凯恩斯主义的国家干预政策和其他形形色色的变种,包括对部分行业(基础行业)的集中领导,行业组织的等级秩序政策,以及充分就业政策。

弗莱堡学派不仅以这些理论对抗法西斯,而且也以合法的形式对抗纳粹统治。1934年,纳粹政府建立了一个德国法律研究院,以制定有德国特色的法律。该院曾建立了一个第四班,弗莱堡学派利用这个班学习欧肯的著作,宣传他们的思想。他们还与政府中反纳粹的人士秘密合作,寻找一种替代纳粹统治的经济政策。1943年,德国临近失败时,他们还秘密研究战后德国的经济政策。他们的一些成员还与地下反法西斯组织保持了联系。正是由于弗莱堡学派在法西斯统治时期的研究工作,战后德国经济政策有了理论依据。

1950年,欧肯去世。以后这一派的主要成员或去世,或出国,或退休。作为一个学术团体,弗莱堡学派就不存在了。但艾哈德继承了弗莱堡学派的基本思想,提出了社会市场经济理论,并以此为依据制定战后西德经济政策,使西德经济迅速恢复和繁荣。弗莱堡学派在经济学史上有重要的地位,他们的理论至今仍影响着经济学家。

路德维希·艾哈德

社会市场经济的实践者

  做一个象牙之塔中的理论经济学家并不难，难的是把自己正确的理论成功地运用于实际。联邦德国前总理路德维希·艾哈德（Ludwig Erhard）正是这样一位把理论运用于实践，实现了联邦德国战后经济腾飞的经济学家。

  作为经济学家，艾哈德曾在法兰克福德国制成品经济观察研究所从事消费品和工业品的成本核算比较研究。他不属于德国弗莱堡学派的成员，但与这个学派关系密切，并接受了他们的基本理论——社会市场经济理论。这种理论把经济分为两种理念模型：自由市场经济和中央管理经济。自由市场经济由价格机制自发调节经济。中央管理经济由政府的计划和命令来调节经济。但这两种经济都有缺点。自由市场经济中，竞争会引起垄断，经济危机与不稳定也是难免的，这必然引起国家干预。中央管理经济又会引起资源配置失误和效率低下。他们理想的经济是"有意识地加以指导的市场经济，即社会市场经济。这种经济由价格机制来调节，但政府要维护经济秩序"。

艾哈德称赞这种社会市场经济，他在1957年出版的《大众福利》（中文本根据英文本改名为《来自竞争的繁荣》）中发展了这种理论。他首先强调，社会市场经济的基本目标是大众福利，即在迅速发展生产力的同时消灭贫富对立，使绝大多数人能享受到经济繁荣的果实。大众福利要通过三位一体的目标来实现，即生产率和生产量的大幅度提高，名义工资的大幅度提高，以及低而稳定的物价水平。

社会市场经济以市场经济为基础。艾哈德认为，人类进步是市场经济的结果。市场经济的优越性在于"它能使调节过程随时随刻地进行，能使供求双方，国民收入与国民生产之间既在数量上又在质量上趋于平衡，能使生产者和消费者双方都获益"。市场经济的基本点是保证个人的经济自由，保证自由竞争和保护私有制。经济自由指生产者决定自己的资源使用，进行生产和竞争的自由，以及消费者使用自己收入的自由。这是公民的基本权利，也是市场经济的出发点。自由竞争是实现市场调节的唯一途径。价格要在竞争中形成，并通过竞争来实现资源的最优配置。竞争是市场经济的基础，也是实现繁荣的最有效手段。产权是保证个人自由与自由竞争的基本前提，没有产权就没有市场经济。

但是艾哈德区分了自由市场经济和社会市场经济，这两者的区别如同野生植物与人工培育植物的区别。他认为国家的作用不是直接参与经济活动而是维持市场经济秩序。把经济活动比喻为球赛，企业是运动员，政府是裁判。裁判不能踢球，但一场精彩的球赛离不了裁判。国家的作用是：兴建并维护基础设施，稳定货币和物价，反垄断，实行社会保障与社会福利，协调劳资关系。总之，国家要通过各种方法为市场经济的运行创造一个良好的条件。

艾哈德的伟大之处不在于提出或发展了社会市场理论，而在于运用了这一套理论。在纳粹统治时期，艾哈德拒绝与当权者合作，并研究战后重建问题。战后，艾哈德得到美国占领军重用，任美国纽伦堡军管机构的经济顾问。1945年10月起任巴伐利亚洲经济部长。1947年10月任英美占领区财政管理委员会货币与信用特别处主任，筹备货币改革事宜。1948年3月又任英美占领区经济管理委员会美方经济区主席。1949～1963年任联邦德国经济部长。1963～1966年任联邦德国总理。正是在这一期间他把社会市场经济理论变为德国的经济政策。

战后面临的严重问题是超速通货膨胀。艾哈德1948年6月18日在英美占领当局支持下进行了货币改革，废除了旧马克，发行新马克，颁布了货币法、货币发行法、兑换法和固定账目法，稳定了通货，为经济恢复创造了条件。然后又进行价格改革，放开市场。废除了对90%的商品的价格管制（仅对基本食品、重要工业原料和房租与公用事业费进行管制），取消物品配给制，实行买卖自由，政府对工资的控制，由劳资双方决定工资。这些是发挥自由市场的调节作用。在政府维护市场经济秩序方面，制定反垄断法，实行劳资共同决策制度以缓和劳资对立，又通过社会政策和劳动立法，实现社会保障和福利，并提出工人阶级中产化的目标。在国际上实行自由贸易，并推动西欧经济的一体化。

这些政策促进了联邦德国经济发展。从1950年到1973年，联邦德国的GDP从981亿马克增长到9 262亿马克，增长了8.4倍，年增长率为7.1%左右，在西方各国中仅次于日本（8.9%）。同时，年通货膨胀率仅为2.3%。人民生活水平得到相当大的提高。社会市场经济终于实现了大众福利。尽管艾哈德在1966年后不再担任总理，但联邦德国仍继承了他的基本经济政策。

艾哈德被称为联邦德国"经济奇迹之父"。尽管他在1977年去世时也没有获得诺贝尔经济学奖，甚至在理论经济学界也称不上一流经济学家，但他真正称得上把经济学用于富国富民的经济学大师。

凯恩斯

大经济学家的小错误

　　凯恩斯曾经说过："据说列宁曾宣称，摧毁资本主义制度的最好方法是破坏通货。通过持续的通货膨胀过程，政府可以秘密而不知不觉地没收其公民的大部分财富。"

　　这段话是凯恩斯在其名著《凡尔赛和约的经济后果》（*The Economic Consequences of the Peace*）一书中谈到一战后强加给德国的赔偿条款会引起经济困难和加剧国际关系紧张时说的。

　　这一段话在《劝说集》（*Essays in Persuasion*，江苏人民出版社出版的《凯恩斯文集》第一本中译为《预言与劝说》）第二部分"通货膨胀与通货紧缩"的第一篇文章"通货膨胀"中也出现过（这一篇文章就是《凡尔赛和约的经济后果》一书中的一部分）。因为凯恩斯是大经济学家，这段话被作为列宁的话而广为引用。美国经济学家萨缪尔森和诺德豪斯的《经济学》第16版第30章"保持价格稳定"中把这句话作为该章前的引言。美国经济学家曼昆的《宏观经济学》第7章"货币与通货膨胀"中专设了"参考资料""凯恩斯（与列宁）论通货膨胀的成本"一节介绍这句话。可见这些经济学大师对凯恩斯的话都深信不疑。

但香港经济学家林行止指出了凯恩斯的错误。他在《弗里德曼是凯恩斯信徒？》一文（收入《一脉相承》，社会科学文献出版社2002年2月版）中考证了这句话的来源。林先生根据英国著名苏联问题专家理查德·皮泼斯（Richard Pipes）1990年出版的《俄国革命：1899～1919年》（*The Russian Revolution，1899～1919*）证明了，这句话并非列宁所说，而是另一位布尔什维克拉宁（Larin）所说。拉宁在俄国革命时期为经济负责人，这大概是他在干革命时摧毁帝俄卢布的经验总结。

凯恩斯大概并没有读过列宁或拉宁关于通货膨胀论述的文章，他引用的话是听说来的，也没有指明出处，原文是"Lenin is said to have declared..."（林行止先生根据的《凡尔赛和约的经济后果》一书英文版是148页，曼昆根据的1920年Macmillarn版是219～220页，我根据的纽约1920年Harcourt，Brace and Howe版是235页）。看来当时凯恩斯引用这句话也是底气不足，但他的学术地位使大家都信以为真。

凯恩斯把关于通货膨胀的这段话归在列宁头上还算不得什么大错，毕竟这句话的意思并不错，何况也是出自列宁战友拉宁之口。但另一位经济学大师瓦伊纳所犯错误就不一样了。

雅各布·瓦伊纳（Jacob Viner，1892～1970）是早期芝加哥学派的重要成员。他曾就读于哈佛大学并获博士学位，是当时著名经济理论和国际经济学权威陶西格（Frank W. Taussig，1859～1940）的学生与朋友。瓦伊纳曾担任芝加哥大学教授，并担任著名的《政治经济学杂志》主编18年之久。他对成本曲线、垄断竞争和寡头市场上的拗折的需求曲线的研究都是开创性的，在经济思想史的研究中也造诣颇深。他影响最大的是关于成本理论的研究和成本曲线的图形表述。这些仍然是今天微观经济学中成本理论的重要内容。

在研究成本理论时，他提出了今天人们都熟悉的包络曲线概念，即长期平均成本曲线是无数条短期平均成本曲线的包络曲线。当时瓦伊纳认为，在长期中企业总可以通过调整生产规模实现平均成本最低，因此，长期平均成本曲线应该是无数条短期平均成本曲线最低点组成的轨迹。根据这种思路，他要求制图员画出一条满足以下两个条件的包络曲线：第一，这条包络曲线要把无数条短期平均成本曲线包在内；第二，这条包络曲线要和所有短期平均成本曲线的最低点相切。

据记载瓦伊纳的这个制图员是一个中国人（可惜名字已无法考证），且精通数学。制图员告诉瓦伊纳，这个图是画不出来的，因为在数学上任何一条包络曲线都无法同时满足这两个条件。如果要把无数条曲线包在内，这条包络曲线就不能与这些曲线的最低点相切；如果要使包络曲线与各条曲线的最低点相切，这条包络曲线不能把各条曲线都包在内。这就说，包络曲线只能满足瓦伊纳要求的两个条件之一，而不能同时满足这两个条件。瓦伊纳为此与制图员发生争吵。

在此之前，经济学家普遍认为，既然长期中企业可以调整规模使平均成本最低，长期平均成本曲线就应该是短期平均成本曲线最低点的轨迹。瓦伊纳的包络曲线概念和对包络曲线两个必需满足的条件的总结正是这种思想的概括。但事实上长期平均成本曲线并不能是各短期平均成本曲线最低点的包络曲线。这种对短期与长期平均成本曲线关系的误解被称为"瓦依纳错误"。是一个不知名的中国制图员纠正了这个错误。

大经济学家并非全能的上帝，当然会犯错误。学问是无止境的，做学问时用得上毛泽东同志的一句话：世界上怕就怕认真二字。大经济学家犯的错误会流传更广。这提醒我们，千万不可迷信大经济学家，把他们的话句句作为真理。

罗斯福

凯恩斯

凯恩斯与罗斯福志同而道不合

　　1933年，罗斯福在美国经历了四年大萧条之后出任总统。罗斯福上任后，在政治学家雷豪德·莫利（Raymond Moley）、经济学家雷克斯福德·G.特格韦尔（Rexford G. Tugwell）和制度经济学家兼律师阿道夫·A.伯利（Adolf A. Berle）等人的策划下实行国家干预经济生活的新政，中心是政府举债扩大公共工程支出。

　　罗斯福的做法与凯恩斯的思想不谋而合。1933年底，凯恩斯在《纽约时报》发表《致罗斯福总统的公开信》称赞罗斯福："你使自己成了世界各国致力于在现存社会制度中用合理的实验手段除弊兴利之士的受托人。……如果你大功告成，那么将无处不以新的更大胆的方式进行尝试。历史将表明，经济新纪元的第一篇章是从你入主白宫开始的。"罗斯福新政在国内尚受到一些守旧派人士的反对，所以，有凯恩斯这样世界知名经济学家的支持颇为高兴。他们双方之间都颇有好感。

1934年6月，凯恩斯受哥伦比亚大学之邀，接受该校授予他的名誉法学博士学位，并访问美国。经凯恩斯的朋友费利克斯·法兰克福介绍，凯恩斯在华盛顿认识了一批新政人士，并由劳工部长珀金斯（F. Perkins）安排，会见了罗斯福总统。但这次会见的结果并没有预料的那么好。珀金斯在他写的回忆录《我所知道的罗斯福》一书中记载了这次会见。本来珀金斯希望凯恩斯"把事理说得具体些，而不是仿佛作为居于经济知识的高一层人物去看待自己"，即希望凯恩斯不用数学公式推导，而用经济常识推理去说明问题。但凯恩斯却把"国民收入、公共和私人开支、购买力以及用公式推导的精细论点，通过数学方式进行表示"。珀金斯记载"凯恩斯1934年拜会了罗斯福，时间短促，谈了些玄虚的经济理论"。后来，罗斯福告诉珀金斯："我见到了你的朋友凯恩斯，他留下许多数字的一整套废话。他应该是一个数学家，而不是一个政治经济学家。"凯恩斯感到罗斯福对他的理论不是听得津津有味，而是颇为茫然，对罗斯福也有点失望。也许没有这次会面，他们双方对对方的印象会更美好。

凯恩斯与罗斯福用国家干预拯救经济的"志"是相同的，但罗斯福更愿意听特格韦尔等人浅显易懂的"道"，而不爱听凯恩斯那种抽象玄妙的"道"。

也许凯恩斯和罗斯福这次会面预示了经济学家与政治家之间合作的困难。从这次会面来看，困难在于表述方式。其实凯恩斯要是像珀金斯希望的那样采用通俗的事实来说明问题也许会好得多。可惜凯恩斯高估了罗斯福的经济学修养，用了数学方式。现代经济学家运用数学越来越多，越来越高深了。政治家们当然无法理解这些东西。经济学运用数学工具是一和进步，但数学仅仅是工具。经济思想是可以用生动活泼的事例和语言表述的。经济学家要让政治家和公众接受自己的思想，必须选择恰当的表述方式。真正伟大的经济学家不仅要会玩数学，还要做到"真佛只讲家常话"。

经济学家与政治家之间的分歧还在于经济学家只是从经济本身来看问题，而政治家在制定政策时必须考虑到政治和社会等各种更为复杂的因素。例如，据美国经济学家理查德·M. 奥尔斯顿（Richard M. Alston）等人的调查，有93%的经济学家认为关税和进口限额通常降低了一般经济福利，支持自由贸易。出于这种观念，美国绝大多数经济学家支持消除美国、加拿大和墨西哥三国之间贸易壁垒的北美自由贸易协定，但许多政治家担心这个协定对美国有不利影响，增加美国的失业，在国会中仅以微弱多数通过。小布什总统对钢铁加征进口税的做法在经济学界遭到几乎一致反对，但在政界却支持者甚多。经济学家与政治家的这种不一致就表现为经济理论与政策之间的背离。

经济学家总抱怨政治家不懂经济。其实对牛弹琴这句话不仅是讽刺听者的，也是讽刺弹琴者不看对象的。从更深的层次看，是经济学家给自己定错了位。经济学是选择的科学，它的任务是认识世界，而不是改造世界。把经济学作为经世济民的实用技术是一种天大的误解。认识世界可以在严格的假设条件之下进行，抛开价值判断，探求经济运行的规律。但制定政策改善世界却要以一定的价值判断为依据，考虑政治、社会、传统等多种因素。正如克隆技术是科学，但是否可以克隆人则要考虑社会伦理问题。经济理论是制定政策的依据之一，但不是唯一依据。认识经济规律是科学，制定政策是一门高深的艺术。研究经济学是经济学家的事，制定经济政策是政治家的事。经济学家与政治家的分歧往往在于经济学家给自己定错了位。

要使经济学家与政治家志同道合，政治家应该倾听经济学家的意见，重视经济规律，经济学家也要善于通俗地介绍经济学，并不要把自己看得太高明。如果顺着这方向走，就不会再有凯恩斯和罗斯福的相互误解，经济学家与政治家就真正可以荣辱与共，肝胆相照，共同使我们的社会更美好了。

阿尔文·汉森

萨缪尔森的好老师

萨缪尔森获得诺贝尔经济学奖后，有记者问他，获得诺奖的秘诀是什么？萨缪尔森当即回答，去找一个好老师。萨缪尔森说的他的好老师就是美国最早的凯恩斯主义者、新古典综合派的奠基人阿尔文·汉森（Alvin Hansen，1887～1975）。

汉森原来在明尼苏达大学任教，信奉自由放任，研究经济周期理论，并有《繁荣与萧条的周期》、《经济周期理论》、《一个不平衡世界中的经济稳定》等著作问世。1936年凯恩斯的《通论》出版之后，他很快拜读，并成为凯恩斯的信徒，完成了从自由放任向国家干预的转变。为了宣传凯恩斯主义，他于1937年到更为开放自由的哈佛大学任教。20世纪40年代的哈佛大学经济系处于鼎盛时期，著名的国际贸易理论权威陶西格担任系主任，熊彼特讲授"高级经济理论"，列昂惕夫也在这里任教。汉森主持财政政策研讨班，带领学生学习凯恩斯的《通论》。萨缪尔森回忆，那时课堂上讲的是马歇尔的经济学原理，他们学《通论》还有点"地下活动"的意思，但这使他们年轻人更加兴奋地讨论凯恩斯的观点。美国第一代凯恩斯主义者，以后新古典综合派的代表人物大多是从这里出去的。这些人中有以后获得诺奖的萨缪尔森、托宾、索洛，还有肯尼迪总统经济顾问委员会主席海勒，以及以提出奥肯定理著称的奥肯等人，还有美国著名马克思主义左派经济学家斯威齐，日本著名经济学家都留重人，中国著名经济学家、北大教授陈振汉等人。汉森开放的讨论式教学、热情而耐心的教诲和渊博的学识使这些学生受益匪浅。

当然，作为一名优秀的学者，他不仅教了一批成功的学生，还以自己的学术研究成为新古典综合派的奠基人。新古典综合理论的背景是战后经济制度的变化。汉森认为，战后的经济制度不再是纯粹的私人市场经济，而是同时存在私人经济与社会化公共经济的"混合经济"。这就是说，市场经济仍然是基础，但政府在经济中的作用越来越重要。他认为，这种经济比纯粹私人经济优越，克服了市场经济的一些弊病，但又不是那种集权式计划经济。这种经济不是削弱市场经济，而是推动它前进的新动力。经济是混合的，经济理论当然也应该是混合的，这就有了把新古典学派微观经济理论（论述市场机制的经济学）与凯恩斯的宏观经济理论（论述国家干预的经济学）结合为一体的新古典综合体系。新古典综合这个名词是萨缪尔森而不是汉森提出的，但混合经济正是这种理论体系的出发点。

作为凯恩斯的信徒，汉森最大的贡献是解释并发展凯恩斯主义。他1953年出版的《凯恩斯学说指南》是当时最畅销的凯恩斯主义入门读物。在凯恩斯主义理论的发展中他有两点最重要的贡献。一是他发展了英国经济学家希克斯提出的IS–LM模型，被称为希克斯—汉森交叉图。I代表投资，S代表储蓄，L代表货币需求，M代表货币供给。这个模型用一般均衡方法说明当物品市场和货币市场同时均衡时国民收入与利率的决定。这被称为对凯恩斯主义理论的标准解释，并成为所有教科书的核心内容。二是他与萨缪尔森提出了解释经济周期的乘数—加速原理模型，又称为汉森—萨缪尔森模型。这个模型说明了在市场机制自发调节时，由于消费、投资和国民收入之间的相互影响，必然发生经济周期，从而证明了国家干预经济的必要性。这是新古典综合派经济周期理论的核心，也是战后经济周期理论的重要发展之一。这两个理论都曾风靡一时，至今也仍然有影响。

汉森不仅是凯恩斯主义理论的解释者和发展者，也是凯恩斯主义经济政策的倡导者。他在《经济政策与充分就业》、《货币理论与财政政策》、《美国经济》、《六十年代美国经济》等著作中论述了政策问题。汉森主张国家干预经济，因为"经济停滞不是自动调节的教条所能解决的，解决的办法是大大地扩大民主政府的作用，担当起维持充分就业的作用"。他把美国国会1946年通过的"就业法案"作为"经济计划的大宪章"，因为这个法案把维持充分就业作为联邦政府的重要职责。他与凯恩斯一样不太重视货币政策调节经济的作用，重点强调的是财政政策。

凯恩斯的财政政策是以赤字财政为特点的，但战后美国并没有打破财政平衡的框框。汉森认为，政府不应把本期的财政收支平衡作为目标，应该根据实现充分就业的需要来决定支出。这就是补偿性财政政策。这种政策的原则是在萧条时期采用扩张性财政政策增加支出，减少税收，以刺激经济。在繁荣时期采用紧缩性财政政策，减少支出，增加税收，以抑制通胀。这种财政政策并不需要保持逐年的财政预算平衡，在萧条年份会有赤字，在繁荣年份会有盈余，因此在长期中仍可以实现财政预算平衡，称为"长期预算平衡论"或"周期预算平衡论"。这也是美国20世纪50年代经济政策的基调。

在充分就业与物价稳定中，汉森更重视充分就业。他认为"在物价稳定的问题上，我们不应有什么严格的法则。我们应该把充分生产和充分就业列为主要目标"，"如果每次物价略有上升就把我们吓倒，我们就会永远落后于可能实现的发展"。这些观点由他的学生托宾、海勒等人继承并发展，成为60年代美国经济政策的基调。

今天了解汉森的人已经不多了。但在20世纪50年代，汉森几乎无人不知。著名的《幸福》杂志曾说过"在今天，谁不熟悉汉森和凯恩斯的思想，谁就不可能了解世界大事的演变"。汉森的哲学是"以民主思想使每个人都能合理地做到机会均等"。他对就业的关注实际是对人的关心，在他80岁获得沃尔克奖章时，他的学生托宾说，对汉森而言，经济学就是为人类服务的科学。

杜鲁门

杜鲁门与经济顾问委员会

儿童时代我常念的童谣是："一二三四五，上山打老虎，老虎不吃人，专吃杜鲁门。"所以，在幼小的心灵中杜鲁门是该被老虎吃掉的坏人。成年后才知道，杜鲁门其实是一个蛮有人情味的总统。他的女儿是歌唱家，一次演出后受到评论家抨击，他怒不可遏，"亲自"写信痛斥这位评论家。尽管受到当时媒体抨击，但我相信这样一个爱女心切的父亲不会是坏人。现在我想到杜鲁门是因为在他当政时成立的经济顾问委员会是经济学家系统从政的开始。

在二战之前，像凯恩斯、俄林这些经济学家都以个人身份出任政府官员，但这时他们的身份已不是经济学家。经济学家真正以专家身份参与政府经济决策是在这个"该被老虎吃掉的杜鲁门"当政时。1946年，美国国会通过了《就业法案》，并由杜鲁门签署成为法律。这部被称为"美国经济大宪章"的立法规定"促进充分就业和生产……是联邦政府一贯的政策和责任"。这就开始了政府系统地干预经济的新时代。在这个法案中还规定在总统的政府办公室设立一个由三人组成的经济顾问委员会（CEA），在国会设立一个联合经济委员会（JEC）。经济顾问委员会的任务是分析经济形势并提出经济政策建议。这个决定使经济学家进入决策圈，在政策决定上起着重要的作用。这是经济学家真正进入政府的开始。

《就业法案》对担任经济顾问委员会的成员并没有经济学学位和资历要求，但指出他们应该"在分析和解释经济发展阶段上，在评价政府计划和活动上，以及在规划和推荐能够在自由竞争企业组织体系下促进就业、产量与购买力增长的国民经济政策方面拥有特殊的才能"。按照这一要求，杜鲁门任命埃德温·诺斯（Edwin G. Noures）为该委员会主席，里昂·凯泽林（Leon H. Keyserling）为副主席，约翰·克拉克（John D. Clark）为委员。这是美国历史上第一个经济顾问委员会。

诺斯是芝加哥大学经济学博士，曾任布鲁金斯学会主席，是农业经济专家。他为人谦和，没有从过政，杜鲁门选他担任主席是看重他无党派偏见的客观立场和学术背景。凯泽林毕业于哈佛大学法学院，当过律师，当年仅38岁。杜鲁门选择他是因为他是热心的新政派，曾在罗斯福政府工作，并参与起草过包括《就业法案》在内的多个法案。他从政多年，在政治上最敏感。克拉克有经济学博士学位，曾当过律师，出任过印第安纳美孚石油公司副总裁，当过教师，并在俄亥俄州立法机构服务过。杜鲁门看重的是他在企业工作的背景。这三位当时在学界或政界都是颇有名望的。

杜鲁门在自传中承认"我从一开始就是一个新政派",主张政府干预经济。他很想在这个亲自挑选的经济顾问委员会的协助下做点有助于经济繁荣的事。但以后的事实却使他的这种愿望基本落空。

首先是委员会内部对该组织性质及职能理解的分歧。诺斯认为,委员会的作用主要是同总统提供专家的客观咨询意见,在考虑问题时不夹杂政治因素,避免当决策者和倡导者。凯泽林和克拉克则认为,委员会的作用应该是公开维护和倡导行政部门的经济政策。这种分歧表现为委员会是否要到国会各委员会作证。实质是经济委员会是政策的咨询者还是决策者。杜鲁门对这一问题未表态。当参议院对外关系委员会要求经济顾问委员会就援助欧洲的马歇尔计划作证时,诺斯拒绝了,凯泽林和克拉克反对诺斯的这种做法。

经济顾问委员会三名成员的这种分歧还表现在政策上。起先,他们在送交总统的报告中力求观点一致。这就要在报告中考虑到各方意见,写报告时总是"一方面如何,另一方面又如何",力求全面一致。但杜鲁门拿到这种报告后不知该如何做,于是就声称他要找"独臂"经济学家,即只有一方面的意见。这样,他们三人就各自独立地向总统送观点相互冲突的报告。这使杜鲁门更难决策。在这种情况下,经济顾问委员会有效运行变得越来越困难。诺斯认识到自己唯一的可能是辞职。1949年11月,诺斯的辞职获得总统批准。他在辞职后抨击委员会的客观性和专业科学性被阉割了,批评总统对委员会的忠告置若罔闻。经济学家与总统之间的第一次合作并不成功。

诺斯辞职后，凯泽林成为经济顾问委员会主席，克拉克留任，又任命芝加哥大学的经济学教授罗伊·布劳担任委员。以后布劳又为另一名经济学家罗伯特·C.滕纳取代，因为布劳尽管同意去国会作证，但仍坚持只提供有关经济走势数据的证词，不涉及其他问题，不改变他的专业身份与客观性。凯泽林是凯恩斯主义者，主张扩张性政策，在朝鲜战争爆发后，这种政策得以实施。而且，凯泽林善于协调与总统、国会和其他部门的关系，使委员会得以维持下来。

美国第一个经济顾问委员会是由凯泽林维持下来的，但他并不是专业经济学家而是律师出身的政治家。经济学家真正参与决策还有一个与总统和政界磨合的过程。

阿瑟·伯恩斯

两手都硬的经济学家

  经济学家中还是"一手硬一手软"的多。有的擅长理论研究，对实务兴趣不大，如哈耶克；有的擅长实务，对理论缺乏建树，如格林斯潘。经济学是要认识世界并改善世界的，特别需要两手都硬的经济学家——既有理论造诣又擅长把理论运用于实际。艾森豪威尔时代经济顾问委员会主席阿瑟·伯恩斯（Arthur F. Burns）正是这样一位两手都硬的经济学家。

  伯恩斯是经济周期理论专家，曾任哥伦比亚大学约翰·贝茨·克拉克经济学讲座荣誉教授。他自1930年起就在著名经济学家米契尔创立的国民经济研究局从事研究工作，主要从事经济周期、经济增长、通货膨胀及相关经济政策的研究。他1934年出版的

《1870年以来美国的生产趋势》指出了各产业生产率的减速趋势，以及新产业出现对总产量增长的有利影响。直至今天这本书仍然是这一领域的重要文献。1946年他与米契尔合写了《衡量经济周期》。这本书在确立经济周期阶段的测量技术方面有许多创新，并在周期特点和引起周期的各种经济因素的相互作用分析上有许多新见解。国民经济研究局今天仍然是确定美国经济周期阶段和经济预测方面的权威（尽管它是一个民间机构）。美国政府和美联储一直把这个机构提供的分析资料作为制定政策的依据。这个机构所用的确定经济周期阶段的方法基本是当年米契尔和伯恩斯奠定的。伯恩斯无疑是一位经济学大师级人物。

伯恩斯参政是从担任艾森豪威尔的经济顾问开始的。在杜鲁门时代经济顾问委员会的作用难以令人满意，因此，在艾森豪威尔上台后国会主张撤消这个组织，众议院拨款委员会只同意为一个经济顾问提供资金。艾森豪威尔对是否需要这样一个委员会也举棋不定，而且更倾向于不要这个组织。他选择了伯恩斯这个当时在经济学界极负盛名而又与当届政府没有政治联系的专家担任经济顾问。伯恩斯认为总统需要经济专家的专业咨询，而且，一个组织总比一个人好。他劝说总统保留经济顾问委员会，并得到同意。这样，伯恩斯担任经济顾问委员会主席，并由伯恩斯提议任命加州大学洛杉矶分校经济学教授尼尔·雅各比（Neil H. Jacoby）和为政府服务的经济学家沃尔特·斯图尔特（Walter W. Stewart）为委员。从此以后，经济顾问委员会就是由总统任命主席，主席挑选委员。

伯恩斯在经济周期理论与政策研究中的造诣为他参与政策制定奠定了基础，但要把这些理论运用于政策实践中关键还在于如何协调相关部门的关系，并影响总统。这就需要务实的能力与政治手腕。许多经济学家缺乏务实能力还在于后一方面的不足。

作为一名经济周期理论专家，伯恩斯认为，经济中繁荣与衰退交替的周期性波动是正常的，而且，繁荣的时期与强度大于衰退，经济总体上在前进。反周期政策的目的是实现稳定，防止过度繁荣与衰退，而不是人为地刺激繁荣或消除衰退，但在经济衰退较为严重时政府还是应该有所作为。

伯恩斯的成功之处不在于他有这种认识，而在于他通过自己的努力把这种见解变为实际经济政策。艾森豪威尔对伯恩斯是信任的，他也赞同委员会回到非政治角色的主张。但伯恩斯与艾森豪威尔的另一位主要经济顾问、财政部长乔治·汉弗莱的见解存在分歧，而且，艾森豪威尔与汉弗莱的私交更好。伯恩斯要实现自己的主张就要说服艾森豪威尔。伯恩斯利用一切机会用尽量通俗的方式向这位军人出身缺乏经济学背景的总统谈经济周期问题。他的意见逐渐得到总统认同。1953年政府成立由美联储和各有关部门组成的经济增长和稳定顾问委员会，伯恩斯被任命为主席。这个委员会有"小经济内阁"之称，对制定政策发挥着至关重要的作用。伯恩斯以专家的眼光分析经济走势，预测衰退的到来或繁荣的出现，得到艾森豪威尔的称赞。这位总统以军人习惯的口气说："阿瑟，如果在战场上你将是多么好的参谋长啊！"总统的支持使伯恩斯在与汉弗莱的争斗中占了上风，政策主张得以实施。

在伯恩斯担任经济顾问委员会主席的时期内，政策基调是稳定的，经济增长是温和的。在他担任主席的最后一年还把刚上任时联邦政府的71亿美元赤字变为61亿美元盈余。在1953年到1954年经济出现衰退时也采用了扩大财政支出等刺激经济的措施，并有所成功。伯恩斯作为经济顾问委员会主席的积极作用受到肯定。他的成功远胜于他的前任诺斯或凯泽林。这也为伯恩斯以后的仕途铺平了道路。1969～1970年伯恩斯任尼克松总统的顾问，1970～1978年任美联储主席，1981～1985年又任美国驻联邦德国大使。在从政的经济学家中，伯恩斯是最成功的一位，而且从政后并未放弃学术事业，仍在1969年出版了《变化中世界的经济周期》，在1978年出版了《一个经济政策制定者的反思》。

　　一手硬的经济学家并不难找，两手都硬的经济学家才难得。这是伯恩斯至今仍为经济学界称道的原因。

保罗·萨缪尔森

萨缪尔森没当经济顾问委员会主席

拉封丹寓言中的布利丹毛驴痛苦地在两捆干草中选择吃哪一捆，经济学家则要在从政和学术研究之间做出选择。这种选择也与布利丹毛驴的选择一样痛苦，但还不至于像这头驴那样最终做不出选择而饿死。

从政，参加总统的经济顾问委员会风光得很，又可以把自己的经济思想用于经邦济世，但要放弃作为学者的独立精神。从事学术研究，可以研究自己有兴趣的问题，活得有滋有味，但很寂寞，难得大红大紫。许多经济学家选择了从政，但萨缪尔森在痛苦的思考之后还是放弃了从政的机会，仍然在MIT当他的学者。

萨缪尔森不仅理论造诣深，而且也是一位热衷于经济政策的学者。20世纪50年代艾森豪威尔当政时，萨缪尔森多次作为经济学家出现在国会的各委员会中。他多次言辞尖锐地批评艾森豪威尔的经济班子。他认为，艾森豪威尔政府对经济管得太多、太严，在与通货膨胀斗争的名下丧失了潜在GDP增长的可能性。萨缪尔森指责伯恩斯在任经济顾问委员会主席期间，经济政策的特征是残暴的试验。他在国会听证会上呼吁放松经济管制，以使"我们的经济能够实现充分就业和增长"。他认为，只要政策得当，"一个社会能实现充分就业，同时能有一个它所需要的资本形成率，并能实现所有这些指标与所期望的收入分配状态之间的和谐共存"。简言之，萨缪尔森认为，经济是可以搞好的，但艾森豪威尔总统的政策失误使这种可能没有变为可能。

1961年上任的肯尼迪总统在哈佛大学读书时学过经济学，读的就是萨缪尔森的《经济学》。凯恩斯主义当年登陆美国的第一个据点是哈佛大学，哈佛大学长期受凯恩斯主义影响，肯尼迪是在这种传统中成长起来的。所以，他对凯恩斯主义在美国的代表人物萨缪尔森相当崇敬。肯尼迪以振兴美国经济为己任，萨缪尔森对艾森豪威尔政府经济政策的批评正合他的心意。因此，肯尼迪在竞选总统时要求萨缪尔森领导一个经济班子帮他出谋划策。萨缪尔森对此颇为积极，接受委任后就向肯尼迪的竞选班子提交了一本题为《1961年美国经济前景与政策》的书。这本书以凯恩斯主义为基调，主张政府刺激经济发展。他强调的是扩张性财政政策，尤其是增加对外军援和教育支出，此外，在经济运行缓慢时也可以适当减税。这些意见受到肯尼迪的重视，并作为他竞选总统的经济纲领。

肯尼迪依靠"振兴美国经济"的口号成为美国历史上最年轻的

总统，而他的经济观点都是从萨缪尔森那里"贩卖"来的。所以，肯尼迪就任总统后就决定聘请萨缪尔森出任经济顾问委员会主席。他以弟子的身份给萨缪尔森打电话，恳请他出任这一职务。

萨缪尔森面临着布利丹毛驴的选择。萨缪尔森是以纯经济理论起家的，他获得诺贝尔经济学奖的代表作《经济分析的基础》对提高现代经济分析水平起到了里程碑式的作用。但作为凯恩斯主义者，他还不是一个纯象牙之塔的学者。他深切关心现实经济问题，对有关经济形势与经济政策的讨论充满热情。他的论文中有相当一部分是分析这些问题的。他还在《华尔街日报》、《纽约时报》、《新闻周刊》上发表了许多分析现实经济问题与政策的专栏文章。他对艾森豪威尔政府经济政策的批评和为肯尼迪竞选出谋划策表明他对现实问题的深切关注。

作为一个关心现实并主张用凯恩斯主义指导经济政策的经济学家，担任对决定政策有重要作用的经济顾问委员会主席，当然对萨缪尔森有极大吸引力。而且，肯尼迪对他的尊重和经济政策观点的一致，可以保证以后双方合作愉快。但是，萨缪尔森在经过两周的反复思考之后，还是谢绝了肯尼迪的邀请。

萨缪尔森深知，如果他出任肯尼迪总统的经济顾问委员会主任，就要放弃学者的独立精神和宁静的学者生活。杜鲁门时代的经济顾问委员会主席诺斯也是一名著名学者，他没有能放弃学者的独立精神和客观立场，实际上即使担任经济顾问委员会主席也无法发挥其作用。从学者向政治家的转变并不容易。萨缪尔森要想成功也必须放弃学者的本性。更何况当这个委员会主席琐碎的事务和活动必然很多，这要耗去大量从事研究的时间。萨缪尔森还是愿意留在风光宜人的查尔斯河畔，在MIT这个充满学术自由的环境中教书和研究。他说："如果我能写一国的经济学教科书，我就不管谁制定该国的法律，或者谁起草高深的条约。"这是他重学术甚于从政的心态的表露。

而且，在萨缪尔森看来，他不当经济顾问委员会主席仍可以对政策保持自由评论的权利，可以批评也可以支持。他的观点对政府决策仍会有重要影响。所以，尽管他未去当经济顾问委员会主席，但仍然关心现实经济。肯尼迪就职日，萨缪尔森又交给政府一篇题为《1962年的经济政策》的文章，为经济不振担忧，主张加大财政刺激力度，甚至不惜出现财政赤字。这些建议以后都被肯尼迪政府采纳了。

现在看来，萨缪尔森当时的这个选择对他来说是合适的。其实要改善世界，未必要从政，作为一位旁观的专家也许作用更大。

萨缪尔森

一代宗师的丰碑
——悼念萨缪尔森

  人过九十而逝，中国人称为"喜丧"。但当萨缪尔森以94岁的高龄离世时，经济学界仍处在无限悲哀中。

  对于近几代经济学人而言，萨缪尔森是他们的宗师。是萨缪尔森的《经济学》教科书，把他们领进了经济学殿堂。中国77级以后的经济学学子也是从这本书中领略到了现代经济学的风采，投入到了伟大的改革开放之中。所以，说到萨缪尔森的贡献，就必须从这本教科书开始。

  萨缪尔森当学生时，美国的大学用的是新古典经济学家所编的教科书，如马歇尔的《经济学原理》，课堂上讲的也是新古典经济学的自由放任那一套。当时，由于20世纪30年代的大萧条，美国政府实施"罗斯福新政"，凯恩斯的《就业、利息与货币通论》（简称为《通论》）也传入美国。哈佛大学的汉森教授是美国最早接受凯恩斯主义的经济学家。他在课下带领萨缪尔森这些学生读凯恩斯的《通论》，讨论凯恩斯的理论。萨缪尔森进入了一个全新的经济学领域，他为经济学的创新而兴奋，并很快接受了这一套新学说。毕业之后，他到麻省理工学院任教。

萨缪尔森清醒地认识到，战后的经济已经不是原来的私人资本主义，而成了私人与政府共同发挥作用的"混合经济"。适应经济的这种变化，经济学理论也必须变化。私人资本主义仍然是经济的主体，因此，新古典经济学并没有过时。但在"混合经济"中，政府的作用越来越重要，因此必须引入凯恩斯主义。基于这种认识，他把新古典经济学与凯恩斯主义结合起来，在1948年推出了《经济学》第一版。这本书很快改变了美国的经济学教育，且影响遍及世界各地。到现在为止，这本书已出版19版，被译为20多种文字，总发行量超过400万册，成为迄今为止发行量最大、影响最大的经济学教科书。这本书把微观经济学和宏观经济学综合为一体的体系沿用至今。这本教科书奠定了萨缪尔森在当代经济学中"一代宗师"的地位。

当然，这本教科书的意义绝不仅仅在于教学，更在于他创立了一个新的经济学流派——继承凯恩斯主义而又有重大突破的新古典综合派。这个学派把新古典经济学的市场配置资源的理论与凯恩斯主义"国家用财政与货币政策干预经济"的理论结合在一起，成为一个新的理论体系。在经济学理论上，这个学派的萨缪尔森、克莱因、莫迪利安尼、托宾、索洛等对战后经济学的发展起到了至关重要的作用，成为经济学里程中的一块丰碑。在经济政策上，它主导了美国战后到20世纪70年代末的经济政策，为战后的经济繁荣作出了贡献。萨缪尔森作为这个学派的创立者和灵魂，被称为"战后经济学第一人"并不为过。

作为一代宗师，萨缪尔森的贡献绝不仅仅是一本教科书和构建新古典综合派的框架，他对经济学理论与方法都有独特而影响深远的贡献。这主要体现在他于1947年出版的《经济分析基础》上，这本书是在他的博士论文的基础上修改而成的。该书以边际分析法为核心，用数学工具对新古典经济学进行了全面总结，它赋予新古典经济学更新的内容，丰富和发展（甚至可以说最终完成）了新古典经济学的体系。这本著作在理论上全面发展了新古典经济学的消费者行为理论、生产和成本理论以及福利经济学理论。在方法上把经济学要解决的问题归纳为求极大值或极小值的问题，从而运用数学工具来分析经济问题，这些贡献对当代经济学都有极深远的影响。

《经济分析基础》是萨缪尔森的起点，在此基础上，他对经济学许多领域都有开创性的贡献。他的这些贡献主要反映在他的论文集《萨缪尔森科学论文集》一书中。这些贡献主要包括：

第一，提出了"显示性偏好"（Revealed Preference）理论。他认为基数效用论和序数效用论都有缺陷，不足以解释消费者行为。他提出当A物品与B物品价格相等或A物品价格高于B物品时，消费者则仍然选择A物品。这就是他对A物品的显示性偏好。从这种偏好出发来研究消费者行为就有了更为扎实的基础。这个显示性偏好的概念已被现代经济学接受。

第二，建立了乘数—加速模型。加速原理是指产量增加对投资的影响，乘数原理是指投资增加对产量的影响。萨缪尔森把这两个原理结合起来，建立了一个解释市场经济中经济周期原因的模型。这个模型说明了，在完全市场调节的情况下，由于加速原理和乘数原理的相互作用，经济如何自发地出现繁荣与衰落的交替，证明了市场经济中经济周期的必然性。这个模型至今仍被作为对经济周期的经典性解释之一。

第三，证明了赫克歇尔—俄林定理（Heckscher-Ohlin Theorem）成立的条件。这个定理是比较成本理论的重大发展，其创立者之一俄林曾获1977年诺贝尔经济学奖。萨缪尔森证明了这个定理发生作用要基于四个条件：贸易双方有相同的生产函数；在有效的生产要素的价格比例之下，生产不同产品的生产要素的密集度的关系不变；生产规模改变时，收益不变，生产规模不变时，收益递减；在有效的商品价格比例之下，贸易国的消费结构不变。在具备上述条件的完全竞争市场上，赫克歇尔—俄林定理是正确的。这是战后国际贸易理论的重要发展之一。

第四，对资本理论的发展。萨缪尔森针对剑桥学派对新古典经济学的挑战，提出了替代生产函数（Surrogate Production Function）和反帕西内蒂定理（Anti-Pasinetti Theorem）。这对战后资本与增长理论都有重大影响。

第五，替代定理。这里的替代指生产中生产要素的替代，这个定理说明了涉及增长理论的重要问题。一是各部门的产品价格仅仅由供给条件决定，与需求情况无关。二是如果原始投入包括流动和耐用资本品两种，那么，在任何一种利率之下，各部门产品的长期价格由供给条件决定，与需求无关。这是对新古典生产理论的重要发展。

第六，公共物品与效率的关系。萨缪尔森用处理外部性的方法来处理公共物品引起的资源质量问题，证明了公共物品的条件与消费者的公共物品与私人物品的边际替代率等于这两种物品的生产边际转换率。这对福利经济学和政府公共物品供给决策都有意义。

第七，建立了国际贸易中的"斯托尔珀—萨缪尔森定理"（Stolper-Samuelson Theorem）。这个定理指关税保护对实际工资的影响，即一种商品相对国内的价格提高（无论是由于关税提高还是其他原因），必然会提高该商品生产中相对密集地使用的生产要素的实际价格。

此外，萨缪尔森对动态理论和稳定性分析、一般均衡理论、福利经济学、消费理论及相关的指数理论等都作出了重大贡献。萨缪尔森被称为经济学界的最后一位"通才"。当他在1970年获得诺贝尔经济学奖时，诺奖评委会对他的评价是："提高了经济科学的整体分析和方法论的水平。"在这一点上，他的贡献"超过任何其他的当代经济学家"。

萨缪尔森绝不是一位"象牙塔"中的学者。尽管他为了保持学者的独立人格，谢绝了肯尼迪总统请他出任总统经济顾问委员会主任的职务，但他关注经济政策，并对此作出了贡献。

新古典综合派就是美国的凯恩斯主义者，他们在经济政策上主张政府干预经济，而且比凯恩斯主义更进了一步。凯恩斯本人实际上是把国家干预作为经济危机时的一种应急措施，而以萨缪尔森为代表的新古典综合派则把国家干预作为基本的调节经济手段，在萧条时期采用扩张性政策刺激经济，在繁荣时期采用紧缩性政策抑制经济，以求得经济平稳发展。实际操作中，他们更重视用扩张性政策刺激经济。此外，凯恩斯本人重视财政政策，被称为"财政主义者"，而新古典综合派主张财政政策与货币政策并重，以对经济的刺激更为有力。1960年代，肯尼迪政府全面采用了由新古典综合派的托宾和海勒制定的刺激经济政策，并实现了经济繁荣。但1970年出现的"滞胀"使这一政策受到广泛的质疑，并引发了新古典综合派的全面危机，到现在"国家是否应该干预经济"仍然是一个众说纷纭、争论不止的话题。

无论如何评论萨缪尔森国家干预经济的政策主张，他对经济学的贡献都是不容置疑的，他在经济学中的许多贡献无疑是经济学发展里程中的丰碑，对于这一点现在可以盖棺定论了。

沃尔特·海勒

真正的凯恩斯主义者

　　早在20世纪30年代末，凯恩斯主义就传入了美国。二战后，凯恩斯主义经济学逐渐成为美国经济学的主流。但在杜鲁门和艾森豪威尔当政时，凯恩斯主义刺激经济的政策并未被真正采用。真正主张用凯恩斯主义那一套来制定经济政策的，是肯尼迪总统的经济顾问委员会。

　　1961年肯尼迪当总统时才44岁。这位美国历史上最年轻的总统决心振兴美国经济，可惜他不了解经济学。尽管他在哈佛大学学过经济学，但仍要向阿瑟·奥肯请教金融政策和财政政策的区别这样的ABC问题。他最早想请萨缪尔森担任经济顾问委员会主席，遭谢绝后，他转向了明尼苏达大学经济学教授沃尔特·海勒

（Walter W. Heller）。肯尼迪是在1960年10月经民主党参议员胡伯特·汉弗莱（Hubert Humphrey）介绍认识海勒的。海勒主张政府采用积极的经济政策的主张给肯尼迪留下了深刻的印象。会见后，海勒又写了更为详细的政策建议，并在肯尼迪当选后到东部与肯尼迪进行了深谈。肯尼迪决定聘请海勒担任经济顾问委员会主席，并根据海勒的建议，任命耶鲁大学经济学教授詹姆斯·托宾（James Tobin）和威廉学院经济学教授克米特·戈登（Kermit Gordon）为委员。在这个委员会的策划下肯尼迪政府真正用凯恩斯主义的经济政策来刺激经济。

海勒、托宾和戈登都是坚定的凯恩斯主义者。他们不满意艾森豪威尔时代增长缓慢的状况，称之为"艾森豪威尔停滞"。肯尼迪在上任后的第一个国情咨文中也认为"目前的经济状况令人不安。我们是在经过七个月衰退、三年半停滞、七年的经济增长速度降低、九年的农业收入下降之后上任的"，以海勒为首的经济顾问委员会提出了被称为"新经济学"的充分就业经济政策。

新经济学的中心是相信经济可以同时实现经济增长、充分就业和物价稳定，避免经济周期，实现潜在GDP（即充分就业GDP）。具体来说就是把4%的失业率作为充分就业，把这时能实现的GDP作为潜在GDP，并把1961年以后每年的增长率确定为3.5%。为实现这种目标就全面采用凯恩斯主义的政策主张，尤其是以赤字财政为特征的扩张性财政政策。其主要措施包括减税，增加政府支出等。

影响肯尼迪的不仅有海勒，还有其他人，比如财政部长狄龙（Dowgls Dllon）、肯尼迪的密友大卫·洛克菲勒（David Rockefeller）、罗伯特·麦克纳马拉（Robert S. Mc Namara）等人。这些人与海勒的观点并不一致，狄龙作为财政部长是反对减税与赤字财政的。因此，海勒代表经济顾问委员会提出充分就业政策并不难，难的是如何说服总统，并协调各方关系，使这一政策得以实施。在这一点上就显示出海勒的能力。

肯尼迪是希望经济振兴的，对海勒提出的目标也很欣赏，但他毕竟没有深厚的凯恩斯主义经济学基础，加之反对财政赤字的狄龙等人的影响，在刺激经济与平衡预算之间举棋不定，也担心这种政策会引发通货膨胀。在刚上台时肯尼迪要求海勒拿出一个预算平衡的充分就业计划。

海勒深知，许多人对凯恩斯主义的赤字财政做法还疑虑重重，但关键还是说服总统本人。海勒和顾问委员会经常为肯尼迪起草演讲稿，准备有关各种问题的备忘录，并尽可能利用一切机会以浅的方式讲解经济理论，使肯尼迪逐渐接受他们的观点，肯尼迪认真阅读他们准备的各种备忘录，与海勒等人交换意见，也听取萨缪尔森等经济学家的意见。这些努力终于有了成效。1962年肯尼迪在耶鲁大学的演讲中说："现在我们必须学会把阻碍政策实施的陈词滥调扔到一边，比如对赤字和政府债务以及严格预算平衡的担心。"这次演讲是肯尼迪政策的转折点，海勒说"作为他的经济顾问，我们都确信这次耶鲁大学演讲标志着美国经济政策新纪元市场开始"。两个月以后，肯尼迪提出大幅度减税的主张。

海勒还非常注意争取总统身边的几名亲信。这些人大多是律师，对经济学家并无好感。但这些人至关重要，因为送给肯尼迪的一切文件都要经过他们。海勒以自己的判断力和远见卓识，先后得到索伦森、摩耶尔和卡里方诺的支持，为多与总统沟通创造了条件。同时，海勒也注意引起公众注意，出席国会的听证会，接受媒体采访。这些对经济顾问委员会提出的政策得以实现都有重要意义。

海勒1964年辞去经济顾问委员会主席，由另一位凯恩斯主义经济学家爱加德纳·阿克利（Gardner Ackley）接任。阿克利基本坚持了海勒的充分就业政策。这一时期是凯恩斯主义经济政策真正得到实施的时期。这些经济学家真正是凯恩斯主义者。他们倡导的减少个人所得税、实行投资赋税优惠、增加社会福利支出向贫穷开战，以及越战中军事支出增加的确刺激了美国经济繁荣。

60年代的繁荣之后是70年代的滞胀，这又引起凯恩斯主义的危机。但无论人们如何评价60年代的政策，这一时期经济学家是真正经邦济世了。

肯尼思·艾瓦特·博尔丁

笃信宗教的经济学家

　　许多经济学家都有宗教信仰，但把宗教信仰作为研究经济学指导思想的人，大概只有美国经济学家博尔丁一个。

　　肯尼思·艾瓦特·博尔丁（Kenneth Ewart Boulding）1910年出生于英国利物浦，父母都是普通的劳动者，虔诚的美以美教派卫理公会的教徒。博尔丁出生于教徒之家，从小又上教会学校，宗教深深影响了他的一生和经济学研究。

　　作为一名经济学家，博尔丁是优秀的。他1928年进入牛津大学，师从著名经济学家莱昂内尔·罗宾斯（Lionel Robbins），1931年就在凯恩斯主编的《经济学季刊》（Economic Journal）上发表论文。1937年起定居美国，先后在密歇根大学、科罗拉多大学等校任教。博尔丁写了近40本书和1 000多篇文章，其中不乏佳作。他1941年写的《经济分析》（*Economic Analysis*）是萨缪尔森《经济学》出版之前最畅销的教科书，曾4次重印，被150多所大学采用。作为一名重视制度演进的经济学家，他与加尔布雷思齐名，共同成为新制度学派的"双子星座"。他关于经济学应该建立跨学科整体体系的思想至今仍有影响。他提出的浴缸定理（积累率等于生产率减消费率，即把生产作为流入浴缸的水，消费作为流出浴缸的水，积累作为浴缸中剩下的水）仍然是经济学家常用的概念。博尔丁思维敏捷，爱好广泛。1956年，他在加州帕洛阿尔托"行为科学高级研究中心"仅用11天就口述了一本名为《形象：生活与社会中的知识》的书。他甚至还写过十四行诗。在他的经济学著作中，《和平经济学》（*The Economic of Peace*，1945年）、《经济学的重建》（*A Reconstruction of Economics*，1950年）、《组织革命》（*The Organizational Revolution*，1953年）、《经济政策原理》（*Principles of Economic Policy*，1958年）、《20世纪的意义》（*The Meaning of the Twentieth Century*，1964年）、《超越经济学》（*Beyond Economics*，1968年）等书都颇有影响。博尔丁的这些贡献使他在1949年获得"约翰·贝茨·克拉克奖章"，1962年被美国学术团体理事会评为美国十大教授之一，1968年当选美国经济学会会长，1979年当选为美国文理研究院院长，先后获得13个大学的名誉学位。

博尔丁自幼就是卫理公会教徒，以后又成为贵格会教徒。他不仅是一位虔诚的宗教信仰者、宗教活动的积极参与者，而且还用宗教信仰来指导他一生的经济学研究。他在经济学中独特的贡献正来自宗教，这也使他有别于主流经济学家。

宗教作为一种信仰是一种价值观。信教者是用他们信仰的世界观来观察与分析世界的。这正是博尔丁自从进入经济学就强调价值判断的重要性，反对实证分析方法的根源。他认为，经济人假设并不现实，人不是只会进行成本与收益分析的理性动物，而是有感情、有狂热、有爱与奉献精神的。由此出发，他对传统的厂商理论提出了批评。他认为，厂商有自己的价值判断，并不一定以利润最大化为唯一目标。厂商的决策也并不以边际分析法为基础，还会考虑到自己行为的社会意义。不应该把个别厂商做出决策的原则（边际成本等于边际收益）作为普遍真理。厂商的决策更多取决于它所处的环境。并由此建立起一套不同于传统的厂商理论。

博尔丁和加尔布雷思等新制度经济学家一样重视制度与组织。博尔丁与其他人的不同则在于从宗教倡导的爱心出发研究组织这种制度。他认为，组织是由有意识并有意志的个体组成的。组织产生于三种力量：为获得相互利益的交易、报复的压力和恐惧，爱心或希望与目标相结合。随着组织的扩大，恐惧日益代替了交换。这样，组织就会停止发展。要避免这种前景，就要用爱心来代替恐惧。爱心是人类组织发挥作用的唯一基础，也是人的一般需要。这种爱心正是博尔丁宗教信仰的中心。他主张把爱心放在社会伦理之上，以爱心来代替恐怖的竞争，代替对抗。组织应该为这种爱心的形成创造一个有利的环境，这正是组织革命的方向。

博尔丁从他的宗教信仰出发努力超越传统经济学，建立能体现宗教观念的经济学分支，例如，赠与经济学。他把赠与经济定义为出于政治目的与经济行为，或者由于受到威胁，或者出于爱心而产生的赠与行为。这种经济活动属于非市场交换行为，但在经济生活中相当重要，影响资源配置与收入分配。与此相关的是爱与恐惧经济学。出于爱的赠与行为是礼品，出于恐惧的赠与行为是贡品，其余是交换行为。经济正是由爱、恐惧与交换所决定的经济行为组成的。

博尔丁认为，宗教不仅是社会科学所需要的，也是社会科学家所需要的。宗教是整个人生的一部分，也是经济学的基础。强调经济学应该有爱心，体现了经济学家的人文关怀。从这种意义上说，博尔丁的经济理论有其独特之处。但爱的善良愿望代替不了经济活动中的利益冲突与竞争。恩格斯曾批评过那种以爱和道德为基础的经济历史观。这种思想无助于解决现实问题，这正是博尔丁的经济思想已被人们遗忘的原因。

丁伯根

他们为什么获得第一届
诺贝尔经济学奖

　　1968年在瑞典中央银行建立300周年时，瑞典中央银行决定设立纪念诺贝尔经济学奖，并决定组成一个评奖委员会，在1969年评出第一届获奖者。这项奖由于用了诺贝尔的名字，受到广泛关注，大家都在猜，谁会是首届得主？

　　在候选人名单中有许多久负盛名的经济学家，许多人推测第一届奖应该给美国的萨缪尔森，因为他对当代经济学整体水平的提高作出了全面贡献，而且，他所代表的凯恩斯主义无论在经济理论还是经济政策中都是主流。但结果令这些人失望（尽管萨缪尔森在第二年，即1970年就获奖），获奖者是荷兰经济学家丁伯根和挪威经济学家弗里希。美国人甚至推测，这是评奖委员会偏向欧洲人，要把首届诺贝尔经济学奖的荣誉留给欧洲人。

现在时间已经过去三十多年了，我们可以公正地评价这次评奖是否恰当了。瑞典皇家科学院的评奖公告指出：最近十年来经济科学发展中最明显的特点是突出经济过程自身精确性的数理统计技术。正是在这些领域内，弗里希和丁伯根教授作出了开拓性贡献。这就是说，丁伯根和弗里希获奖是由于他们对计量经济学的贡献。因此，评论把第一届诺贝尔经济学奖授予他们是否恰当，就必须了解计量经济学在现代经济学中的地位以及他们的贡献对这门学科建立的意义。

经济学从其诞生之日起就与数学结下了不解之缘。经济学所研究的是经济现象的内在规律。这些经济现象可以用经济变量之间的关系来表示。经济变量是可以用不同数值表示的量。所以，经济学本身的性质决定了它可以运用数学工具。而且，经济学的科学化也是从经济学的数学化开始的。但经济学成功地运用了数学是在20世纪之后。经济学运用数学形成了两个分支：数理经济学和计量经济学。数理经济学是用数学工具与方法来表述、论证和发展经济理论，计量经济学是把经济理论、数学和统计学结合起来分析现实经济问题和经济政策，并进行经济预测。

计量经济学是在20世纪30年代之后发展起来的。这个名称就是弗里希模仿计量生物学（Biometrics）创造出来的。计量经济学分为四个步骤。根据经济理论建立模型（即计量经济模型），用数学公式表示理论所涉及的各种经济变量的关系。估算参数，选择适当的估算方法，求出模型所涉及参数的估计值，这是对各种经济变量重要程度的定量化。检验模型，包话经济理论检验、统计检验、经济计量检验和预测检验，这就是用一定的准则来检验所建立模型的可靠性。运用模型，代入各种统计资料进行经济分析、经济预测和政策评价。

计量经济学在经济学中得到了广泛运用，尤其是借助于计算技术和电子计算机的发展，它的用途越来越广泛。计量经济模型可用于定量分析经济状况，宏观经济模型可以分析一国，甚至世界经济状况，微观经济模型可以分析一个企业，甚至一个行业的经济状况。在这种基础上可以用于预测经济形势，作为个人、企业或政府决策的依据，也可以用于分析不同经济政策的政策效应。计量经济学家编制了越来越大，越来越复杂，也越来越精确的模型，不仅深化了我们对复杂经济世界的理解，而且解决了许多现实问题。例如，货币政策要在实施后6个月才能发挥作用，这就是计量经济模型得出的结论，这个结论有利于改善货币政策的运用，把握时机更好地稳定经济。可以毫不夸张地说，计量经济学的诞生、发展与运用是现代经济学最重大的突破性进展。为计量经济学作出开拓性贡献的人获得第一届诺贝尔经济学奖当然是实至名归。

获奖的为什么是丁伯根和弗里希呢？丁伯根是宏观经济计量模型的开创者。20世纪30年代，丁伯根应国际联盟的要求建立检验经济周期理论的模型。他以美国经济为基础建立了世界上第一个宏观经济模型。该模型包括48个方程，通过求解方程组可以得出一个用来描述整个经济周期特征的差分方程。1936年，丁伯根为荷兰经济建立了一个宏观模型以反映不同经济活动之间的相互影响，包括收入、消费、商品、劳务、货币流量、通货膨胀、就业等。丁伯根提出了动态分析方法，并逐步完善为一种重要的分析模式。他利用宏观模型分析经济活动的方法现在已得到广泛运用。在1939年出版的《经济周期理论的统计检验》中，他从整体上探求经济周期的原因，是对传统经济理论的突破，也开辟了宏观经济新领域。在微观经济学领域他把计量经济方法用于需求弹性分析，并提出了产量与价格动态变动的蛛网理论。他1939年出版的《计量经济学》是系统介绍该学科的第一本著作。同时，他还在收入分配、经济政策、经济发展等方面有重大贡献。瑞典皇家科学院经济学评奖委员会主席林德伯克对他的评价是："建立了一个涉及约50个方程式的计量经济系统，并借助于统计分析测定出反应系数和'前导与滞后'。他的若干结论引起了广泛注意，而且，至今仍然是人们辩论的题目。""他在计量经济学方面的先驱著作对以后方法论的发展有很大的作用。"

早在20世纪20年代末，弗里希就开始了计量经济学研究，这个学科的名字是他起的，定义也是他下的，他还担任计量经济学会的首任领导并主编《计量经济学》杂志。在计量经济学的研究中他集中于三个领域：宏观经济、生产理论和价值理论。他是动态经济分析的先驱，提出了"运用完全回归系统进行统计合流分析"的方法，并提出了测量边际效用的新方法。这些对以后的计量经济学发展都有重要影响。诺奖公告称他是"理论和方法推导领域的最有影响的开拓者"。

今天，由丁伯根和弗里希开拓的计量经济学已经蔚然成风，并得到更为广泛的运用。在这一领域中获诺奖的经济学家越来越多。面对这一切，我们会感到第一届诺贝尔经济学奖评得何等正确。

米尔顿·弗里德曼

弗里德曼蒙冤记

20世纪80年代一位中国学者写的书中是这样描述弗里德曼的：
"其人个子矮小，却好为己甚，专长诡辩。"因为弗里德曼的理论被
称为"资产阶级反动理论"，连个子小也成了缺点，善于辩论亦成
为诡辩。这是弗里德曼在中国的蒙冤。不过他并不知道，因为写书
的这位学者在1987年欢迎弗里德曼来华的座谈会上没有把他的批
判稿念出来，本来打算送给弗里德曼的这本书也没拿出手。

弗里德曼真正知道自己蒙冤是在1976年获得诺贝尔经济学奖以
后，颁奖消息发布后，斯德哥尔摩大学经济系和瑞典商学院指责弗
里德曼是"智利军事独裁者的顾问，为其出谋划策"。1974年获奖
者缪尔达尔揭露，弗里德曼获奖是"委员会秘密操纵的结果"。设

在瑞典的智利委员会指责弗里德曼要对"当前智利的失业饥饿政策负责"。还有一些诺奖获得者认为弗里德曼与智利问题有牵连，应取消获奖资格。就在颁奖当天，当弗里德曼从座位上站起准备从瑞典国王古斯塔夫手中领奖时，一名观众突然举起写有"自由属于智利人民"的条幅，并高喊"资本主义下台，弗里德曼下台"。一时间经济学界头面人物、报界对弗里德曼指责不断，似乎他犯了什么滔天大罪。这个冤受得可够大的了。

弗里德曼获奖是由于他"在消费理论分析、货币史和货币理论研究领域的贡献"，以及他"对经济稳定政策复杂性的论证"。他的消费函数理论、现代货币数量论、自然率理论、货币史研究，以及货币政策主张，已是经济学界公认的重大成就。他的蒙冤与这些成就无关，而是与当时智利的市场经济改革相关。

1970年社会民主党人阿连德在大选中出任总统。他上台之后实行机械的社会主义政策，没收国外资本，实行国有化，用计划经济代替市场经济，又大幅度提高工人福利。这种变革严重破坏了智利经济，国内动荡不安。1973年军队领导人皮诺切特发动军事政变，推翻了阿连德政府。阿连德还真是个英雄，在总统官邸拿起枪与军队对抗，结果被打死（与拉丁美洲另一位英雄格瓦拉颇有相似之处）。皮诺切特上台后一方面以军事独裁稳定社会，另一方面进行大刀阔斧的市场化改革，发还没收的外国资本，实行私有化。这种变革引起两个结果，一是左翼人士反对皮诺切特，被杀了数千人（这件事使皮诺切特在20世纪90年代末到英国治病时被扣押，西班牙要求引渡，当时也是一个新闻热点）。二是失业急剧增加，人民生活水平下降。这也正是批评者要弗里德曼所负责的问题。

这事与弗里德曼有没有关系呢？从思想体系来看，弗里德曼的确是主张自由市场经济的。如果把皮诺切特的进行市场化改革作为这种思想的一种实现，没有什么不对。但弗里德曼并没有当皮诺切特的顾问，也没有参与制定智利市场化改革的计划，更没有让皮诺切特去杀左翼人士。仅仅因为弗里德曼主张市场经济就把皮诺切特市场化改革中的问题归罪于他是不公正的。

的确有一些美国自由主义经济学家参与了智利的市场化改革，例如哈佛大学教授萨克斯等人。这种市场化改革的主要策划者是一些智利在美国学习经济学的青年人。这些人不少受教于芝加哥大学，是弗里德曼的弟子。这些年轻的经济学家被戏称为"芝加哥小子"。弗里德曼是芝加哥大学的教授，又是芝加哥学派的首领，说这些"芝加哥小子"是弗里德曼的学生是对的。但即使是这样，学生犯的错还要找老师算账吗？

历史已经过去了近30年，而皮诺切特尽管是用不正当的军事政变上了台，也杀了一些不该杀的人，但市场化改革的方向是正确的。80年代以后，智利经济发展迅速、稳定，每年经济增长在7%以上，国家繁荣了，人民生活也提高了，在拉丁美洲国家中可谓一枝独秀。智利所形成的社会保障私人化的做法还为各国所重视。皮诺切特也还政于民了。这样看来，弗里德曼即使与智利问题有牵连，也是有功而不是有过。不过弗里德曼也没争过这个功。

70年代的智利的确出现过政治上独裁和工人失业贫穷等问题。但这些问题是转向市场经济不得不付出的代价。政治上的独裁是为了进行市场化改革（当然不该杀那么多人），一些工人的暂时失业贫穷是转型经济都会发生的问题。曾经有学者把智利成功的经验总结为独裁加市场化。这个公式是否有点简单化尚可商榷，但强大的政府维护社会稳定是市场化成功的条件却是无疑的。

　　弗里德曼在智利问题上蒙了冤，但皮肉没受苦，事业与声誉毫无影响，诺奖也领到了。弗里德曼在九十多岁时甚至被称为20世纪五位最伟大的经济学家之一。弗里德曼尽管蒙冤但还是幸运的。其他蒙冤的经济学家可不都这样幸运了。这正是幸运的经济学家都是相似的，不幸的经济学家各有各的不幸。

弗里德曼

弗里德曼与全球经济市场化
——弗里德曼祭

当弗里德曼以94岁高龄去世时，市场化已成为全球经济的主流，并促成了世界经济的繁荣。但退回三十年，世界正处于两种体制，两种思潮的争议之中。

第二次世界大战之后，计划经济体制作为市场经济的对立面出现了。但经过几十年的实践，效率低下、物质短缺等问题日益严重。这些国家的先知先觉之士在探寻改革之路，但并没有找到明确的出路。在西方国家，战后主张国家全正干预经济的凯恩斯主义一统天下，也成为经济政策的指南。但20世纪70年代初出现的"滞胀"动摇了凯恩斯主义的地位，立该向哪个方向走众说纷纭。

弗里德曼就是在这时走上历史舞台的。在50年代，弗里德曼在芝加哥大学的象牙塔中研究学问。他建立了作为现代货币主义理论基础的现代货币数量论，提出了消费函数理论中的持久收入假说，反对固定汇率，支持浮动汇率。60年代后期，他强烈地批评凯恩斯主义及其在美国的代表——新古典综合派。他反对根据菲利普斯曲线给出的失业与通货膨胀此消彼长的关系，以及根据这种关系制定的相机抉择政策。他与2006年获诺贝尔奖的费尔普斯共同提出了"自然率"假说，通过引进预期，证明了菲利普斯曲线所显示的关系只在短期中存在，而在长期中并不存在。而且，一旦决策者要利用这种关系，这种关系就不存在了。70年代，西方各国纷纷放弃固定汇率制，以及美国经济中"滞胀"局面的出现都证明了他的理论的正确性。这使他于1976年在争议中最终获得了诺贝尔经济学奖。

弗里德曼不仅是学者，而且是顽强的斗士。自从他进入经济学领域以来，就坚信自由主义市场经济。这种信念既反对计划经济，又反对凯恩斯主义的国家干预。他的全部理论，以他为首的货币主义，其思想基础正是维护这种自由主义市场经济。他的理论就是试图证明，市场机制的调节是完善的，只要货币当局控制货币量，维持物价稳定，市场机制就可以有效地调节经济。他认为，任何国有化、政府对经济的干预，只会加剧经济波动。这些思想说起来仍然是亚当·斯密以来古典经济学和新古典经济学的继续。但当70年代，弗里德曼重新提出这种观念时，还是震撼了由计划经济和凯恩斯主义主宰的世界。也正因为这样，他被称为"自由主义市场经济大师"。

弗里德曼身高不过一米五，即使按东方人的标准也是矮子。但这个矮老头身上有一股超人的毅力。他不知疲倦地与计划经济的支持者斗争，与凯恩斯主义者斗争，他观点鲜明，毫不退缩。他在《新闻周刊》等畅销报刊上开专栏，拍电视片，并写出《自由选择》这样的通俗读物，向大众宣传他的信念和观点。他终于影响了这个世界。80年代之后，西方国家的政策同自由化方向转变，原来的计划经济各国纷纷以不同的方式走上了曲折的市场化之路。80年代之后全球经济市场化、自由化的方向成为不可抗拒的历史潮流。这当然有更为深刻的政治、经济背景，但弗里德曼及其他的自由主义经济学家和学者的思想影响不可低估。我们那一代从计划经济过来的人之所以坚决支持市场化改革方向，也在不同程度上受到了弗里德曼这位大师的影响。

弗里德曼并没有直接参与计划经济的改革。他曾在1980年、1988年和1993年三次来中国访问，也曾给中国改革提出了"放开价格，管住货币"的建议。但中国的市场经济改革之路和他设想的并不同，毕竟他不了解中国的现实国情。他更直接的影响是西方国家经济政策的改变。经济学家中流行的一句话是，"凯恩斯主义产生于英国，但试验室是在美国；弗里德曼的货币主义产生于美国，但试验室是在英国"。这就是说，在经济政策上最全面地实践了凯恩斯主义的是二战后的美国，而最全面地实践了货币主义的是20世纪70年代末以后撒切尔夫人当权的英国。

弗里德曼认为，市场经济正常运行的基础是私有制和物价稳定。政府只要保护私有制，并由货币当局控制货币量，稳定物价，市场机制就会自发地有效配置资源，实现经济繁荣。撒切尔夫人是弗里德曼的忠实信徒。1979年她上台之后正是按这一思路来振兴英国经济的。

二战之后英国工党上台，实行大规模的国有化。煤炭、煤气、石油、钢铁、造船、电信、铁路、民航等重要部门都实行了国有化。在撒切尔夫人上台前，国有企业工人占劳动力的6%，产值占GDP的10%，投资占投资总额的15%。国有企业派出官员担任领导，投资等重大决策由政府说了算。国有企业领导关心的是自己的职务升迁，而不是企业利润。国企成了政府机构，人浮于事，管理不善，效率低下，连年亏损。生产率并不高，靠国家赋予的行政性垄断地位和财政补贴过着相当不错的日子。企业的效率低下造成英国经济长期处于走走停停的状态，学者称此为"英国病"。在弗里德曼看来，这种企业体制与市场经济是格格不入的。撒切尔夫人坚信这一点。她上台后通过出卖中小国有企业和对大型国有企业实行股份化，对国有企业进行了私有化。

撒切尔夫人上台时面临的另一个问题是通货膨胀严重。通货膨胀率在1977年为15.9%，1978年为8.3%，1979年为13.4%。弗里德曼认为，通货膨胀的根本原因是货币量发行过多，"太多的货币追逐太少的物品"。因此，制止通货膨胀的唯一方法就是控制货币量。撒切尔夫人也坚决采用了这种政策。1981～1982年货币供给量增加率下降为13%，1982～1983年下降为11.2%，1983～1984年又下降为9%。

包括私有化和控制货币量在内的货币主义政策在英国相当有效。1980～1986年英国经济连续六年增长，为二战后增长最长的时期，其中1985年增长率达到3.3%，高于美国和西欧各国。通货膨胀率在1985年降到6%，1986年又降到2.4%。同时，固定投资增加，国际收支连续六年盈余，在1980～1985年间国际收支盈余达205亿英镑。这是撒切尔政府的胜利，也是弗里德曼货币主义的胜利。货币主义在英国的试验是成功的。

应该说，全球经济的市场化和自由化是20世纪80年代之后世界经济总体上健康发展的重要原因之一。中国经济连续多年高增长，已成为世界第二大经济体也应该归功于市场化改革。当然，这种功劳绝不是弗里德曼一个人的。比他更重要的是各国从自己的实际出发制定了正确的市场化之路。"社会主义市场经济"正是我们成功的基础。但我们也不应该忘记弗里德曼为市场经济呐喊的功劳。一个思想家，他的作用不在于亲自实践，而在于用思想影响一代人。

弗里德曼看到了自己的理想变成现实，也看到了市场化给全球带来的繁荣。我想，他是微笑着离开这个世界的。

微笑的弗里德曼

我心中的弗里德曼

　　弗里德曼在1976年获得诺贝尔经济学奖。那时，我还在东北林区当中学教员，从《参考消息》上看到这条消息，也记住了这个名字。不过从这条消息中没看懂弗里德曼研究什么、成就是什么。

　　真正了解弗里德曼是在1978年考上北大经济系当代西方经济学专业的研究生以后。当年我的导师之一专门研究弗里德曼的货币主义，并写过一本介绍这种理论的著作，送给我一本。尽管这本书是按当时一批到底的风格写的，把弗里德曼定性为"资本主义辩护士"，甚至称他"身材矮小，好为诡辩"，但毕竟让我对弗里德曼的货币主义有所了解，并引导我去读他的著作。

　　最初读的是弗里德曼的经济理论著作，如现代货币数量论、消费函数理论、自然率假设等等。他的理论著作与当时国内学者的风格完全不同，注重于数学分析和实证方法，逻辑性强，论证充分，令你不得不信服。从这些著作中我感到，弗里德曼做学问扎实的基础和严谨的学风。这是我最早读过的西方经济学家的原著。读过的感觉是，做学问就应该这样。这样的人才能称得上真正的学者。

不过在最初读这些书时，还是着重于理论本身，思考他的基本理论观点和逻辑推理与证明，并没有考虑这些理论背后更深刻的思想意义。只有在更广泛地了解了当代经济学的发展趋势之后，才理解了弗里德曼的理论中包含的思想意义。

20世纪80年代初，时任北大经济系主任的陈岱孙教授作了一次关于西方经济学中国家干预与自由放任两大思潮交替消长的学术报告。这个报告高屋建瓴，高度概括了各种经济理论背后的思想趋势。这时我豁然开朗。在二战之后，作为经济学主流的是凯恩斯的国家干预主义，其代表是以萨缪尔森为首的美国新古典综合派。他们怀疑市场机制的调节能力，主张国家全面干预经济。这种干预固然有助于克服经济波动等问题，但也引起赤字财政、通货膨胀等问题。弗里德曼的货币主义是作为"对抗凯恩斯革命的革命"出现的，主张的是相信市场机制、减少政府干预。在20世纪80年代初，这种理论影响了美国里根政府和英国撒切尔夫人政府的经济政策，并促成了此后全球经济自由化的潮流。

对我影响更大的是弗里德曼两本宣传市场经济好的通俗读物：《资本主义与自由》和《自由选择》。但市场经济是什么样的，我并不了解。要出国去体验，办不到，就只有采用"秀才不出门便知天下事"的方法读书了。当时读了不少支持或反对市场经济的书。使我坚定地支持市场经济的是《自由选择》。这本书原来是一部电视片的解说词，通俗地告诉我们，市场经济如何运行，有什么优越性，以及市场与政府之间的关系。其文笔通畅而富有煽动性，内容严肃而生动，让你不忍要一口气读下去，而且读过就信服了。我想，当时受这本书影响的恐怕是那一代关心中国未来的年轻人。其实80年代后，西方国家经济政策自由化与原计划经济国家的改革都受到了以弗里德曼为代表的自由主义思潮的影响。能有这种影响的经济学家在历史上也并不多。

以后又读了不少有关弗里德曼的传记类的著作，尤其是他晚年与夫人合写的回忆录《两个幸运的人》。

弗里德曼是一个有独立精神而且信仰坚定不动摇的学者，真想不到他那不足1.5米的身材居然有那么顽强的精神。五六十年代是凯恩斯主义的全盛时期。但弗里德曼并不追逐这种时尚。他在芝加哥大学的象牙之塔中研究货币理论，反对当年全球都采用的固定汇率制，孤军奋战地反对"髦得合时"的凯恩斯主义。想想看，这需要多大的毅力。说他"身材矮小，好为诡辩"也算写实，因为这个小个子对他众多的反对者并不畏惧，争论到底，在学术观点上决不退让。到70年代，各国被迫放弃了固定汇率制，凯恩斯主义国家干预引起的滞胀迫使各国反思这种政策，弗里德曼才逐渐引起人们注意，并在1976年在评委会的争论中以微弱多数获得诺贝尔经济学奖。他这样不随波逐流、敢于反潮流的精神为每一个学者树立了榜样。

过去在我的想象中，这样一个坚持自己观点的人一定是有点个性、难以与别人相处的。我心目中的弗里德曼是严肃而难以接近的人。读过他的回忆录《两个幸运的人》以后才知道，其实弗里德曼是一个相当平和、待人宽厚的慈善长者。学术上的坚定并不等于个性上的冷酷。弗里德曼出生在一个父亲早亡的贫困犹太人家庭，凭自己的努力成为一个大学者。他的一生也并不平凡，不仅在五六十年代在学术上受孤立，甚至在1976年获奖时还有人把当时智利总统皮诺切特为推行市场化而屠杀反对派归罪于他。在授奖会上曾有人打出反对他获奖的横幅。但当他在晚年回顾这一切时，心态十分平和，没有任何抱怨。无论有多少苦难，他觉得上天给了他机遇，回忆录称为《两个幸运的人》正体现出他的一种平和的心态。弗里德曼有许多朋友。2002年，他90岁大寿时，经济学界为他在斯坦福大学办了一个祝寿会。人们真心热爱这个有独立思想的矮老头。

弗里德曼是市场经济的坚定支持者，但他同样关心穷人，关心穷人福利的提高。他主张用私立学校代替公立学校，给穷人发"教育券"，以及用"负所得税"代替贫困补贴，都是为了穷人有能力利用市场机制脱贫。如今这些主张已在一些地方实施，并效果显著。主张市场经济并非没有爱心，而且这些人的爱心更深沉。

弗里德曼与中国

　　20世纪最有影响的经济学家之一米尔顿·弗里德曼以94岁的高龄去世了。弗里德曼坚信市场经济，并为这种信念奋斗了一生。他被称为"自由主义市场经济大师"，未盖棺就已定论。要了解他的地位及其对世界和中国的影响，必须从战后经济体制和经济学的发展演变出发。

　　二战后世界上出现了与市场经济相对立的计划经济体系。在80年代之前，这两种体制的对立与斗争是世界矛盾的中心。在这种矛盾中，弗里德曼是坚定地反对计划经济、支持市场经济的。在市场经济体制中，又存在国家干预与自由放任的矛盾。在70年代之前，凯恩斯主义及其在美国的发展新古典综合派曾一统经济学的天下，并成为各国经济政策的指南。弗里德曼从一进入经济学领域之日起，就坚决反对凯恩斯主义。因此，由他所发动的货币主义革命被称为"对抗凯恩斯革命的革命"。这就是他被称为"自由主义市场经济大师"的由来。

一种理论能否有生命力还取决于实践的结果。80年代初，西方国家在经历了国家干预带来的滞胀等恶果之后，实行了经济政策的自由化。美国里根政府和英国撒切尔夫人政府实现了这种政策转化，并取得了成效。与此同时，以前的计划经济国家在经历了经济失败之后也以不同的方式转向市场经济。这种变化被称为全球经济自由化。毫无疑问，弗里德曼的自由主义市场经济思想对世界的这种巨变有不可忽视的思想引导作用。

中国的变化与这股世界潮流也是一致的。从1978年开始的改革，尽管并没有明确提出以市场经济为目标，但无论是农业中的家庭联产承包制，还是工商业中的允许私人企业存在，都是沿着这条路线发展的。尽管我们当时经济学界还在批判资产阶级，尤其是批判弗里德曼这种顽固的市场经济或资本主义"辩护士"，实际上却是沿着他指出的方向在缓慢而曲折地前进。中国的改革不可能不受弗里德曼的影响。

当然，我们说的这种影响并不是直接的，不是按弗里德曼的话去做，而是间接的、思想上的。弗里德曼先后在1980年、1988年和1993年三次来中国访问。他在中国也就世界经济、通货膨胀、市场经济与改革等问题作过多次演讲，并与少数官员和学者有所交流。他给中国改革的建议是"放开价格、管住货币"这八个字，意思是"放开价格"充分发挥市场机制的调节作用，但要"控制货币"防止通货膨胀。虽然这八字方针也得到了高层和学界的称赞，并引发了以后"价格闯关"的试验，但总体上我们并没有采用这种激进的做法。弗里德曼对中国改革的直接影响远不如参加"巴山轮"会议的托宾等人那么大。

不过弗里德曼对中国改革思想的影响却比托宾等人大得多。中国人并没有经历过市场经济，许多人所受的教育也是把市场经济等同于腐朽、反动、垂死的资本主义加以批判的。当中国经济走向崩溃的边缘时，许多人认识到计划经济的弊病，并探寻新出路。这时对中国思想界影响最大的经济学家是哈耶克和弗里德曼。哈耶克的《通向奴役之路》使我们这一代学人从理论上认识到了计划经济的弊病，而弗里德曼的《自由选择》让我们知道了什么是市场经济、市场经济如何运行，以及市场经济为什么优于计划经济。

至今我还记得读过《自由选择》之后所带来的心灵上的震撼。从联邦德国与民主德国的对比讲市场体制与计划体制的优劣，从日常生活讲市场经济的运行，书中的许多内容是我们闻所未闻的。过去所受教育形成的思想被打破了。这不是我一个人的经历，是我们这一代人的经历。我们这些人再通过讲课、写文章，把这种思想经历传播给更多人。弗里德曼的思想和著作在中国传播的过程正是一个思想解放的过程。在这个过程中，市场经济观念逐渐被接受。正是有了这个思想基础，1992年当小平同志提出建立社会主义市场经济时，才受到广大人民的支持，并引导中国发生了翻天覆地的变化。一种思想一旦被人民所接受，就变成了威力无比的精神原子弹。现在回过头想一想，弗里德曼对我们经济改革的思想影响是不可忽视的。

弗里德曼是一个颇有创造性的思想家。他曾经提出用私立教育代替公立教育，给穷人发"教育券"，在上学时实现自由选择。他还提出用"负所得税"代替贫困补助，增强穷人的"造血"能力。这些建议已有局部地区在试验，并取得成效。我们也许不能马上照搬这种做法，但对我们的教育改革和社会保障制度建立不乏启发与借鉴意义。

一代大师去世了，但他们的思想遗产永远是我们精神财富的一部分。我们只要不把他们的思想作为教条、作为永恒不变的东西，这些思想就永远不会失去其价值。弗里德曼正是这种我们永远不能忘怀的大师之一。

冈纳·缪尔达尔

关注弱势群体的经济学家

改善弱势群体的状况一直是经济学家关心的问题。亚当·斯密认为"下层阶级"（今天我们说的弱势群体）占社会的最大部分，"社会最大部分成员境遇的改善绝不能被视为对社会全体不利。有大部分成员陷于贫困悲惨状态的社会，绝不能说是繁荣幸福的社会"。在现代经济学家中最早由于关注弱势群体而获得诺贝尔经济学奖的是瑞典经济学家冈纳·缪尔达尔（Gunnar Myrdal，1898～1987）。

缪尔达尔是瑞典学派的创建者之一，早期从事一般动态均衡理论的研究，代表作是1937年出版的《货币均衡论》。作为社会民主党人，他曾当选为瑞典众议员。他研究方向的改变是在1938年他受美国卡内基公司的委托主持一项有关美国黑人问题的调查研究时。其结果是在1944年出版的《美国的两难处境：黑人问题和现代民主》中。

黑人是当时美国社会的弱势群体。缪尔达尔在调查中目睹黑人贫穷、生活条件差、犯罪、受歧视的种种现象，事事触目惊心。但作为一名有理论素养的经济学家，他不满足于揭示这些现象，也不是简单呼吁道义与公正，而是分析其深层次的原因。他发现，白人对黑人的歧视和黑人物质文化生活水平低下，是两个"鸡生蛋，蛋生鸡"的互为因果因素。这两个因素互为因果并不断加强，造成了黑人问题的严重。解决黑人问题要从打破这种因果关系，改变这种恶性循环入手。这就需要有一种理论来解释黑人贫穷和受歧视之间的关系。

缪尔达尔吸收了其老师维克塞尔的"积累理论"和卡塞尔的"社会过程理论"，建立了解释黑人贫穷与受歧视之间关系的循环积累因果原理。这个原理认为，在一个动态的社会经济过程中，各种因素是互相联系、互相影响、互为因果的。某一因素的变化会引起另一因素的变化，而这第二级变化反过来又推动了最初的变化，使事情沿着最初那个变化的方向发展。这种过程既可以是变好的向上发展，又可以是变坏的向下发展，关键在于最初的变化是好还是坏。黑人问题严重正在于"白人的偏见和歧视使得黑人的生活、教育、习俗及道德等水平低下。相对立的，黑人生活、教育、习俗及道德水平的低下又使白人更加歧视黑人"。改变这种状况就必须有"一些原因使白人的歧视或偏见减少，这可能会引起黑人生活水平上升；黑人生活水平上升又会减少白人偏见"。（原书英文版，第

75 ～ 76页）做到这一点就要根据美国正义、自由和机会平等的信条，给黑人以平等的地位。缪尔达尔这一观点对以后黑人民权运动的发展，20世纪60年代肯尼迪政府废除法律上对黑人的歧视和以后约翰逊政府"向贫穷开战"起到了推动的作用。

从黑人问题的研究中，缪尔达尔强调了经济变动中政治、经济、文化等各种因素相互之间的依赖性。他认为，不能局限于经济分析，而要注意跨学科的整体性研究方法。早在20世纪初，美国制度学派经济学家凡勃伦就主张用这种整体性方法来研究制度演进。现在缪尔达尔也从一个纯理论家变为制度学派经济学家，成为和美国经济学家加尔布雷思齐名的新制度学派经济学家。但他们不同于强调产权和经济增长"路径依赖"的科斯、诺斯等新制度经济学家的观点。前者对资本主义社会和主流经济学持批判态度，称为激进经济学，是经济学中的左翼，后者仍属于新古典经济学这个主流，是经济学中的右翼。

1957年，缪尔达尔受20世纪基金会委托，对南亚和东南亚11个国家的贫穷与发展问题进行了长达10年的调查活动。当时他的夫人任瑞典驻印度大使（他夫人曾获诺贝尔和平奖），给这种调查提供了方便。这次调查结果是三大卷的巨著《亚洲的戏剧：对一些国家贫困问题的研究》（中国出过同名的一卷缩写本）。如果说《美国的两难处境》是研究美国国内的弱势群体黑人，那么，《亚洲的戏剧》研究的则是世界范围内的弱势群体——发展中国家。因此，缪尔达尔又运用了循环积累因果原理。

缪尔达尔认为，发展中国家的特点是贫穷和落后。贫穷是收入和生活水平低，落后是生产率低下。"生活水平的低下大部分是由低下的生产率和收入水平所引起的，低生活水平又产生了劳动的低效率。"（中文版缩写本，第307页）也提出，发展的目标，即"现代化理想"，是理性、计划化、生产率提高、社会和经济平等、制度和社会风尚改善、民族团结、国家独立、政治民主等。为此，发展中国家要进行社会制度改革（尤其是法治与教育制度和土地改革），优先发展农业，并实行保护贸易。

在20世纪80年代之后，像缪尔达尔、加尔布雷思这些激进经济学家的观点影响越来越小。但缪尔达尔对弱势群体所进行的分析以及他所运用的循环积累因果原理仍然是有意义的。缪尔达尔毕竟是获得过诺贝尔经济学奖的大师。今天当弱势群体问题又一次被全社会关注时，读一读缪尔达尔的书，了解他对弱势群体的分析是有意义的。

维护学术自由的斗士

经济学家是屈从于利益集团，甚至拿利益集团的津贴，为他们摇旗呐喊，还是维护科学真理，这是一个学者的原则问题。但是，在许多国家和历史上的许多时期，由于生存的需要、强大的压力或一己私利，学者们难以有学术自由。即使在美国这样以个人自由为最高原则，又有终身教职保护的国度里，要真正维持学术自由也不容易。1979年诺贝尔经济学奖获得者西奥多·舒尔茨（Theodore W. Schultz，1902 ～ 1998）就曾遇到这样的事。

舒尔茨原来在爱荷华州立学院任教，在农业经济学领域声名显赫，并担任该校经济学与社会学系主任达10年之久。但1943年他遇到一件令他无法忍受的事。事情的起因是该系编辑了一套"战时农场及食品政策"丛书，其中有一本由本系年轻教授奥斯瓦尔德·布朗利所写的《在战时食品供给中加入乳制品》。作者认为，人造黄油是从植物油中提取出来的，在营养与美味方面比黄油更好，应当适当增加人造黄油的消费。但人造黄油的消费因联邦与州的限制性立法而受到伤害。政府利用税收等手段禁止或限制生产人造黄油的做法应当废止。

爱荷华是牛奶产区，牧场主们感到这项建议威胁到他们的利益，就对政府和学校施加压力，爱荷华州农业署也支持牧场主。这场争论持续了几个月。院长考虑到学校的利益和迫于压力，命令收回这本书，并以与牛奶业合作的态度进行修改。舒尔茨对学校这种向利益集团让步不坚持学术自由的做法极为愤怒。他给院长写了一封信批评学校的这一做法及其他行为，宣布辞职，并公开发表了《爱荷华州立学院与社会科学研究》，谴责学校违背了学术自由的原则。舒尔茨毅然离开这个他经营多年的地方并且带动了一批有为的人离开。这个美国当年"最活跃、最有成就、最有影响的社会科学研究团体"就此瓦解了。他的辞职声明至今仍被视为维护学术自由的典范。

舒尔茨离开爱荷华之后来到芝加哥大学，继续研究农业经济学，另有《不稳定经济中的农业》、《农业经济组织》等书。在学术研究中，舒尔茨也表现出不受传统束缚，创立新观点的自由主义风格。这体现在他1964年出版的《改造传统农业》中。

传统的观点认为农业经济学隶属于农学的范围，研究农业经营中的具体问题。他反对这一传统，认为农业经济学应该是一般理论经济学的一部分。他按这种思路研究农业经济问题，为现代农业经济理论的形成奠定了基础。

20世纪50年代初，他研究发展中国家的农业问题，探讨农业与经济发展的关系。当时，经济学家主张通过工业化来实现经济发展，认为农业充其量是为工业化提供市场、资金和劳动力，甚至提出了牺牲农业发展工业的政策。舒尔茨坚决反对这种观点。他论证了欧洲、日本、墨西哥等国正是通过发展农业而实现了经济发展。这种错误的根源是对传统农业的认识。舒尔茨批评了长期流行且影响深远的两种观点：农业中生产要素配置效率低下和农业中存在隐蔽性失业。他用事实证明了这两种观点的错误。但依靠传统农业是不能发展经济的，舒尔茨用收入流价格理论证明了传统农业落后的原因是资本收益率低（即获得收入流的价格高）。资本收益率低引起储蓄和投资不足，这就无法打破长期停滞的均衡状态。

问题找到了，出路呢？要使农业成为经济增长的源泉必须把传统农业改造为现代农业。改造传统农业的关键是引进新的现代农业生产要素，降低农业收入流的价格，提高资本收益率。这就要建立一套能给农民以刺激的市场激励制度，以及其他相关的制度保证（如保护产权）；从供给和需求两个方面为引进新生产要素创造条件；并且对农民进行人力资本投资，如教育与在职培训。舒尔茨的这些理论已得到广泛运用，并在发展中国家取得了成效。

舒尔茨在经济学中的另一个贡献是人力资本理论。尽管舒尔茨不是第一个提出人力资本概念的人，但对人力资本理论的系统化和传播，以及把人力资本运用到发展经济学中，都作出了重要贡献。舒尔茨根据他对美国农业生产力和发展中国家农业生产力的多年比较研究，得出了人力资本是经济和社会发展重要原因的结论。早在

50年代末，舒尔茨就提出了人力资本的概念。他把人力资本投资概括为：医疗和保健，在职培训，正规教育，成人业余教育，个人和家庭变换就业机会。他强调人力资本的作用，认为"经济发展主要取决于人的质量，而不是自然资源的丰瘠或资本存量的多少"。他认为发展中国家缺的不是自然资源或资本，而是人力资本投资。舒尔茨的这些观点在今天看来是一般常只了，但退回去50年，在那个重视资本和自然资源的年代，这些观点使人耳目一新，而且，对现实政策产生了深远影响。

作为一位学者，舒尔茨始终保持与政治的距离，以维护自己的学术自由。但他并不是一个两耳不闻窗外事的书生。他同样关心世事，做一个学者能做的事。他早年曾担任美国农业部各种委员会的委员或顾问。后来又担任联合国粮农组织，国际复兴开发银行，美国农业部、商务部，联邦储备委员会和美国国会各种委员会的顾问，也曾参与了美国经济政策和援外政策的制定。在这些委员会，他是顾问，起到专家的咨询作用，但绝不是官员。他在这些地方发表的是他个人的见解，并不为什么利益集团说话，也不为某个官员的讲话做注解。这是学者真正的出世而又入世。也正是这种态度使他能更好地发挥学界领导人和政府顾问的双重作用。

还值得一提的是他的儿子威廉·舒尔茨子承父业也是一位经济学家，在耶鲁大学担任经济增长研究中心主任。他的成就虽然还不及乃父，但也是事业有成。这对父子经济学家也是经济学界的一段佳话。

阿瑟·刘易斯

另一位发展经济学的先驱

　　写到舒尔茨就不能不写刘易斯，他们俩在1979年由于"对经济发展，尤其是对发展中国家的研究作出了开创性贡献"而共同获得诺贝尔经济学奖。但他们进入发展经济学的原因与观点完全不同。

　　舒尔茨是以对一般农业经济理论和发展中国家农业问题的研究进入发展经济学的，可以说主要是由于学术研究的兴趣而进入这个领域的。刘易斯则是由于对穷人的同情和对发展中国家经济落后的关注而进入发展经济学的。舒尔茨进入发展经济学与他的学术研究相关，而刘易斯进入发展经济学与他的经历相关。

　　刘易斯出生于圣卢西亚岛（原为英国的殖民地，现为一个独立的国家）一个黑人家庭。在他七岁时父亲就去世了，由母亲抚养他们兄弟五人，家庭生活之困难可想而知。正是由于童年时的贫穷以及母亲的影响，他对穷人格外同情，又由于他出生在落后贫穷的地区，对发展中国家也格外关注。在英国留学和以后的工作中也由于是黑人而受到过歧视。这些经历使他更具有平民意识，更关注贫困、平等这类问题。在英国他参加了韦伯夫妇主持的费边社，他的第一部著作就是由费边社发行的小册子《西印度群岛的劳工》。费边社由一些主张渐进式社会主义的文人和学者组织。刘易斯参加这个组织反映了他的思想倾向。他这种关注穷人、反对殖民者的思想也反映在他的著作中。

刘易斯与舒尔茨最大的不同还是经济发展理论与政策的分歧。舒尔茨强调农业在经济发展中的重要性，把改造传统农业，作为经济发展的中心，而且，强调市场机制的作用。舒尔茨反对以工业化为中心，以牺牲农业发展工业的战略，而刘易斯正是这种战略的倡导者之一。

刘易斯在发展经济学中的主要贡献是解释发展中国家问题的两个模型。第一个模型是二元经济模型。第二个模型是发展中国家贸易条件决定模型。这两个模型是他在1954年发表的《劳动无限供给条件下的经济发展》一文中提出来的。

第一个模型说明了经济发展的过程，以及经济发展的途径。刘易斯认为，发展中国家的经济是由两个不同的部门——弱小的现代工业和强大的传统农业——组成的。经济的发展就是要扩大现代工业部门，缩小农业部门。在这种二元经济中，由于传统部门存在隐蔽性失业，以及人口的迅速增加和妇女解放，劳动力供给丰富，工业部门的工人工资不由工人的边际劳动生产力和劳工市场供求关系决定，而由传统部门农民的平均收入决定。只要工业部门的工人工资略高于农民的平均收入，劳动力就会源源不断地由农业进入工业部门。劳动供给是无限的，经济发展的关键是资本积累。资本积累主要来自国内储蓄，国内储蓄的主要来源是利润。因此，储蓄增加是收入分配发生了有利于资本家的变动，是利润增加的结果。经济发展是工业发展、利润增加，工业又发展的结果。政府可以通过某种计划来加快这一过程。

这个模型显然是把工业发展（即工业化）作为经济发展的。他关于农业部门效率低下，存在隐蔽失业，以及压低农民进城工作工资的观点正是舒尔茨所批评的。20世纪50年代初许多发展中国家按这个思路发展经济，结果不仅经济没得到发展，而且连吃饭问题也没解决。刘易斯在80年代承认，自己的模型忽视了农业发展，现在看来是错误的。这一模型在早期发展经济学中影响极大，以后许多国家放弃了这种发展战略。

第二个模型解释发展中国家与发达国家之间贸易条件的决定。这一模式假设，发展中国家生产初级产品与食物，发达国家生产工业品与食物，双方以初级产品与工业品相交换。各国国内初级产品与工业品的相对价格是由食物决定的。因此，两国的贸易条件是由各自生产食物的农业部门的劳动生产率决定的。发展中国家农业劳动生产率低，发达国家农业劳动生产率高，这就决定了贸易条件有利于发达国家而不利于发展中国家。从长期来看，如果发展中国家农业劳动生产率不提高而初级产品部门劳动生产率提高，结果只能使贸易条件更加恶化。刘易斯在《增长与波动》和《国际经济秩序的演变》等著作中还在此基础上证明了发达国家利用这种贸易条件状况剥削发展中国家，并主张发展中国家摆脱对发达国家的依赖，发展自己独立的民族经济。

刘易斯的第二个模型反映了他同情发展中国家，反对殖民主义的政治倾向。他关于改善国际经济秩序的主张也有道理。他完全是站在发展中国家的立场上说话的。在实际中，他也担任过一些发展中国家的顾问，出谋划策。但这个模型的争论更大。统计资料证明，发展中国家和发达国家之间的贸易条件恶化并不是一种趋势，也不是长期存在的，只是一种短期现象。而且，刘易斯对贸易条件决定的解释也过于简单化。事实上决定贸易条件的不仅仅是农业部门劳动生产率，还有许多更重要的因素。

尽管刘易斯的两个模型受到不少批评，尤其是80年代之后，但应该承认，刘易斯最早从事发展经济学的研究（比舒尔茨起步早），的确做了许多开创性工作。他用到的一些概念包括"二元经济"、"无限供给的劳动"仍被经常引用，也适合某些国家某个历史阶段的实际情况。

刘易斯关于经济发展的论述并不限于这两个模型。1955年，刘易斯出版了他全面论述经济发展的著作《经济增长理论》。这本书分析了影响经济发展的经济与非经济因素，包括资本积累、技术进步、人口增长、社会结构、制度安排、宗教、文化历史传统、政治、心理等等。他早就认识到包括产权在内的制度对经济发展的重要性。这本书被认为是发展经济学的经典之作，至今仍受到学界重视。

近四十年前我读研究生时，硕士论文题目就是"论刘易斯的经济发展理论"，当时对这一套理论（包括两个模型）崇拜得很。刘易斯的理论最早是我介绍到国内的，他的许多著作都是我译的。这些年来我逐渐认识到刘易斯经济发展理论的时代局限性。但刘易斯那种对穷人的关心，对平等的追求，以及认真做学问的态度仍令我崇敬。他的《经济增长理论》是我常看常新的书之一。

加里·贝克尔

经济学帝国主义的领导者

　　传统的经济学是研究经济问题的，但现代经济学已经大大超出了这个界限。经济学家用成本—收益方法研究人口、家庭、婚姻、歧视、犯罪、政治等广泛的社会问题。经济学向其他学科的扩张被称为"经济学帝国主义"，而领导这一潮流者是1992年诺贝尔经济学奖获得者、美国经济学家加里·贝克尔（Gary S. Becker）。

　　贝克尔是深受芝加哥大学自由主义传统影响的经济学家。他对传统经济学的突破是从题为《市场歧视》的博士论文（1957年修改为《歧视经济学》一书出版）开始的。他第一次把歧视这种社会现象作为一个经济问题，并用实证分析方法进行研究。贝克尔认为，市场经济中两个集团（黑人与白人，或者男性与女性）之间的收入差别反映了由学历、技术、经验等影响边际生产率因素的差别，并不全是由于歧视。把以上因素引起的差别分离出去后剩下的才是由歧视引起的。贝克尔用市场歧视系数来衡量歧视引起的差别。他建立了一个两社会（白人国 W 与黑人国 N）模型来分析歧视。如果这两个社会互相不歧视，则通过贸易实现了各自利益最大化，如果相互歧视，不进行贸易，双方都受损失。所以，歧视不仅损害了被歧视者，而且也损害了歧视者。在社会中，如果雇主在雇用工人时对黑人歧视，他就要出高价雇用白人，从而降低了竞争力。如果顾客歧视雇用黑人的企业，他们就必须为此支付高价。所以，以利润为最大化的雇主不会有歧视。歧视来自愿意为自己的偏见付高价的顾客，以及政府的强制性规定。因此消除歧视在于充分的竞争、立法保护民权，以及顾客偏见的消除。贝克尔关于歧视引起歧视者与被歧视者双方损失的观点，对推动美国民权运动和立法保护民权起到一定促进作用。

从 60 年代开始，贝克尔把经济分析用于犯罪问题。他对这个问题的兴趣缘于一次亲身经历。有一次贝克尔开车去哥伦比亚大学参加一个学生的口试，由于迟到要决定把车停在停车场，还是停在有罚款危险的街上。他计算了得到罚单的概率、罚金的数目，以及停在停车场的费用，觉得值得冒险把车停在街上。结果他还没得到罚单。于是，他研究犯罪与惩罚的经济分析。贝克尔所说的犯罪包括非法停车这样的行为。贝克尔的分析涉及五种关系：犯罪数量和违法成本之间的关系；犯罪数量和量刑之间的关系；违法、逮捕、定罪数量与执法公共支出之间的关系；定罪数量和监禁或其他形式惩罚的成本之间的关系；违法数量与用于防范的私人支出之间的关系。贝克尔用数学模型分析以上关系，并得出了对付犯罪的社会政策的最优条件。

　　大概最令社会无法接受的是贝克尔关于出生率的研究。1960年贝克尔发表了名为《出生率经济分析》的文章。他把孩子比之为耐用消费品，用成本—收益方法解释出生率的变化。他认为，决定出生率的关键是抚养孩子的成本。这种成本包括直接支出的成本（购买衣物，教育等）以及间接的机会成本（为抚养孩子而放弃的收入）。传统社会中出生率高是因为收益（作为家庭劳力）大于成本，尤其是机会成本极低。在现代社会中生孩子的收益（家庭欢乐或传宗接代）少了，但成本（尤其是机会成本）随收入增加而增加。这正是现代社会出生率低于传统社会、高收入家庭出生率低于低收入家庭的原因。也许用成本—收益来分析抚养孩子这种社会行为有点太惊人了，但他的结论解释了出生率的本质特点，不得不让人敬佩。

　　对出生率的分析成为贝克尔经济学中最重要贡献——人力资本理论——的出发点。1964年，贝克尔发表的《人力资本》一书成为这一理论的经典之作。人力资本指体现在人身上的资本，如知识、技能、经验和健康状况等。人力资本与物质资本一样能带来收益。他建立了计算人力资本投资和收入效应与收益率的方式，并进行了检验。他证明了，人们收入差别的最基本原因是人力资本投资的不同。人们的收入与其受教育程度正相关，失业与受教育程度负相关。他用这一理论解释了收入分配模式、年龄与收入的关系、失业持续时间等问题。现在这一理论已被广泛运用于解释各国经济增长差别、国际贸易、以新技术为先导的新经济等广泛问题。

1965年，贝克尔发表了《时间配置理论》，建立了时间经济学。他认为，人的时间用于工作和闲暇。工作是有酬劳动，闲暇包括一切无酬活动。这两种时间的分配取决于工资率。工资率上升会引起两种相反的效应——用工作代替闲暇的替代效应（因为闲暇的机会成本高了）和用闲暇代替工作的收入效应（闲暇是一种正常物品，其需求随收入增加而增加。）这两种效应的共同作用决定了劳动供给。这对解释节省家务劳动（闲暇）和发明（如快餐或各种家用电器）的经济意义以及妇女劳动力参工率提高等问题都有理论意义。

70年代后贝克尔发表了《婚姻理论》、《家庭论》等著作，把经济分析用于婚姻、家庭这类传统上属于社会学问题。在社会学家看来由人性或爱情决定的婚姻，在贝克尔看来是成本—收益分析的结果。这就是说，一个人只有在预期婚姻的收益大于成本的情况下才会结婚。家庭也与企业同样是一个生产单位。他用这种分析解释了为什么一夫一妻是典型的婚姻制度，家庭中男性与女性地位的决定、离婚等问题。

当贝克尔闯入社会学等领域时，社会学家指责他"经济学帝国主义"，经济学家除了斯蒂格勒、弗里德曼、舒尔茨等少数人外都指责他不务正业。但在80年代后他逐渐被接受。1986年他由于对出生率与家庭的研究被美国国家卫生研究署授予功勋奖。芝加哥大学社会学系聘他为教授。1992年，他获得诺贝尔经济学奖。瑞典皇家科学院认为他的主要贡献是"将经济理论的领域扩大到以前属于其他社会科学的学科"。看来经济学帝国主义已得到肯定，其创始者就是推动科学进步的功臣。

经济学的生命在于创新。贝克尔实践了这一点。

特里夫·哈维尔莫

一本书主义

记得一位中国作家曾倡导一本书主义，认为一个人一生只要有一本站得住的书就可以了。现在回想起来，这话真不错。一位成功的学者，著作并不在多，只要有一本里程碑式的著作，或者一篇论文就可以。挪威经济学家哈维尔莫，正是靠一本只有100多页的书获得了1989年诺贝尔经济学奖。

特里夫·哈维尔莫（Trygve Haavelmo）1911年出生于挪威，就读于奥斯陆大学，毕业后在计量经济学奠基人、首届诺奖获得者弗里希建立的经济研究所工作。1939～1942年应洛克菲勒基金会之邀，到芝加哥大学执教，并于1941年完成了使他获诺奖的博士论文《计量经济学的概率论方法》（1944年发表于《计量经济学杂志》），获得哈佛大学博士学位，并在芝加哥大学和考尔斯委员会工作了一段时间。1947年后回国，在奥斯陆大学任教，直至1979年退休。哈维尔莫个性腼腆、孤僻，不喜欢夸夸其谈，宣传自己，更很少出现于公共媒体，因此，在专业圈之外，几乎无人知晓。但在专业圈内，他极受尊重。获诺奖，一般人感到惊讶，但专业圈里的人认为是众望所归。

哈维尔莫获奖就是由于《计量经济学的概率论方法》这本并不厚的书。但这本书被认为是里程碑式的著作。瑞典皇家科学院的颁奖公告指出，授予哈维尔莫诺奖，是"表彰他对计量经济学作出的奠基性贡献"。这本小册子如何奠定了计量经济学的基础呢？

能称得上是奠基，一定是解决了计量经济学中的关键问题。弗里希和丁伯根想借助于数学和统计学工具把经济学变为经验科学，创立了计量经济学。20世纪30年代，计量经济学建立之后遇到了两个问题。一是研究整体经济涉及个人或企业的加总数。即使不存在测度的误差，加总数如此之大，人们也永远无法指望，有关这类涉及加总数经济关系的理论能达到完全被可用数据证实的地步。因此，困难就在于如何决定什么情况能被认为是"足够好"或"更好"的证实结果。这就是通常所说的识别问题。二是经济学家几乎无法，或者说永远无法进行像自然科学家那样的受控实验。现有市场经济的运行结果和所有经济变动，都是众多不同行为和关系的产物，而且这些行为和关系都是相互作用的。这就引起验证理论的困难。这就是通常所说的检验问题。换言之，如何用所观察到的数据明确地识别、估算和检验基本经济变量之间的关系是计量经济学遇到的严重问题。不解决这个问题，计量经济学无法成立。

哈维尔莫的奠基作用正在于解决了这两个难题。他认为，只要能用概率论系统地表述经济理论，这两个问题就可以解决。这就是说，运用数理统计方法，可以从随机样本的经验观测值中得出有关潜在关系的严密结论。哈维尔莫指出，根据单个方程来解释经济现象，错误就是难免的，在各种变量相互作用的情况下，正确的方法是用联立方程组来表达经济关系。他证明了，数量统计方法为什么以及如何被用于经济理论的估算、检验及预测。

在《计量经济学的概率论方法》中，哈维尔莫解决了三个问题：为什么要在计量经济学中运用概率论，如何解决经济变量之间的相互依存问题，以及如何从计量经济学转化为经济理论。这三个问题中就包含着识别与检验这两个难题。

在哈维尔莫之前，经济学家们又仅用简单的统计方法，以回归分析为主，包括弗里希在内都对运用概率论持怀疑态度。哈维尔莫证明了，要使经济理论能被检验，必须用概率论来表述理论。因为经济决策是千百万个人与企业做出的，会受到许多随机因素的影响，经济学家对经济行为的解释必定包括随机项。这样，就要运用统计推断方法，并通过概率分布来进行经济理论的估算和检验。研究经济的困难还在于经济行为相互之间的依存性。这样，我们就无法观测到孤立的经济关系，只能观测到以其他关系为条件的关系。困难在于从大量的模型中选出哪一个。这就是识别问题。哈维尔莫称之为对具有若干不同结构的模型进行估算的联立问题。他运用概率论框架，对孤立估算相互依存关系中的单一关系的偏差，提出了一种普遍有效的表述与测度方法。在此基础上，哈维尔莫力图转化经济理论的各个部分，使之适于新计量经济方法的应用。

哈维尔莫的这种贡献被称为"计量经济学中的概率论革命"。尽管他还有其他贡献，但现在被人们记着的就这一点。尽管他也有其他著作，但作为经典的就这一本。哈维尔莫的成功证明了一本书主义。

我们不能要求每一个经济学家都有这样一本书，都奉行一本书主义。但社会要为少数经济学家实践一本书主义创造条件。现实中，很多经济学家被要求要在不长的时期内有若干篇文章，或多少万字的著作。在这种体制下，有能力以一本书彪炳于历史的经济学家也不得不以数量对质量了。许多人都期望中国有人得诺奖，但出精品的环境在哪里呢？这正是我想重提一本书主义的原因。

康托罗维奇

经济学家的悟性

　　要成为一个有创造性的经济学家，关键不在于得过什么学位，或读过多少书，而在于有没有悟性。我这里所说的悟性是指能在日常经济生活中发现有重大意义的问题，并具备分析与解决这种问题的能力。苏联诺贝尔经济学奖获得者康托罗维奇就是这样一个有悟性的人。

　　康托罗维奇（L. V. Kantorovich，1912～1986）是一位数学家，毕业于列宁格勒大学，他20岁左右时发表的《新变方法》、《近似保形映射的新方法》等解析函数论著引起数学界关注。1934年，年仅22岁的他就任列宁格勒大学数学教授，1935年未经论文答辩就获得数学博士学位。1949年由于数学研究的成就获斯大林奖金，1958年当选苏联科学院通讯院士，1964年当选院士。1965年由于在经济计划工作中运用数学方法获得列宁奖金。在国际数学界，康托罗维奇名声甚大。

康托罗维奇进入经济学也是一种偶然，但由于他卓越的悟性而作出了开创性贡献。

1937年，他担任苏联科学院西伯利亚分院数学所副所长时，设在西伯利亚的全苏胶合板托拉斯中心实验室，向该所数理经济研究室提出了一个问题：它们有八台制造胶合板的机床，生产五种不同型号的胶合板，每台机床都能生产这五种胶合板，但生产效率不同，如何能使这种胶合板在保持一个固定比例的情况下，分配每台机床各种胶合板的作业时间，使总产量达到最大。研究室的许多人认为这一问题没有什么重大意义，而康托罗维奇却从这个貌似简单而平凡的问题中看出了其重要含义：资源最优配置问题。从一个平凡问题中悟到了其背后的重要启示，这正是康托罗维奇的超人之处。发现并看出这个问题的重要意义是他成功的第一步。其实许多重大问题都是包含在无数平凡小事中的，悟性正在于能抓住这一点。

发现问题仅仅是成功的起点，更重要的还在于解决问题。在技术与资源不变的情况下，通过重新配置资源可以提高生产率。胶合板问题实际上就是在若干种资源配置方法中找出最有效的一种，但这需要大量的计算。在胶合板问题中，如果采用一般的排列组合法，就有成千上万个方程组，这样的计算任务难以完成。康托罗维奇知道，要解决这个看似简单的问题，必须找出一种简单而实用的方法。他的贡献正在于通过解决胶合板问题而发明了解乘数法，创立了线性规划理论。1939年，康托罗维奇发表的小册子《生产计划与组织》中的数学方法正是对这个研究成果的总结。这时他年仅26岁。

解乘数法与传统方法的根本差别在于不是先求总生产函数，而是把各种可能出现的生产函数及给定的资源条件系统地归纳成约束条件，用目标函数代替成本函数。这样，资源最优配置问题就可以表示为在一组约束条件下，求解目标函数的极大值或极小值问题，康托罗维奇为解决资源配置问题提供了简单而实用的方法，不仅解决了现实问题，而且推动了线性规划这门学科的建立和发展。10年之后，美国数学家丹泽和豪尔维茨才在此基础上提出了现在我们常用的单纯形法。从实际问题出手，但不以仅仅解决这些问题为最终目的，而是通过问题的解决创立一种新方法和新理论，这正是康托罗维奇的高明之处。

在此基础上，康托罗维奇在资源的最优分配和利用方面系统地提出了客观制约估价论（与西方的影子价格理论相似）。这一理论包括：第一，客观制约估价的经济含义。为了有效利用生产要素，找出实现某种目标的生产要素最适组合，就要对各种生产要素进行客观估价。由于使用一单位某种要素而节约的劳动，或节约一单位某种要素而多消耗的劳动，就称为对该要素的客观制约估价。这类似于用机会成本估算影子价格。第二，客观制约估价的具体性、稳定性和实现性。第三，客观制约估价在经济中的运用。

康托罗维奇属于苏联经济学中的数理学派。他们建议用数学方法实行经济计划，改进经济计划。他们的重要观点是，集中计划经济中，生产决策分散化的成功取决于存在一个合理制定的价格体系，包括一个唯一的利率。围绕这个中心，他用数学方法研究了最优化规划的动态模型，科技进步对经济的影响，投资效果定额的确定等问题。康托罗维奇由于对线性规划方法在经济学中的运用以及在资源最优配置理论方面的开创性贡献而与美国经济学家库普曼共同获得1975年诺贝尔经济学奖。

　　我之所以强调康托罗维奇的悟性是因为，当时的苏联马克思主义政治经济学占绝对统治地位，而且与西方经济学无任何学术交流，诸如机会成本这类最常见的概念也不知道。但他仍然得出了与西方经济学中含义相同的结论，这是何等不易。康托罗维奇的研究在苏联受到许多正统经济学家的反对，他写于1942年的《经济资源的最优利用》，1959年才出版。西方同行是从流传出去的打印稿中才了解到他的成果。

卢卡斯

理性预期大师的尴尬

　　当一个人的理论被自己的行为所否定时，那将是十分尴尬的。美国理性预期学派的代表人物卢卡斯在1995年获得诺贝尔经济学奖时就遇到了这种尴尬的事情。

　　作为理性预期学派的大师，卢卡斯经济理论的基本前提之一是人们可以做出理性的，从而是正确的预期。然而在现实中卢卡斯却做出了不理性的错误预期。卢卡斯1982年与原来的妻子丽塔·科恩分居，1989年正式办理离婚手续时，科恩提出离婚的条件是，如果卢卡斯在1995年10月31日前获得诺贝尔经济学奖，她有权分享一半，如果在此后获奖她将不再分享。这就要卢卡斯对自己获奖的可能性进行理性预期。他认为　即使自己能获奖，在1995年前获奖的可能性也不大，因为诺奖委员会在同样作出贡献的人中往往优先考虑年长者。在有可能获奖的人选中他并非长者。于是他同意了妻子的要求。"不幸"的是在1995年10月31日前的20天，他获奖了。卢卡斯不得不按离婚协议将100万美元的奖金分给前妻一半。因此，卢卡斯后悔不迭，认为前妻简直是个料事如神的女巫。理性预期大师做出了非理性预期，当然要成为媒体"爆炒"的花边新闻。

当然媒体的炒作并不能成为否定理性预期理论的依据，卢卡斯在这点小事上预期的失误也并不说明理性预期的概念错误。相反，卢卡斯获得诺贝尔经济学奖正说明理性预期理论的重要，以及他对这一学派发展的开创性贡献。理性预期理论的形成被认为是现代经济学中继凯恩斯革命、货币主义革命之后的理性预期革命。它对现代经济学的发展有着重大的影响。

人们早就认识到预期对经济的重要性，可惜对经济主体形成预期的方式却了解很少。凯恩斯在《通论》中强调了预期的重要性，但把预期作为非理性的、随机的，这就无法分析预期对经济的影响。1956年，菲利普·卡甘在分析超速通货膨胀时提出了适应性预期的概念，强调了过去经验对形成未来预期的影响，尤其是人们可以根据过去预期的失误来修改对未来的预期。弗里德曼和费尔普斯用这个预期概念重新解释了失业与通货膨胀之间的关系。在短期中当人们的预期值与实际值不一致时，失业与通货膨胀存在交替关系，但当长期中人们调整预期使预期值与实际值一致时，这种关系就不存在了。但经济学家认为，在一个动态经济中，仅仅是过去的经验并不足以完全决定预期，要分析复杂的经济还需要一种更为合理的预期形成方式。

理性预期的概念最早是美国经济学家默思在分析证券市场时提出来的，指预期值与实际值一致的预期。卢卡斯发展了理性预期的概念，并将之运用于分析宏观经济，这就引发了一场理性预期革命。在经济学中被冠以"革命"二字者皆是开创性的贡献。

　　卢卡斯重新解释了理性预期的两点基本含义。一是人是理性的，在他们形成对未来的预期时，不仅根据过去的经验，而且尽可能最有效地运用可以获得的所有信息，包括经济运行机制、政策决策方式以及相关经济数据的信息。理性预期是指人们在充分利用各种信息的基础上形成的预期。二是从总体和长期来看预期值和实际值是一致的，人们不会犯系统的预期错误。这就是说由于现实中的不确定因素，人们会做出一时的预期错误，个别人也会总犯预期错误，但绝不会所有人总犯预期错误。由此看来，卢卡斯对自己获诺奖的预期失误仅仅是个别人一时的错误，与理性预期这个科学概念并不矛盾。媒体记者炒作也许是不懂，也许是懂而装不懂。

　　卢卡斯由理性预期这个概念中得出了一个极为重要的命题，即政府无效论。如果货币和财政政策按固定规划来调节经济，例如衰退时扩张或繁荣时紧缩，那么，这种政策将是无效的，因为公众了解这些政策规则，能形成正确的预期，并做出及时的反应，使政策失效。这正是我们常说的"上有政策，下有对策"。例如，扩张性货币政策能刺激经济是因为货币量增加引起物价上升，实际工资下降，从而刺激了生产。但如果公众做出理性预期，知道衰退时政府要采取扩张性货币政策并引起物价上升，他们就会提前要求提高名义工资。这时，实际工资没有减少，刺激生产的作用不存在，政策就失效了。

　　如果政府不按固定的规则决定政策，而是采用随机性政策，由于公众没有预期到这种政策变化，政策会起到作用。但公众会犯个别的、偶然的预期错误而不会犯系统的预期错误，所以，他们迟早会调整自己的预期使政策失效。由于公众能做出理性预期，这种随机性政策在长期中并不能稳定经济，反而作为一种外部冲击引起了经济的不稳定。现实中的经济波动往往来自这种随机性政策冲击。这就是西方一句谚语所说的，你可以永远欺骗一部分人，也可以暂时欺骗所有人，但不能永远欺骗所有人。

由以上得出，无论是固定规则政策还是随机性政策都起不到稳定经济的作用。这就是著名的"政策无效论"。无论在短期还是长期中，失业和通货膨胀都不存在交替关系，想运用政策以高失业换取低通胀，或者以高通胀换取低失业，最终会换来高失业与高通胀并存的滞胀。因此，最好的宏观经济政策就是向公众公开信息，让市场调节经济。这正是古典经济学的观点，所以，理性预期学派又称为新古典宏观经济学派。

以卢卡斯为代表的理性预期学派是对凯恩斯主义国家干预经济的批判，对80年代之后西方各国经济政策自由化也有相当影响。在理论上，理性预期的概念已得到广泛运用。以此为基础的经济周期理论、理性预期消费理论、李嘉图—巴罗等价论（政府征税与举债的影响相同）等理论都在现代经济学占有重要地位。

卢卡斯的这点轶事是记者炒作的，无非是要给这本不平静的世界再增添一点刺激。这无损于卢卡斯的地位。近年来卢卡斯转向新增长理论的研究，并作出了开创性贡献，甚至有人预测卢卡斯有可能再次获得诺贝尔经济学奖。卢卡斯与现在的妻子南茜·斯多克情深恩爱，如果卢卡斯真的再次获得诺奖，记者们又会炒作什么呢？

罗伯特·蒙代尔

怪杰蒙代尔

记得20世纪80年代初刘心武写过一篇题为《我爱每一片绿叶》的小说，讲一个优秀的中学教员由于个性怪僻而受歧视的故事，提倡对人的宽容。从道理上说，再有个性的人，也应该得到尊重；但现实中，无论中外，有怪僻个性的人总难容于其他人，要被歧视。经济学界现成的例子就是1999年获诺贝尔经济学奖的罗伯特·蒙代尔（Robert A. Mundell）。

蒙代尔出生于加拿大，受教于麻省理工学院，60年代在芝加哥大学任教授，并在国际货币基金组织任职，获奖时是哥伦比亚大学教授。早在60年代，蒙代尔已蜚声经济学界，连待人苛刻的美国经济学家克鲁格曼也承认他"以在国际经济学领域的严谨治学而闻名"，"他对于最佳货币区域的标准分析仍然是欧洲货币体系形成讨论中主要的参考文献"，"他有关如何选择固定汇率和浮动汇率的文章影响了货币和财政政策，蒙代尔—弗莱明模型是每本国际经济学教科书的必选内容"（《兜售繁荣》，中文版，第80页）。从80年代起他多次被诺贝尔经济学奖提名，但直到1999年欧元出现才获奖。这固然有许多因素在起作用，但他的个性怪僻不能不是一个原因。直至他获奖后《纽约时报》仍称他是"一个古怪的、加拿大出生的经济学家"，许多报刊也在炒他古怪的一面。

说蒙代尔怪是指他的行事风格不同于常人。克鲁格曼在《兜售繁荣》一书中描述了他有悖于常人的行为。本来蒙代尔在芝加哥大学当教授，学术上已造诣颇深，又培养了麻省理工学院教授鲁迪格·多恩布什、国际货币基金组织首席经济学家迈克尔·穆萨、以色列银行行长雅各布·弗兰克尔这样一批已成为大腕的学生，但突然在1971年离开芝加哥大学到毫无名气的加拿大滑铁卢大学任教，以后在那里呆不下去，又到哥伦比亚大学，但"他那时离群索居，不与学生和同伴交往"。

克鲁格曼说，"事实在1970年左右，蒙代尔以各种方式偏离了常规学术界，有些溢于言表：他开始留长发，常常唠唠叨叨自言自语；另一些则更为重要，蒙代尔不再在通常的学术交流会和讨论会上露面，而开始在自己塞纳附近开办的凌乱、门庭冷落的小酒吧中召集讨论会。更重要的是蒙代尔完全摒弃了自己以往的学术研究风格；1970年后他发表寥寥，他发表的论文也是过去的同义反复，批评那些具有他年轻时相同观点的经济学家是'纯粹的江湖骗子'"（《兜售繁荣》，第80～81页）。

蒙代尔被经济学界冷落还与他和供给学派的关系相关。1971年，蒙代尔发表了一篇题为《美元与政策组合》的文章，主张提高利率保护美元，减少税收刺激经济。这篇文章引起广泛争论。1974年5月在华盛顿一次讨论世界经济的会上，蒙代尔又重提这种观点。这种观点引起供给学派的拉弗和万尼斯基等人的重视，拉弗正是受此启发而提出了以减税为中心的供给学派理论与政策。

　　供给学派这些人都是学术界无名之辈，他们需要一杆大旗，拉弗把蒙代尔作为当世最伟大的经济学家。于是他们极力吹捧、拉拢蒙代尔，组成了由拉弗、温尼斯基、巴特利和蒙代尔为核心的"四人学术小组"。70年代中期，他们每周都在华尔街交易所附近的"迈克尔第一"餐馆聚会，讨论通过减税来刺激经济和通过提高利率来抑制通货膨胀问题。拉弗等人通过一系列活动吹捧蒙代尔，把他作为供给学派的创始人。蒙代尔也不拒绝，乐意把自己与供给学派联系起来。供给学派的观点一直受到严肃经济学家的批评，蒙代尔的名声自然受到不利影响。直至他获得诺奖时，《纽约时报》仍然说，"他的影响从里根时代的供给学派经济学到欧元的创造"。《华尔街日报》也称他是"里根时代供给经济学之父"。

　　其实蒙代尔尽管提出过减税的观点，也参与过供给学派的一些活动，但并不属于这个学派。克鲁格曼公正地指出，"蒙代尔本人在标以供给学派特征的一系列理论观点形成中作用甚微"，"他本人的观点能否冠之以供给学派还成问题"（《兜售繁荣》，第81页）。其实供给学派是利用蒙代尔的学术地位"拉大旗作虎皮"去吓唬别人，蒙代尔的半推半就则使许多人把他划入骗子供给学派之列。

　　蒙代尔还是一个不拘小节的人。他喜欢独自在乡间别墅看电视饮酒，连信也懒得看，以至于不知道自己成为计量经济学会会员，当选为西部经济学会主席忘了出席就职典礼和演讲，任芝加哥大学《政治经济学杂志》编辑时懒得看稿复信。这类让人哭笑不得的小事经常发生在他身上，久而久之就被认为古怪了。

也许是怪僻的名声太大吧，有些不怪的事也被认为怪了。蒙代尔对绘画、艺术都有兴趣。他在意大利锡耶纳城外买了一个17世纪的古堡，并大肆修复，被认为是怪事。本来红颜白发也常有，但他60多岁时与一个20多岁姑娘结婚并生一子也受讥讽。如此这样，蒙代尔被作为一个怪人来看，说来真有点冤。

其实人都有个性，我们评论经济学家还要看贡献，不苛求个性。这正是"我爱每一片绿叶"的含义吧。

约翰·肯尼思·加尔布雷思

另类经济学家同样重要

    一条大船在海上乘风破浪前进。主流派人士为船如何行驶得更快出谋划策，但也另有一些人却告诫人们行得太快会出问题，或者指出船在行驶中的问题。把一个国家比做一只船，主流派经济学家就是让船走得更快的人，另类经济学家则是挑毛病的人。在美国，加尔布雷思就是这种另类经济学家。

    约翰·肯尼思·加尔布雷思（John Kenneth Galbraith，1908～2006）是出生于加拿大的美国经济学家。他经历丰富，二战期间曾任美国物价管理局局长，战略轰炸调查团团长，1946年担任负责德国和日本经济政策检查的国务院经济安全政策室主任，20世纪60年代由于在哈佛大学时与肯尼迪兄弟的友谊出任肯尼迪竞选的顾问，以后又担任美国驻印度大使，他也曾担任《幸福》杂志编辑，并为多家报刊撰写专栏文章。从1949年以后任哈佛大学教授。这丰富的人生经历使他对美国社会有更深刻的认识，更加关注各种现实问题。这无疑是他另类观点形成的社会背景。

在学术上，加尔布雷思继承了以19世纪末20世纪初美国经济学家凡勃伦为代表的制度学派传统。这种传统的核心是对主流经济学和资本主义制度持批评态度。主流经济学用实证方法研究资源配置问题，制度经济学用演进、整体方法研究制度问题。主流经济学为资本主义这只大船的前进出谋划策，制度经济学则是批评其缺点。加尔布雷思继承了这种传统，并在新时期条件下有所发展，称为新制度学派。如果说凯恩斯主义和货币主义都是主流经济学，以加尔布雷思为代表的新制度学派则是非主流经济学或另类经济学。

标志加尔布雷思另类经济学观点的第一部著作是1952年出版的《美国资本主义：抗衡力量的概念》。他在这本书中指出，垄断的存在成为美国经济中的特征。垄断可以促进技术创新，但存在高额垄断利润，是对社会利益的侵犯。社会形成与垄断对抗的各种抗衡力量，例如，与大公司对抗的工会、消费者协会等组织。这些抗衡力量抑制了垄断的力量。然而，抗衡力量也会发展为危害社会利益的力量，应该由国家加以限制。这本书对垄断和抗衡力量都持批评态度，相信国家的作用。分析方法则是权力结构分析。

1958年，加尔布雷思出版了《丰裕社会》。这本书一出版就由于其独特的观点与流畅的文笔而成为畅销书。这本书认为，二战后美国已成为物质产品极为丰富的丰裕社会，但这种社会存在严重缺点。第一，生产者主权代替了消费者主权，即生产者主宰了消费者。第二，过分强调物质至上，把物质产品增加等同于幸福。第三，存在严重的收入分配不平等。这本书的重点不是称赞美国社会如何丰裕，而是强调丰裕中的各种严重问题。

1967年，加尔布雷思出版了《新工业国》，该书重点在于分析美国社会的经济结构。这就是在公司中拥有知识的技术结构阶层（technostructure）实际掌握了权力，他们注重于公司的增长与强大，形成忽视公共利益的大公司。大公司的这种地位引起美国社会的各种问题。

1973年，加尔布雷思出版了他最重要的代表作《经济学和公共目标》。在该书中，他把美国社会的种种问题归咎于二元体系的存在。二元体系指美国由大公司组成的计划体系和中小企业组成的市场体系构成。这两个体系权力与地位的不平等是收入分配不平等、社会失衡、犯罪严重等问题的根源，出路则在于政府通过制度改革实现两个体系的平等。

加尔布雷思是一个活跃的经济学家，著作颇丰，但以后的著作并没有更多新东西，只是其批评主流经济学和资本主义的观点并未改变。

加尔布雷思的另类观点自然会受到主流经济学的批评。许多经济学家不承认加尔布雷思是经济学家，把他归入社会学家。也有经济学家认为他的著作毫无意义，可以付之一炬。但不可否认的是，这种另类观点反映了一艘飞速行驶中的大船的问题，是值得重视的。美国政府重视解决这些问题，对经济发展和社会稳定起到了积极作用。二战以后政府实行有力的收入再分配政策，实行社会保障与社会福利，对缓解贫富悬殊，改变低收入者的生活状态起到积极作用。政府加大对中小企业的扶植，以及限制大公司的反垄断政策，都有利于整体经济的发展。这些政策的采取与加尔布雷思这些另类经济学家的呼吁不无关系。加尔布雷思也得到尊重，他曾当选为美国经济学会会长，在学术界和公众中享有盛誉。

还应该注意的是，加尔布雷思一再声称自己是"改革者"而不是"革命者"，这就是说，他的批评是为了使这艘大船行进得更好、更稳，而不是要弄翻这条船。

一艘船要能平安前进，需要有人喊加油，也需要有人喊注意别翻船。一个社会也是如此。正在这种意义上说，主流经济学家重要，非主流的另类经济学家也同样重要。

加尔布雷思

社会需要加尔布雷思

2006年4月29日，享誉全球的美国经济学家加尔布雷思（John Kenneth Galbraith，1908～2006）去世了。

加尔布雷思一生经历丰富。作为学者，他在25岁时就成为哈佛大学教授。他的著作等身，恐怕至今没有哪一位经济学家能超过他。作为活跃于20世纪60～70年代新制度学派（不同于科斯的新制度经济学）的领军人物，他的影响至今仍未消失。作为社会活动家，他在从罗斯福到约翰逊的历届民主党政府中，都产生过影响。二战时他执掌美国物价管理局，肯尼迪时他出任美国驻印度大使，约翰逊那篇"伟大社会"的演讲就是他起草的，如今他去世了，但盖棺仍难定论。

美国的主流经济学界始终不看好他。加尔布雷思从未用数学方法研究经济学，更没有建立什么经济模型。不少经济学家认为他根本不是经济学家，充其量是一个社会学家或文人。当然没有用数学方法并不是被看不起的主要原因。哈耶克、科斯等大师级经济学家都不用数学，甚至反对用数学，不也同样受尊敬吗？加尔布雷思不被同行看好还在于他的基本观点。作为新制度学派经济学家，他反对主流经济学，并以批评资本主义制度为己任。尽管他一再声称是资本主义制度的"改革者"，不是"革命者"，但仍被作为"异端邪说"。在激进思想风行的20世纪六七十年代，他曾红极一时，但随着这股思潮过去，他也逐渐退出公众视野。

在众多当代经济学家中，我最早接触的还是这位加尔布雷思。这也难怪，他的许多思想与我们当年流行的思想的确有共同之处。

也就在这种形势下，加尔布雷思的观点和著作被介绍到中国——当然仍然是批判地介绍的，嫌他还不够"左"。我最早读到他的《丰裕社会》和《新工业国》是内部发行，只卖给有批判能力的地师级以上的干部。这样的书当年都如此严格控制，且还要用我们理解的马克思主义批判，不知加尔布雷思知道的话是如何想的。

当年我的脑子里满是"资本主义坏、坏、坏"的观念，所以，也很爱读加尔布雷思的书，且佩服有加。不过，随着年龄与知识的增长，我对加尔布雷思那一套理论越来越瞧不上。我痛恨极左思想，加尔布雷思也跟着倒了霉。

至今我认为，他的许多理论是难以令人信服的。加尔布雷思最著名的是"二元体系论"。这种理论认为，美国经济是由大公司组成的计划体系和中小企业组成的市场体系构成的二元体系社会。这两个体系的权力和财富不平等，是美国社会各种问题的根源。他的改革就是要实现这两个体系的平等化。

其实任何一个经济都是由大小不同的企业组成的。大企业尽管数量少，但它是一个经济的支柱；中小企业数量很多，围绕大企业发展自己。这是一种十分正常的经济结构。企业大小不同，权力与财富不同，对经济的影响也不同。这非常正常。如果我们的经济也能以大企业为骨干又有许多中小企业，那就有持续增长的动力了。用一些个别事例来证明二元体系的对立与邪恶，在理论上经不起推敲，在实践上不符合美国的现实。他又从对大企业的偏见引申出对跨国公司的强烈反对。无论跨国公司有什么问题，它们对历史进步的推动作用是不容否定的。戴着"左"的有色眼镜看世界，一切都不是本色了。纵观加尔布雷思的一生，始终没摘下这副眼镜。

尽管我无法接受加尔布雷思的基本理论，但我仍然相当尊敬他。这种尊敬不是出于虚伪的表态，也不是出于对死者的敬畏，而是由于在他的理论中，仍有许多值得我们重视的内容。他的二元体系理论尽管整体上难以成立，但关于社会和谐的思想至今仍有意义。他对资本主义社会的批评也有不少中肯之处。他的一些看法已被变为政策，如美国政府对中小企业的扶持。我们整个世界在进步。这种进步有主流经济学家的贡献，也有加尔布雷思这类"异端"经济学家的贡献。

一个社会需要有不同的声音。"百花齐放，百家争鸣"是正确的。我们正在进行市场化改革，在这个过程中，需要主流经济学，也需要加尔布雷思这样的"异端"经济学家。能否容忍"异端"是判断一个社会民主程度的标准之一。

加尔布雷思去世了，但他的批评精神并不过时，为任何一个社会所需要。

谨以此文纪念加尔布雷思。

雅各布·明塞尔

他应该得诺奖

金秋十月推测谁能获得2002年诺奖成为经济学界的热门话题之一。武汉大学陈志俊教授预言法国经济学家让-雅克·拉丰（Jean-Jacques Laffont）有可能获奖（文见《21世纪经济报道》2002年8月12日）。这种推测是有道理的，以拉丰在激励机制设计、公共经济学和信息经济学等诸多领域中的杰出贡献，他获得诺奖当之无愧，也是多年来人们看好的夺冠人物。不过拉丰2002年方55岁（1947年出生），按诺奖的传统，在同样有资格获奖的经济学家中，先照顾老者。（遗憾的是拉丰在2004年5月去世，年仅57岁，失去了获得诺奖的机会。）据此我个人推测，2002年的诺奖有可能给予人力资本理论的创始人雅各布·明塞尔（Jacob Mincer）。明塞尔

1922年出生，2002年他将迎来80大寿。

预测谁会得诺奖，关键是看他所作出的贡献，以及这种理论的原创性和对以后经济理论与政策的影响。回顾20世纪后半期的经济学发展，人力资本理论正是这种应该获奖的经济学理论。

说到这里，读者一定会问，美国经济学家西奥多·舒尔茨（Theodore Schaltz）和加里·贝克尔（Gary Becker）不是已由于对人力资本的贡献而获得了诺奖吗？这是一种误解。其实，舒尔茨和贝克尔获奖的主要贡献并不是人力资本理论，而是这种理论的运用与发展。舒尔茨获奖是由于"在经济发展研究中的先驱工作"。在分析发展问题时，他是"把教育投资如何能影响农业及整个经济的生产率的分析系统化的第一人"。贝克尔获奖是由于"他把微观经济分析的领域扩大到包括非市场行为的人类行为和相互作用的广阔领域"。人力资本理论在贝克尔之前就存在，他的贡献是"构造了人力资本理论的微观经济基础，并使之数学化"，以及"把人力资本观点发展为确定劳动收入分配的一般理论"。

人力资本理论的建立对战后经济学的发展有极为重要的影响，它成为经济发展、教育经济、收入分配、劳动经济学等领域的基础，也推动了20世纪80年代之后新增长理论的建立。但人力资本理论的"始作俑者"，既不是舒尔茨，也不是贝克尔，而是明塞尔。

从人力资本理论发展的历史看，舒尔茨第一篇人力资本的论文《对人力资本的投资》1961年发表于《美国经济评论》，贝克尔第一部人力资本著作《人力资本》出版于1964年。明塞尔第一篇人力资本论文《人力资本投资与个人收入分配》是他1957年完成的博士论文，1958年发表于《政治经济学杂志》。正因为如此，著名经济思想史专家马克·布劳格（Mark Blang）公正地指出："雅各布·明塞尔在西奥多·舒尔茨和加里·贝克尔之前发现了人力资本理论，但该理论的创造人却通常被认为是后者。"当然，作为谦和的经济学家，他们三人并没有像牛顿和莱布尼茨争夺微积分的发明权那样，无聊地去争夺人力资本的发明权。他们共同努力使人力资本理论有了今日的辉煌。你在阅读舒尔茨和贝克尔的著作时会发现他们都大量引用了明塞尔的著作。

明塞尔是出生于波兰的犹太裔人（与萨缪尔森一样），哥伦比亚大学经济学博士，曾在芝加哥大学进行博士后研究，并在国民经济研究局工作，1962年以后一直任哥伦比亚大学教授。他的一生颇为平淡，从事学术研究，不像那些活跃于政界和媒体上的经济学家那样声名显赫。但他的成就在经济学界是公认的，是美国艺术与科学研究院院士，美国经济学会资深会员，2000年又当选为美国国家科学院院士。

明塞尔的主要论著收入了两卷本的《雅各布·明塞尔论文集》（第一卷《人力资本研究》，第二卷《劳动供给研究》，中文版已由中国经济出版社出版）。这些论著提出了现代人力资本理论，全面奠定了这种理论的基础，成为人力资本理论的经典著作。他的另一本重要著作是1974年出版的《教育、经验与收益》（哥伦比亚大学出版社）。

明塞尔对人力资本理论的贡献可以概括为三个方面。第一，提出了人力资本理论，并用这一理论解释个人收入差别与人力资本之间的关系。他把个人收入差别归因于接受正规教育、在职培训和工作中经验积累形成的人力资本差别，并把受教育年限作为衡量人力资本投资的最重要标准，建立了说明人力资本投资与个人收入之间关系的人力资本收益率模型。第二，用人力资本理论研究劳动力供给问题，尤其是妇女劳动力供给的行为。他首先把劳动供给理论归入家庭决策，证明了对妇女而言，工资增长的替代效应（用劳动代替闲暇）大于收入效应（收入增加，增加闲暇减少劳动），因此，妇女参工率提高。第三，工资差别与工作转换之间的关系。他证明了，男性与女性工资差别不是由于性别歧视，而是由于妇女在生育期间工作中断，由工作经验积累减少而引起的人力资本增加慢于男性。工资增加率与工作转换率反方向变动。明塞尔的这些研究既有理论模型，又有资料的实证分析，其研究结论影响到经济理论与政策制定。他的这些研究成果及影响使他有资格获得诺奖。

当然，诺奖毕竟是人评的，有种种因素的影响。我们猜测谁会获奖仅仅是一种智力游戏。我推测明塞尔会获奖是根据了他的贡献和年龄，但更重要的，是希望通过这个智力游戏引起大家对明塞尔及其人力资本理论的关注，至于明塞尔能否获奖本身并不至关重要。

阿瑟·拉弗

经济学家不是炒出来的

有真才实学的经济学家经过炒作方可著名,但仅凭炒作终究是成不了经济学家的。20世纪80年代供给学派首领阿瑟·拉弗(Arthur Laffer)经媒体和政界炒作,爆得大名,名利双收,但如今谁还把他作为经济学家呢?

其实拉弗也是一个才华横溢的人,24岁获得斯坦福大学经济学博士学位。28岁任芝加哥大学经济学教授,以后又任南加州大学经济学教授,但他志不在学。20世纪70年代美国经济出现滞胀,经济困难时期也是经济学家出名的机会。当时经济学家罗伯特·蒙代尔(1999年诺贝尔经济学奖获得者)提出了减税可以既实现繁荣又消除通货膨胀的思想。拉弗受此启发,演绎出一套以减税为中心的供给经济学思想。但他的兴趣并不在于建立一个严密的理论体系，而在于以此为敲门砖打入政界。

供给经济学当年曾红极一时，但说起来简单得很。这种理论认为，美国经济问题的根源并不在于凯恩斯所说的总需求不足，而在于总供给不足。法国古典经济学家萨伊提出的供给创造需求的萨伊定理在今天仍然是正确的。增加供给的关键是在自由放任的市场经济中实行减税。因为减税可以刺激人们劳动与投资的积极性，增加总供给，而且，尽管税率下降了，但由于作为税基的GDP增加了，政府税收反而会增加。所以，使美国经济走出滞胀的良策就是减税。

供给经济学的中心是所谓的拉弗曲线。拉弗曲线并不是严肃的经济学家精心研究的结果，而是拉弗1974年在向政界朋友推销减税主张时随手在华盛顿一家餐馆的餐巾纸上画出来的，所以，也被戏称为"餐桌曲线"。这条曲线无非是让不懂经济学的人直观地了解税率和税收之间的关系，接受减税不仅可以增加GDP，还可以增加政府税收的观点。

说起来，供给学派在当时红极一时，但其实并没有什么像样的东西。他们的许多文章发表在《商业周刊》、《挑战》之类非学术或不入流的刊物上。仅有的两个像样东西是拉弗的学生坎托的论文《税率，生产要素之运用以反市场生产》（用坎托、拉弗和南加州大学助理教授乔尼斯的名义发表于他们自编的《经济政策的供给效应》一书中）和供给学派另一位干将保罗·罗伯茨1984年出版的《供给学派革命》（有上海译文出版社1987年的译本）。前一篇文章企图建立一个供给学派的理论模型，可惜在我这个对经济模型造诣不深的人看来都浅薄得不值一提。后一本书不是理论著作，是叙述供给学派的记述性作品，毫无学术价值。因此，供给学派经济学从来就未得到经济学界的承认，供给学派（Supply-side）本来是嘲讽他们的，拉弗曲线也是弗里德曼在嘲笑拉弗之浅薄时用的。

供给学派之所以在80年代红极一时，并不是理论上有所突破，或有经邦济世的真经，而是炒作出来的。

炒作供给学派减税思想的是一些政界和新闻界人士，除拉弗外，包括提出过减税法案的众议员杰克·肯普、《华尔街日报》副主编温尼斯基，以及年轻的经济学家保罗·罗伯茨、诺尔曼·图尔等人。温尼斯基说服了《华尔街日报》主编巴特利，使该报社论版成为宣传供给学派主张的基地。这家报纸影响重大，在炒作供给学派中起了重要作用。拉弗奔波于各地进行演讲，同时，又通过肯普等人向国会议员推销他们的主张，并赢得了不少人的支持。

但使得供给学派走红的关键是里根接受了这一套思想。里根早在1946年时年收入已达17万美元，当时最高的边际所得税税率高达82%～91%。里根以后常说，只要拍四部片子收入就达到最高税率等级，再拍等于白干。这使他对高税收深怀不满。供给学派的减税主张正合他意。更重要的是，他看到卡特运用凯恩斯主义政策的失败，认识到了要能在竞选中得到支持必须另找出路。于是，他就把供给学派的主张作为竞选总统的经济纲领，并在上台后制定了以供给学派理论为基础的经济复兴计划。被里根采用是供给学派走红的关键。

里根上台后，拉弗曾任经济顾问委员会委员，以后又创办了拉弗公司，从事投资咨询，最兴旺时有客户200家左右，年收入达到250万美元。个人名利达到了，对国家呢？20世纪80年代美国经济总体上是好的，但哪有供给学派什么功劳呢？经济衰退了那么多年，按正常的周期性波动也该往上动了。要说供给学派的"功劳"，大概就是财政赤字大大增加——如果每张债券为1 000美元，里根上台时所有债券摞在一起，高度有67英里，里根下台时已达到100英里了。

怪不得尽管美国80年代经济不错，各界对拉弗和供给学派评价甚低。老布什称供给学派为"伏都教经济学"（Voodoo教——海地的民间宗教，被天主教指责为邪教）。世界最权威的《新帕尔格雷夫经济学大辞典》没有收入拉弗、供给学派之类词条，理由是它"没有形成理论体系"，是"一个经济思想大杂烩"。

炒作经济学家的事仍然会有，但仅靠炒作成功者不会有。

卢森贝的悲剧

提起卢森贝，年轻人恐怕知道的不多，但"文革"前学过经济学的人不会陌生。他写的《政治经济学史》是经济学说史的标准教材，讲这门课的老师也是言必称卢森贝，崇敬之情溢于言表。

其实崇敬也是应该的，卢森贝的确才华横溢，学识丰富。从他1879年出生来看，应该在十月革命前上过大学。但主要学术活动还是在苏联成立之后。当时苏联成立了红色教授经济学院和红色教授世界经济和世界政治学院，以培养无产阶级知识分子。卢森贝受命讲授政治经济学史，但当时这门课的体系是资产阶级建立的，教材也是资产阶级学者写的，当然不能用。于是卢森贝就按马克思主义来重新编写，1934～1936年，出版了三卷本《政治经济学史》。

1940年为了适应大学生使用又缩写了一卷本《政治经济学史》。这两本书是我常读的。应该说，资料相当丰富，是一本有价值的参考资料。自己创立一个经济学史体系，又读了这么多书，用资料来充实，这么巨大的工作主要由他一人完成，令人不得不敬佩。

卢森贝对马克思的《资本论》研究极为深入，大概在当时的苏联也是"打遍天下无敌手"了。他写的《资本论注释》是我上大学学《资本论》时的必读参考书。这本书为我解决了读书中的不少困惑，也给了许多启发。它不仅解释了难读的一些内容，还在深入思考、学习方法等方面给了读者指点。看来他本人对《资本论》的了解无人可比拟。与当时流行的日本人河上肇的《资本论入门》相比，卢森贝的书显然高出一筹。

卢森贝1950年去世，比斯大林早三年，一生主要生活在斯大林的统治之下。但他是少数幸运者之一，历次政治运动都没有受到冲击，他的许多著作出版于大肃反的30年代。早在1920年他就是苏共中央委员，并获得过劳动红旗勋章。一个以教书为生的学者能有这种殊荣在苏联也是凤毛麟角了。

但我读卢森贝的书时，总感到他的一生是一个悲剧。以他这样的才华和学识研究经济学史，应该是世界级大师。可惜他的影响仅限于社会主义阵营这个圈子里。在西方，很少人知道他，也几乎没人读过他的书。即使在今天的俄罗斯，研究经济学史的专家也很少提到卢森贝了。其原因我想还在于他的《政治经济学史》尽管是谈历史，但也是一本为某种意识形态服务的书，这样，就缺少了科学意义。可以红极一时，但却难以留传下来。

卢森贝的《政治经济学史》的缺陷首先是体系的。经济学史本来应该刻画出整个经济学发展的轨迹。但卢森贝是按政治立场来划线的。"一批一扬"，即反对的批之，符合的发展扬之。与此无关的许多内容就都删掉了。以主观需要来为客观历史划线，岂不把历史当作"任人打扮的女孩子"了吗？在这套书中许多对经济学发展十分重要的人物和思想都不见了。其次，这本书只写到空想社会主义者和马克思主义的创立，从19世纪70年代之后这一段极为重要的历史全没了。卢森贝的学术生涯从20年代开始，30年代写出了这本书。边际效用学派等等已经过去几十年了，不能不写。更重要的是，这本书以对劳动价值论和剩余价值论的态度作为标准，把经济学分为古典的和庸俗的。对他归为庸俗的是一批到底，把他们的许多贡献全抹杀了。我这本书中写到的萨伊、西尼尔等人就是例子。许多中国人研究经济学史的风格也由此而来。就文风而言，也是苏式党八股。

当然，我今天这样评论卢森贝的《政治经济学史》并不是苛求前人，我理解那一代人的苦衷。包括卢森贝在内的那一代人的悲剧从本质上说不是个人的悲剧，而是时代的悲剧。我们不能责怪他们个人。

俄罗斯是不乏人才的，即使在沙皇统治之下也出了罗蒙诺索夫、别林斯基、车尔尼雪夫斯基这样在世界文明史上有一席之地的思想家。为什么在斯大林统治下，没有这种大师了呢？这正是我写卢森贝的悲剧想探讨的。

当时是用胡萝卜加大棒来对付知识分子的。正面的引导是，听我的话，当我的驯服工具，为我服务，即有胡萝卜吃。不听我的话，则有大棒侍候。杀几只不听话的鸡，猴们就想吃胡萝卜了，所以，必须阉割自己。经过阉割的学者还有什么自己的思想？卢森贝没有吃过大棒，阉割了自己，用历史来证明主流意识形态，他吃到了胡萝卜，恐怕还不止一根呢——生活享受、地位、名誉。从这个意义上说，卢森贝是个悲剧人物。

我不把卢森贝当作一个人，而是当作一个符号，一个象征人才和思想被扼杀的符号。对学者来说，肉体死了和思想被阉割了，有什么差别呢？

经济学的发展和经济学史的研究应该有充分的自由。经济学史是一门历史，非要先入为主，这还是真实的历史吗？

愿卢森贝的悲剧成为一去不返的往事。

利别尔曼

不该忘却的经济学家

　　斯大林去世之后，苏联"解冻"。人们开始认识计划体制的弊病，改革之幕正在徐徐拉开。推动这场改革的是赫鲁晓夫这个毁誉参半的人，而在这场改革前哨战中打先锋的是苏联经济学家、哈尔科夫工程经济学院教授利别尔曼。

　　1962年9月9日，利别尔曼在《真理报》上发表了一篇题为《计划、利润、奖金》的文章。这篇文章提出了新的企业改革方案——经济核算的计划管理体系，并把利润率与奖金挂钩，作为新计划体系运行的激励动力。这篇文章引起了广泛而激烈的争论，推动了苏联经济的第一轮改革高潮。利别尔曼的改革思路是改革计划管理的内容以及计划制定方法。

过去苏联计划经济模式是高度集中的，企业毫无自主权。利别尔曼要求改变这种模式向企业放权。这就是说，中央计划部门只下达：按品种的产量计划，交货期计划，以及计划赢利定额。企业按这三项计划要求，再制定出全面的生产计划，包括劳动生产率、工作人员数、工资、产品成本、积累、投资和新技术等。这就是说中央计划部门只管大事，至于企业如何完成这些计划是企业自己的事，中央计划部门不必过问。这就是向企业放权。

　　在产品量、交货期和盈利定额三项指标中，利别尔曼进一步强调，其核心是盈利定额指标，即利润率指标。利润率指标是考查企业最中心的综合指标。中央计划部门按生产部门（行业）制定利润率指标，并在较长时间内保持不变。企业的盈利情况与奖金直接挂钩。这样企业就有了积极性。这就是向企业让利。但为了防止企业一味追求高利润的现象，利别尔曼还主张把产品品种作为企业获得奖励的前提。

　　计划制定方法主要是研究计划与市场的关系。在苏联计划模式中，计划是由中央计划部门用产品平衡法制定出来的。利别尔曼建议计划的制定分为两个过程。第一个过程由中央计划部门制定，第二个过程是企业具体的生产计划制定。这两个过程纵横交织。第一个过程按生产部门纵向制定计划，第二个过程按企业之间的供销关系横向制定计划。利别尔曼还主张通过经济组织和合同制度的发展来缩小纵向计划，扩大横向范围。这就在计划之下使企业通过横向计划在市场内发生联系。

　　苏联计划经济模式的另一个缺点是不承认劳动者的个人利益和企业的利润。利别尔曼认为，计划经济发展的动力也是劳动者对自身物质利益的追求。企业的利益包括企业集体的物质利益和劳动者的个人物质利益。利别尔曼反对那种将企业和社会利益对立起来的观点。他认为这两者是一致的。"凡是有利于社会的，也就应当是有利于每个企业的。反之，不利于社会的，对任何企业的集体来说应当是极不利的。"利别尔曼把利润作为企业最主要衡量指标的建议正是以这种社会与企业利益一致论为基础的。利别尔曼认为把利润作为衡量指标简化了计划工作，能刺激企业降低成本和提高劳动生产率。

在国家与企业的关系上，利别尔曼认为，国家和企业之间的关系是商品交换的关系，给企业一定的独立地位。消费品、生产资料和资金都要作为商品，按一定的价格在企业之间买卖。资金的买卖就是我们所说的"拨改贷"。这时国家与企业的关系体现为由商品交换调节的供货关系，以及国家和企业之间的利润分成。交给国家应交的以后，由企业自主支配。

在这次讨论之后，苏联在1965年进行了一次较大的经济改革，在相当大程度上参考了这个思路。但70年代后苏联增长速度下降，这就引发了1979年后的改革，这就是后话了。

在围绕利别尔曼建议的争论中，以苏联科学院西伯利亚分院工业生产经济与组织研究所成员和常在该所主办的《工业生产经济和组织》上撰稿的人为主，形成了西伯利亚改革学派，简称西伯利亚学派。这个学派除利别尔曼外还有阿甘别江、阿巴尔金、布尼奇、波波夫等人。20世纪80年代以后阿甘别江和阿巴尔金成为该学派首领，主张激进改革。他们的改革思想对戈尔巴乔夫也产生了相当大的影响，并被吸收到苏共二十七大报告中。阿甘别江还作为戈尔巴乔夫直接领导的苏联完善机制委员会领导成员之一，直接参与苏联经济改革方案的制定和实践。西伯利亚学派是推动苏联改革的一个重要经济学家团体，他们的改革思想对其他国家也有相当大影响。

当苏联围绕利别尔曼建议的争论热火朝天地进行时，我正在北大经济系上学。应该说国内学术界的反应并不慢，可惜方向不对。我们在1963年就开了一门新加的"修正主义经济理论批判"课。批判的内容首先是利别尔曼的利润挂帅和物质刺激。当年我们认真读了这篇文章，可惜是要批判的。说起来可笑，我还写了一篇2万多字的批判文章（课堂讨论用）。现在只记得第一句是"利别尔曼放出了一个复辟资本主义的气球……"

围绕利别尔曼建议的争论已经过去40多年了。现在看来，他们的出发点还是要维护计划经济的。那一场争论并没有涉及产权问题，也不想用市场经济代替计划经济。改革并不成功，赫鲁晓夫也作为替罪羊而下台了。

改革是一股不可抗拒的潮流，利别尔曼是弄潮儿。与兰格相比，利别尔曼前进了一大步，这就是历史的进步。

我们不应该忘记利别尔曼这样推动过改革的经济学家。

巴里·J. 奈尔伯夫

让经济学回到生活中

巴里·J. 奈尔伯夫（Barry J. Nalebuff）现在是耶鲁大学教授，曾在牛津大学读书，并获得博士学位。他在毕业时参加了剑桥大学的五月舞会。这个会上有一种赌博游戏，每人得到相当于20美元的筹码，舞会结束时，最大的赢家可以得到下一年度舞会的入场券。

巴里的运气非常好。在最后一轮轮盘赌之前，他过关斩将已赢了相当于700美元的筹码，独占鳌头。第二名是一位英国姑娘，只拥有相当于300美元的筹码。其他人已被淘汰出局。在最后一次下注前，英国姑娘想求和，提出分享下一年的舞会入场券。巴里觉得自己胜券在握，加之酒喝得多了一点，失去绅士风度，断然拒绝了。但出人意料的是，巴里在这最后一场赌博中失败了。其原因何在呢?

这最后一场轮盘赌的规则是,轮盘停止转动时小球落在什么地方。轮盘上刻有从0到36的37个格子。小球落在0庄家赢。玩者可赌小球落在偶数还是奇数的格子(分别用黑红两色表示)。这种玩法赔率是一赔二,即一美元赌注变为两美元,取胜的概率为18/37。如果把注压在3的倍数的格子上,赔率为一赔三,即一美元赌注变为三美元,但取胜的概率为12/37。那位英国姑娘决心破釜沉舟,把300美元压在3的倍数上。巴里应该采用什么策略呢?

其实巴里只要采用与这个英国姑娘同样的策略,也把700美元中的300美元押在与这位姑娘同样的注上,无论输赢,总比她多出400美元,稳操胜券。但这时已凌晨3点,酒精又起作用,巴里把赌注200美元下在偶数上。这时只要他赢,无论这位姑娘输赢如何,他都获胜。只有他输,英国姑娘赢,他才会输,而这种事件的概率是1:3。但这种小概率事件发生了,巴里输了。

当然,这场赌博本来是玩的,一张下一年的舞会票,就像古希腊奥林匹克运动会上获胜者戴的真正用树枝编的桂冠一样。但事后巴里还是非常后悔,因为他作为一个博弈论专家,居然忘记了博弈论最基本的策略之一:胜者要采取与落后者相同的追随策略。落后者才采取与胜者不同的战略,以求一线生机。

也许是受这件事的启示,巴里与普林斯顿大学著名的博弈论专家阿维纳什·K. 迪克西特(Avinash K. Dixit)合写了一本《策略思维:商界、政界及日常生活中的策略竞争》(*Thinking Strategically: The Competitive Edge in Business*,*Politics*,*and Everyday Life*)。这部书得到了许多经济学家和博弈论专家的高度评价。加拿大经济学家迈克尔·帕金在他畅销全球的经济学教科书《经济学》中曾这样评价这本书："这本书在国际上极为畅销。这本书解释了在商业、政治，甚至社会和家庭情况下如何运用博弈论。"美联储前主席保罗·A.沃尔克（Pawl A. Volcker）认为"迪克斯特和奈尔伯夫两位教授非常成功地解释了，在制定决策的时候无论身居要职还是普通市民都会遇到的问题"。萨缪尔森贝认为：要想在现代社会做一个有文化的人，你必须对博弈论有一个大致了解。迪克斯特和奈尔伯夫提供了一把万能钥匙。你将从《策略思维》一书中获益，并感到兴味盎然。

博弈论可以用不同方式来表述。例如，美国经济学家朱·弗登博格和法国经济学家让·梯若尔（Tean Tirole）写的《博弈论》（*Game Theory*）用数学方式表达，系统而全面，也有相当深度。但普通读者很难读懂这本书，甚至已读不下去。其实我们每个人每天都在不自觉地用博弈论方法做出各种决策。博弈在生活中，博弈论也在生活中。《策略思维》这本书正是用我们熟悉的例子来介绍博弈论，教我们如何用这种方法去做出决策。这本书从大国军备竞赛到企业合作与竞争，从体育比赛到是不是租一台电脑，用这些例子告诉你如何走出囚徒的困境，如何做出可信的承诺，如何实现合作与协调，如何讨价还价或进行激励。最后用23个案例介绍了博弈论的综合运用。

也许巴里当年输给那位英国姑娘真是一件好事，否则我们怎么能看到这么精彩的书呢？

成功的经济学家不是仅仅在象牙之塔中用复杂的数学工具构建自己高深的模型，还要让经济学回到生活中，让公众通过身边的事例来学会像经济学家一样思维。

手头有几本极有影响的这类书。美国经济学家亨利·赫兹里特的《回到常识》初版出版于1946年，至今为人们引用。哈耶克对这本书的评价是："据我所知，还没有其他的现代著作，使聪明的外行人能在这么短期的时间里学到这么多经济学的基本真理。"诺奖获得者萨缪尔森的《中间道路经济学》，道格拉斯·诺斯和另一位经济学家罗杰尔·L. 米勒合写的《我们身边的经济学》，加里·贝克尔的《生活中的经济学》都同样脍炙人口，为许多不懂经济学的人所喜欢。此外，美国经济学家莫里斯·D. 利维的《日常生活中的经济学》、斯蒂芬·E. 兰德斯伯格的《安乐椅上的经济学家：经济学与日常生活》，等等，这些书的共同特点都是真正让经济学回到了生活中，用鲜活的例子介绍经济学，让经济学变成了群众手中锐利的武器。

当经济学从象牙之塔回到现实生活中时，理论就不再是灰色的，而与生命之树同样长青了。经济学是致用之学，其含义不应该是经济学家用它去按自己的世界观改造世界，成为社会设计乌托邦式的蓝图，而应该是让更多的人用经济学思维方式解决现实中遇到的各种问题。

正是在这种意义上，我介绍了这一类贴近生活的经济学家，或严肃经济学家令人可亲的另一个面孔。

《策略思维：商界、政界及日常生活中的策略竞争》的中文本已经出版了，你拿起就会放不下。不信，试一试看。

克鲁格曼

"乌鸦嘴" 克鲁格曼

　　1994年，克鲁格曼在美国著名的《外交》杂志上发表了一篇文章。他称蓬勃发展的东南亚经济实际是一只纸老虎。尽管这些国家经济发展迅速，但完全是一种投入型增长，依靠高储蓄、高投资和增加劳动力来发展经济。这些国家缺乏科技创新能力，没有实现以科技进步带动的增长。甚至这一地区经济最强大的日本也是这样。投入型增长迟早会引起收益递减，这些国家的经济必定发生危机。

　　此言一出引起轩然大波。因为当时亚洲人正沉醉于繁荣之中，梦想21世纪是亚洲的世纪，而克鲁格曼却说21世纪世界经济的中心仍然是美国。亚洲的许多政要、学者猛批克鲁格曼。可惜他的预言成了事实，1997年，东南亚金融与经济危机爆发了。一个人作出了不幸的预言而又对了，当然会被称为"乌鸦嘴"。

不过从来没有永远正确的"乌鸦嘴"，克鲁格曼的预言也有错误的时候。1990年，他写了一本题为《预期消退的年代》的畅销书，预言了90年代美国经济的衰退，但这却没有成为现实，因为90年代成为美国经济最繁荣的时期。不过这并没有影响这本书的畅销。克鲁格曼1997年出版了这本书的第三版，并没有修改他的预言，但该书一直在亚马逊书店排行榜上属于五星级畅销书。

当然，作为美国当代顶尖级的经济学家、麻省理工学院教授，他并不是专门进行预测的算命先生。他根据经济理论谈一点对未来经济的看法，未来有许多不确定因素，即使依据的经济理论正确，预言也不见其全对。克鲁格曼在美国经济学界以直言不讳著称，往往说一些别人不爱听的话，这大概是有人称他"乌鸦嘴"的原因。不过无论别人说他什么，也无论他作出了什么预言，都无损于他在美国经济学界的地位。

克鲁格曼出生于1953年的"婴儿潮"中，属于战后成长起来的新一代经济学家。他师从诺德豪斯、多恩布什、索洛等著名经济学家，打下了扎实的理论基础。毕业后曾在里根总统经济顾问委员会、国民经济研究局（NBER）、联邦储备银行等实际部门工作。深厚的理论修养、丰富的实际阅历和天生的聪明使他成为新一代经济学家中的佼佼者。

克鲁格曼最重要的贡献之一是提出了国际贸易新理论。战后，国际贸易显著的特点之一是发达国家之间制成品的贸易迅速增长，例如，美国既生产并出口汽车，同时又大量进口汽车。以比较优势为基础的传统国际贸易理论对这种趋势不能做出令人满意的解释。

克鲁格曼把世界经济看成一个整体，用产品差别和不完全竞争来解释国际贸易中的这种新趋势。这就是说，即使是同一种产品（如汽车）也存在差异（如型式或颜色），消费者有不同偏好。如果一国为了满足消费者的不同需求而生产各种有差异的同类产品，必然无法实现规模经济。规模经济要求企业为全世界生产产品，并进行交易。另一方面，国际市场并不是完全竞争市场，既有产品差别引起的垄断竞争，也有规模巨大引起的寡头。各个企业要扩大自己的规模，其产量必定超出本国需求，从而即使同类产品（汽车）进行国际贸易也有利于各国实现产品差别存在时的规模经济，成本降低。从而同种制成品的国际贸易就会使各国受益。

这种国际贸易新理论还有其政策含义。根据比较优势理论要素禀赋论（赫克希尔—俄林定理），一国在国际贸易中的格局是由自然资源（要素）或历史所形成的比较优势决定的，甚至难以改变。但根据新理论，优势来源于规模经济，因此，一国即使在生产要素的自然禀赋方面没什么优势，也没有历史形成的比较优势，仍然可以建立自己在国际贸易中的优势地位。这就是著名的战略性贸易政策。这种政策已经受到许多国家政府的重视，并付诸实践。

克鲁格曼的另一个贡献是汇率目标区理论。20世纪70年代，布雷顿森林体系崩溃之后各国实行了浮动汇率，但汇率的剧烈波动给经济带来不利影响。于是如何减少汇率波动成为经济学家关注的问题。克鲁格曼解释了汇率波动剧烈的原因是资本市场并不像想象的那么有效。但在浮动汇率下，贸易流动对汇率变动的反应迟缓，因为出口商进入或退出某个市场都有沉没成本（无法收回的支出）。他们观望汇率的波动，只有汇率波动到一定程度，他们才会做出反应，实现市场出清，这就加剧了汇率波动。克鲁格曼支持汇率目标，即汇率在目标区内可以浮动，但有不能超越的界线。克鲁格曼认为，汇率目标区的好处是，当它上升到目标区上端时只能下降，下降到目标区下端时只能上升，这就降低了汇率波动的不确定性，减少了投机活动，稳定了汇率。

克鲁格曼受波特《国家竞争优势》关于地区产业集群优势的启发研究了地理和贸易的关系，发展出经济地理这一新领域。他的结论是，国际贸易只是更一般的生产区位理论的一方面。产业区位的决定有任意性，可以由政府引导形成地区的产业集群优势，而且历史在解释已形成的产业区位及发展方向时是重要的。现在这一问题已得到越来越多人的关注。

克鲁格曼文笔极好，又善于以通俗幽默的语言向大众讲经济学道理，分析经济问题。他在《华尔街日报》等报刊上主持的专栏极受欢迎，同时他也是许多经济学畅销书的作者，如前面提到的《预期消退的年代》，在国内已有译本的《萧条经济学的回归》、《兜售繁荣》等等。当然，作为"乌鸦嘴"，他讲话是很尖刻的，他讽刺一些亚洲国家政府为显示功绩而给统计数字注水——"看他们的统计数字如同读科幻小说"。这些话当然许多人不爱听。但这种直率坦诚的风格使他更有魅力。

克鲁格曼已经获得了克拉克奖，许多人认为他也是最有希望获得诺奖的人（已在2008年获得诺奖）。他有一句有名的话："任何一个从事创造性工作的人，都必须要有一点类似于梦游者的特征。"这也许正是他自己的写照。

保罗·克鲁格曼

克鲁格曼其人其书

　　金秋十月，保罗·克鲁格曼（Paul Krugman）获得了2008年诺贝尔经济学奖。以往，有些获奖者尽管在学术圈内地位很高，许多人都是某一领域的开拓者，但在公众中还是默默无闻。然而，克鲁格曼不同，他不仅在学术圈内声望甚高，而且在公众中也颇负盛名。他从1999年起为《纽约时报》撰写专栏文章，且有二十多本普及性经济学著作出版。他对各种经济问题的点评，尤其是其大胆尖刻的观点和与众不同又往往正确的预见，引起了广泛注意。在华尔街金融风暴席卷全球之时，他对小布什政府的批评和对这场金融危机的点评，又成为媒体的焦点。在这篇文章中，我们就通过他的一些著作来认识他这个人和他的思想。

当然，克鲁格曼的获奖不是由于他的时评而是他对新国际贸易理论的贡献。诺奖委员会指出，授予他诺奖是由于他对"贸易模式和经济活动发生区域"的开创性研究。"自由贸易和全球化带来的影响是什么，全球城市化背后的驱动力又是什么？保罗·克鲁格曼创造的理论恰好回答了这些问题。他将国际贸易学和经济地理学这两个此前没有联系的研究领域进行整合并加以研究。"

说起他以新国际贸易理论成名，还有一段故事。1978年，25岁的克鲁格曼是耶鲁大学的学生。当时他桀骜不驯，言辞尖刻，得罪了不少人，甚至连研究生的奖学金也丢掉了。他去探访著名的经济学家多恩布什，多恩布什的鼓励使他找回了自信，于是写了一篇有关垄断竞争贸易理论模型的论文。他把这篇论文提交给国民经济研究局的暑假研讨会。参加这次研讨会的都是经济学界的"大腕"，人们并没有在意这个名不见经传的小伙子。他宣读论文时，大家交头接耳，各说各的。渐渐地，大厅安静下来，人们开始专心倾听他的论文。这些"大腕"们被他的观点所震撼，于是他一夜成名。他后来回忆说："那是我生命中最美好的90分钟。"这篇论文以《规模报酬递增、垄断竞争和国际贸易》为题于1979年发表于荷兰的《国际经济学杂志》。

克鲁格曼围绕新国际贸易理论写的书有《克鲁格曼国际贸易新理论》（英文版原名 *Rethinking International Trade*，中文本改译此名），他还主编了一本《战略性贸易政策与新国际经济学》，收入了包括他在内的12位经济学家关于这一问题的论述。他与茅瑞斯·奥伯斯法尔德合著了当今最流行的国际经济学教科书《国际经济学》，也是介绍这种理论的。在国际经济学方面，他还出版了《汇率的不稳定性》。

国际贸易理论要解决四个问题：国际贸易为什么会产生？国际分工模式由什么决定？保护本国市场有什么作用，以及什么是最佳贸易政策？传统的国际贸易理论是李嘉图的比较成本说和赫克歇尔—俄林的要素禀赋说。比较成本说解释了国际贸易对双方的好处，要素禀赋说解释了国际分工如何取决于各国的禀赋优势。他们的政策主张都是完全的自由贸易。然而，在20世纪60年代之后，这些理论受到了挑战，因为现实中大量交易的是同一个行业的制成品。例如，按照赫克歇尔—俄林的理论，美国有资本优势，应该生产并出口资本密集型产品，中国有劳动力优势，应该生产并出口劳动密集型产品。但在现实中，美国既出口资本密集型产品，也出口劳动密集型产品，中国也这样。而且，这种现象极为普遍，例如，美国、西欧和日本都生产并出口汽车。现实中贸易模式的变化要求与之适应的新理论。

克鲁格曼引进了规模收益递增、规模经济以及垄断竞争这些概念来建立他的新国际贸易理论。1977年，美国经济学家迪克西特和斯蒂格利茨在《美国经济评论》上发表了题为《垄断竞争和最优产品多样化》的论文，建立了一个规模经济和差异化消费两难选择的模型。这个模型表明，生产中存在无止境的规模经济，而消费者有多样化的差异偏好。对生产者来说，产品的品种越少越好；对消费者来说，产品的品种越多越好。这就是一种"两难困境"。市场竞争对此进行权衡，达到一种均衡。而解决的方法则是扩大市场规模。这个模式为新国际贸易模式指明了方向。克鲁格曼在此基础上证明了，即使不存在比较优势，各国要素禀赋相似，仍然可以产生国际贸易，而且给各国都带来好处。他指出，"贸易并不一定是国家之间技术或要素禀赋差别的必然结果，相反，贸易很可能只是扩大的市场及促进规模经济出现的一种途径，而且贸易的作用与劳动力增长和地区集聚的作用是相似的"。

克鲁格曼沿着这一思路进行研究。1980年，他的论文《规模经济、产品差异和贸易模式》引入了运输成本的概念。他把运输产品看作是"冰山"，每一单位运往外地的产品都只有一部分到达目的地，其余的作为运输成本消耗在途中。这样，企业就更乐于选择在市场规模最大的区域开展经营活动。所以，规模经济和运输成本引起了国际贸易。1983年，克鲁格曼发表了《工业化国家间贸易的新理论》，将规模经济与比较优势相结合来分析产业内贸易，并论述了有助于说明知识密集型产业国际竞争态势的技术竞争理论。这些论述都体现在他的《克鲁格曼国际贸易新理论》一书中。

这种新国际贸易理论证明了国际贸易对各国的好处，这就推动了全球经济一体化。他特别强调，各国不必根据自己的比较成本或资源优势来确定国际贸易模式，完全可以在垄断竞争的全球市场上走差异化之路，通过实现规模经济来建立自己的比较优势。各国可以不受资源限制地建立自己的战略性出口行业，以差异化战略在自由贸易中获益。政府可以有意识地引导与扶植本国的战略性出口行业。

在新国际贸易理论的基础上，克鲁格曼又研究了经济地理，并将这两者融为一体。他的研究成果集中在《地理和贸易》和《发展、地理学与经济理论》中。

克鲁格曼在1991年发表的《报酬递增和经济地理》中建立了一

个"中心—外围"模型。这个模型成为新经济地理学的基石。这个中心—外围模型不同于阿根廷经济学家劳尔·普雷维什在1949年提出的同一名称的模型。克鲁格曼的中心—外围模型，分析的是一个只有农业和制造业两个部门的经济。假设条件有三个：第一，农业是完全竞争的、生产同质产品，而制造业是垄断竞争的、生产差异化产品；第二，农业中的劳动力要素不可流动，而制造业中的劳动力可以流动；第三，农产品无运输成本，而制造业有被称为"冰山成本"的运输成本。在制造业要满足产品差异化种类多、规模经济和运输成本的条件下，就会形成制造业中心和农业外围的格局。这就可以解释为什么两个初始条件完全相同的对称地区中，一个地区可以通过自我强化的循环累积实现集聚，并成为相对发达的中心地区，而另一个则成为相对落后的外围地区。在中心区的形成中起决定作用的是前向关联、后向关联和市场挤出三种效应。前两种效应产生向心力，后一种效应产生抑制集聚的背心力。前两种效应大于后一种效应时经济活动向中心区集聚。后一种效应决定了集聚的程度。新的国际贸易模式强调了这种向中心集聚，把外部经济及区域产业集聚和国际贸易联系在一起，对区域经济作出了新的解释。克鲁格曼还把这种理论运用于发展经济学的研究。

作为一名专业理论工作者，克鲁格曼以新国际贸易理论和经济地理的新理论著称，而在公众中的名声则来自他对现实问题的精辟点评，尤其是许多大胆而又被证明为正确的预言。

1994年，克鲁格曼在美国著名的《外交》杂志上发表了一篇题为《亚洲奇迹的神话》的文章。当时亚洲经济发展迅速，有人甚至声称，21世纪是"亚洲的世纪"，亚洲也颇以此沾沾自喜。然而，克鲁格曼语出惊人。他认为，亚洲的繁荣来自劳动和资本的增加，并不是技术进步、生产率提高的结果，换言之，属于投入型增长而不是技术进步型增长。这种经济增长在短期内可以创造奇迹，但它"建立在浮沙之上"，是一只"纸老虎"，迟早会破灭。他预言在以后3～4年内，亚洲会出现一场危机。此论一出，举世哗然，尤其是亚洲的一些政要和学者把这种观点上升到政治高度，纷纷口诛笔伐。不幸的是，1997年亚洲真的发生了影响颇大的金融危机和经济危机。克鲁格曼由此获得了极高的世界性声誉。

这篇文章收入他的《流行的国际主义》中。这仅仅是他众多著作中的一本。就我见到的、国内出版的除了此书外，还有《萧条经济学的回归》、《预期消退的年代》、《兜售繁荣》、《美国怎么了？一个自由主义者的良知》。此外，我手头还有台湾翻译出版的《模糊的数学》（台北时报文化2002年版）和一本英文原版的《二流的理论家》（*W. W. Norton & Company*，1999年）。这些书都是他的文集，包括了他对许多事情的评论。

在读这些著作和文章时应该先弄清楚克鲁格曼的思想倾向。按克鲁格曼自己的说法和媒体的评论，他是一个自由主义经济学家。但是，这里所说的自由主义，决非我们所说的主张自由放任，反对国家干预的以弗里德曼为代表的货币主义、供给学派以及卢卡斯、萨金特所代表的理性预期学派，还有近年来获诺奖的普雷斯科特等人代表的自由主义，而是由新凯恩斯主义代表的认为市场经济并不完善，需要国家干预的思潮。在美国，前一种自由主义被称为新自由主义，其在政治上的代表被称为保守派，即以里根、小布什为代表的共和党，而后一种自由主义，称为新凯恩斯主义，在美国被称为自由派，民主党和奥巴马属于这一派。克鲁格曼的思想倾向是由民主党代表的自由派，而且与共和党代表的保守派相对抗。他正是从这种自由派的立场出发来评论各种问题的。

克鲁格曼认为，市场并不完善，因此，政府干预是必要的。他说："市场有时会失灵。使经济学家以及所有人明白这一点的，是大萧条的惨痛经历。在第二次世界大战结束后不久，由于人们对大萧条的经历依然记忆犹新，经济学家大都认为，只有政府大范围地介入，经济才能维持正轨。主流经济学家拒斥实施计划经济的主张，但他们确实认可，为了对抗衰退，政府有干预的必要。"对于以弗里德曼为代表的自由主义，克鲁格曼是坚决反对的。他说："到60年代早期，弗里德曼几乎完全转回了自由市场原教旨主义，宣称就连大萧条的原因也不是市场失灵，而是政府失灵。他的论证左支右绌，而且在我看来有违背学术真诚之嫌。但一位伟大的经济学家也不由自主地变起知识戏法一事，本身就显示了自由市场原教旨主义的强大诱惑。"他的经济评论和预言都从这种基本立场出发。《萧条经济学的回归》就是凯恩斯主义经济学的回归。

由次贷危机引起的华尔街风暴又一次让我们把目光转向克鲁格曼。早在2006年6月，克鲁格曼就在一篇文章中预言，由于房地产价格暴涨，投机需求出现逆转，这就会使未出售的房产增加，从而引起不可逆转的严重衰退。2006年底，他预言："我们要经历一次真正的衰退，2007年将是十分严峻的一年。"如今这场危机真的来临了。那么，这场危机的根源是什么呢？他在2007年出版的著作《美国怎么了？一个自由主义者的良知》中分析了这一问题。在这本书中，克鲁格曼认为，战后30年是美国最好的时期。这是一个中产阶级为主体的时代，贫富差距小，几乎所有美国人都享受到了经济增长和社会进步带来的好处。但20世纪80年代之后，美国的贫富差距扩大，绝大多数居民不满现状。这种变化是政策变化的结果。前三十年的和谐是自30年代罗斯福新政以来的国家干预造成的。这种政策从两头来缩小贫富差距。一方面加重对富人的税收，另一方面扩大就业，增加居民收入，提供完善的社会保障。而80年代之后，政府为刺激经济，给富人减税，打击代表工人的工会，放任市场调节，这样的技术进步只能使少数人受惠。社会越来越不和谐。这次金融危机就是盲目相信市场，使富人的贪婪失去约束，从而进行无约束的"金融创新"引起的。对于小布什的政府救市计划，他也并不看好。他在一篇专栏文章中把政府救市看作金钱换垃圾，文章也以此为题。他在文中写道："保尔森的救市计划呼吁联邦政府买入7 000亿美元问题资产，主要是抵押支持债券。这又能怎样化解危机？除非联邦政府为它所购买的资产支付远高于市值的价格，让金融机构及其股东和高级管理人员捡个大便宜，而由纳税人承担代价，否则，金融体系仍会因为资本短缺而陷入瘫痪。"

克鲁格曼1953年出生于美国长岛，这是美国的富人区。他的家庭是犹太裔中产阶级。他就读于耶鲁大学，获得麻省理工学院博士学位，一直在普林斯顿大学担任经济学和国际事务教授，1982～1983年曾担任白宫经济顾问。1991年获得过克拉克奖。他有个性，敢说话，在美国无人不知，不过据他的学生回忆，他也是一个知错就改的人，并不固执己见。有个性而不固执，应该是令人敬仰的品质。

琼·罗宾逊

索各

君子和而不同

人总是要争论的。巴以相争，枪炮说话；文人相争，恶语相加；政治家争论，拳脚齐上；经济学家的争论颇有点"君子和而不同"的风范。

历史上和而不同的典范就是19世纪英国经济学家李嘉图和马尔萨斯了。他们俩出身、教养、社会地位完全不同。马尔萨斯出身于有教养的上层阶级，毕业于剑桥大学，终生过着清贫的书生生活，被认为"一位地地道道的伦理学家"。李嘉图出身于暴富的金融之家，从小没受过正规教育，极为富有，被称为"花花公子"，但由于在政界和学界的活跃而极负盛名。1809年他们相遇，共同推翻了一个叫博桑克的人的观点，而结下终生友谊。

在学术上，他们两人的争论远远大于共识，而且观点之对立，争论之激烈，至今读他们的书仍然可以感到。马尔萨斯最早提出需求不足的"普遍过剩说"，认为存在一个只消费不生产的地主阶级是合理的，支持限制谷物进口。李嘉图则反对地主阶级，支持取消限制谷物进口的《谷物法》。李嘉图是坚持劳动价值论的，马尔萨斯反对劳动价值论，主张生产费用论。他们一直围绕价值规律与劳动和资本相交换之间的矛盾，以及价值规律与等量资本得到等量利润之间的矛盾争论不休。1820 年，马尔萨斯的重要著作《政治经济学原理》出版后，李嘉图以 220 页的篇幅进行批驳，马尔萨斯也反唇相讥。

但这种争论并没有妨碍他们之间的友谊。他们的争论往往是一种切磋。1815 年，李嘉图出版了《论谷物低价格对资本利润的影响：证明限制进口的不适宜——兼评马尔萨斯最近两本著作〈地租的性质和发展的研究〉和〈对限制外国谷物进口政策的看法的根据〉》，驳斥马尔萨斯为地主辩护和支持《谷物法》的立场。马尔萨斯认为此书写得仓促，应该重写。李嘉图接受这一建议，写出了《政治经济学及赋税原理》这本经济学经典之作。仔细阅读他们的通信，你会发现他们之间的争论与切磋对每个人学术进步的作用。在生活上，他们也互相帮助，李嘉图曾替马尔萨斯购买公债，以帮助马尔萨斯脱贫。李嘉图去世后曾给马尔萨斯留了一笔遗产。李嘉图在给马尔萨斯的最后一封信中说："像别的争论者一样，经过了多次讨论之后，我们依然各持己见，相持不下，然而这些讨论丝毫没有影响我们的友谊；即使您是同意了我的意见的，我对您的敬爱也不会比今天更进一步。"马尔萨斯在李嘉图去世后说："除了自己的家属外，我从来没有这样爱戴过任何人。"

在现代经济学家中，英国经济学家琼·罗宾逊和美国经济学家萨缪尔森、索洛也是这样和而不同的君子。

从20世纪50年代起，英国新剑桥学派和美国新古典综合派围绕资本问题展开了一场激烈的争论。因为这两个学派分别在英国和美国麻省的剑桥（Cambridge），所以，称为"两个剑桥之争"。争论围绕资本的性质与测定，资本积累过程与特点等纯资本理论问题。实质是新古典经济学的基础——边际价值理论与边际分析法——是否正确。这场争论由琼·罗宾逊1953年发表的论文《生产函数和资本理论》挑起，萨缪尔森和索洛等人应战，持续近20年之久。

这两派经济学家唇枪舌剑，各不相上，在报刊和演讲中抨击对方，毫不客气，但这种争论并没有使他们成为人际关系上的敌人，而是相互尊重，成为朋友。

最早与琼·罗宾逊争论的是索洛。当索洛刚刚进入学术界时，琼·罗宾逊已久负盛名了。但当索洛对琼·罗宾逊的挑战做出回应时，琼·罗宾逊对索洛评价相当高，认为"索洛教授的才华令人炫目"。琼·罗宾逊的传记作者特纳认为"在后来15年中，她与他不遗余力地进行讨论。他们的通信充满温暖但有时是相互攻击的回合。在个人私交上是友好的"（《琼·罗宾逊与两个剑桥之争》）。1961年，应琼·罗宾逊的要求，索洛从哈佛和麻省理工学院各争取了250美元，安排琼·罗宾逊在这两个学校演讲，而演讲内容正是挑战新古典综合派的。由于时间安排失误，他们俩未见面。1963年他们见面时就资本问题进行了友好的争论。1970年索洛到英国剑桥，他们又进行争论。尽管有争论，他们都珍重相互之间的友谊和交流，琼·罗宾逊把这种争论看成"才智的考验"。

琼·罗宾逊与萨缪尔森在1948年就见过面。琼·罗宾逊极为佩服萨缪尔森，认真读过他的许多著作。尽管他们之间的争论更激烈，但琼·罗宾逊对萨缪尔森依然敬佩，承认自己从萨缪尔森的著作中得到不少启发。萨缪尔森则认为，"这种争论方式在科学史上占有一席地位，尤其在提出新观念时需要，因为新观念是不可能在一种和谐、茶馆式的气氛中产生的"。琼·罗宾逊去世后，萨缪尔森写长文悼念，并为她没有获得诺贝尔经济学奖鸣不平。

学术上的争论不应发展为人际关系上的敌人，经济学界的前辈为我们做出了榜样。

哈耶克

经济学家需要宽容

在任何一个社会中，经济学家被误解，蒙冤受屈都是难免的。但在不同社会中，经济学家蒙冤的后果却不同。一个社会的宽容程度如何，对经济学的发展至关重要。在这方面，生活在美国的哈耶克和生活在苏联的康德拉季耶夫是两个极端的例子。

今天哈耶克的学术地位已经是举世公认了，但在半个多世纪前，哈耶克却是有争议的人物。

作为奥国学派的重要成员，哈耶克曾在20世纪20～30年代关于计划经济能否行得通的世界性争论中崭露头角。另一位奥国学派大师米塞斯挑起了这场反对计划经济的争论。在这场争论中哈耶克发表的三篇论文（总题目为"社会主义的计算"，收入《个人主义与经济秩序》一书中）使他声名鹊起。1931年他受英国经济学家罗宾斯邀请到伦敦经济学院讲学，讲稿以《价格与生产》为名出版，并获得好评。此后，哈耶克成为伦敦经济学院教授。哈耶克非常喜欢英国，并于1938年加入英国籍。如果没有以后发生的事情，他会一直在英国工作并生活下去，成为一名事业顺畅的经济学家。

改变哈耶克命运的事情是他1944年出版的《通向奴役之路》。这本书的中心是反对计划经济和苏式制度的，把国家对经济的全面干预作为消灭个人自由的通向奴隶制之路。这本书出版后的反应超出了哈耶克个人的预期。在欧美的公众中，这本书获得极大成功。美国畅销的《读者文摘》摘要发表了这本书，引起读者极大关注，甚至还有打印本（相当于当年中国的手抄本）在流行。哈耶克围绕这本书在美国各地所作的演讲亦有轰动效应。一些政客，如丘吉尔，对这本书也评价甚高。

可是在学术界和经济学界，对这本书的评价是贬多于褒。这首先是因为这本书的反社会主义基调。早在二战前，西方学术界和文人对资本主义制度已经忧心忡忡。社会主义制度的出现使他们看到了希望。当时许多人对苏联的真实情况并不了解，二战中苏联的反法西斯战绩更给社会主义增添了一个光环。各种社会主义思潮成为时尚。不少英国知识分子热衷于渐进的费边主义，像萨特、毕加索这类文化名人都加入过共产党。在一片对社会主义的赞扬声中写出这样一本反社会主义的书，命运如何是可想而知的了。

在经济学界，即使不信奉社会主义的人，也是信奉凯恩斯的。当时凯恩斯主义尽管没有像五六十年代那样"一统江湖，唯凯独尊"，但已成为主流。哈耶克的这本书也是反对凯恩斯主义的。另一方面，哈耶克原来是一个严肃的经济理论专家。在一些经济学家看来，写这种媚俗的通俗读物，无异于学术上的堕落。哈耶克在自传中说到写这本书"使得自己在同辈的经济学者中名誉尽失。……经济学家大都把我看成圈外人，是个自贬身份写了本像《通向奴役之路》之书的人"（《哈耶克论哈耶克：自传式对话》）。

《通向奴役之路》的出版和他与夫人的离婚，使他不得不在1949年到美国芝加哥大学任教。尽管没有在经济系而是在社会思想委员会，但美国的宽容使他可以在平静的书斋中从事研究，写出了《自由秩序原理》这样的巨著。

哈耶克是幸运的。尽管他在经济学界声誉扫地，毕竟还可以幸福地活着并研究他的学问。而且，他还有幸活到1974年获得诺贝尔经济学奖。

但生活在苏联的康德拉季耶夫尽管也作出了预言，却没有哈耶克那么幸运了。

康德拉季耶夫（Nikolai Dmitrievich Kondratieff，1892～？）早期以研究俄国经济和农业问题著称，25岁时就担任克伦斯基临时政府粮食部副部长。从1920年至1928年他创立并领导了莫斯科商情学会。这一期间他广泛收集资料研究经济中的长波现象，并于1925年发表了至今仍受重视的《经济生活中的长期波动》一文（中文本收入商务印书馆出版的《现代国外经济学论文选》第10辑中）。这篇文章根据主要资本主义国家价格与生产的资料提出存在着50～60年为一个周期的长周期理论。他把从18世纪80年代到当时这140多年间分为3个长周期。根据这种理论，当时（20世纪20年代）是第三个长周期的下降时期，但以后仍会有上升时期。今天看来，这无非是一个学术观点，而且也正确。但这个观点却与斯大林的资本主义总危机论发生矛盾——总危机表示资本主义要死了，哪会再有上升呢？

康德拉季耶夫为此倒了大霉，先是他的理论被指责为"错误的和反动的"，后又在1930年被指控为组织劳动农民党而被捕。在1931年3月对孟什维克的审判中，他还以主要证人的身份出庭。此后被流放到西伯利亚。《新帕尔格雷夫经济学大辞典》推测他死于1931年，林行止先生根据有关资料，推测他死于1937年。至于他是如何死的，受了什么罪，就无人知晓了。哈耶克的不合时宜，仅仅是被冷落，康德拉季耶夫的不合时宜却让他送了命。

经济学家是人而不是神。他们会提出不合时宜的观点，也会提出错误观点。重要的不在于他们的观点是对还是错，而在于社会对他们的态度。对那些不合时宜的经济学家，我们有权批评他们，但要保证他们生存和研究另类观点的权利。在一个没有宽容的社会里，经济学一定是辩护术，是政治的婢女。宽容是经济学繁荣的基本条件。这就是哈耶克和康德拉季耶夫的经历所告诉我们的。

斯坦利·费希尔

经济学家最爱争论吗？

经济学家被认为是一个最爱争论的群体，常听到的话是，n个经济学家也会有n+1个观点。萧伯纳嘲讽地说："如果把所有经济学家首尾相接地排成一队，他们也得不出一个结论。"罗纳德·里根根据他当总统时与经济学家的交往得出的看法是，如果小追击（Trivial Pursuit）游戏是由经济学家设计的，那么，100个问题就会有3 000个答案。

在现实中我们也看到经济学家有咸水派（新凯恩斯主义）和淡水派（新古典经济学）之分。不仅不同派别的经济学家之间在争论，而且同一个派别的经济学家之间也在争论。不同的经济学家对同一问题的看法会有天壤之别。据说仅通货膨胀理论就有近百种之多。

经济学的争论是人人都看到的，但他们之间有没有一致之处呢？他们是分歧与争论多呢，还是一致之处更多？许多经济学家对这一问题进行了调查和分析，得出了许多与人们的传统看法不同的结论。

英国经济学家S.布里顿在20世纪70年代初就一些重大经济问题征求经济学家、议员和政治评论家的意见，并把结果写成《经济学有共识吗？》（*Is There an Economic Consensus?* London，Macmillan，1973年）一书，得出了一些有趣的结论。第一，经济学家在许多问题上表现出高度一致性，尤其在需求管理、预算赤字和货币政策这类重要问题上，更为一致。第二，经济学家之间的分歧远远小于政治家，甚至小于同一党派的政治家。第三，经济学家对收入分配表现出极大关注。第四，绝大多数经济学家对价格机制有一种学术上的忠诚。第五，经济学家在微观经济问题上更为一致。

美国经济学家J. R. 卡尔（J. R. Kearl）、C. L. 波普（C. L. Pope）、G. C. 怀悌（G. C. Whiting）和T. C. 温默（T. C. Wimmer）在发表于《美国经济评论》1979年5月号的《经济学家混乱吗？》（*A Confusion of Economists?*）中说明了，与宏观经济问题相比，经济学家在微观经济问题上有更多的共识；与规范问题相比，经济学家在实证问题上有更多的共识。换言之，经济学家的共识在有关价格机制的微观经济问题上，而分歧在宏观经济和规范问题上。但即使在宏观经济问题中，对财政政策能够刺激经济以及不应该用工资—物价管制来控制通货膨胀等问题仍有广泛的共识，分歧在于短期中通货膨胀与失业的交替关系。他们的结论是：关于经济学家之间存在广泛分歧的观点是"完全错误的"。

美国经济学家B. S. 弗雷（B. S. Frey）等人在1984年12月号《美国经济评论》上发表了《经济学家之间的共识与争论：一种经验研究》（*Consensus and Dissension among Economists: An Empirical Inquiry*）。该文考察了美国和欧洲经济学家的共识和争论，结论是就国际范围而言，经济学家在价格机制的有效性和合意性这类问题上存在广泛一致性。但各国经济学家对宏观经济中政府是否应该干预的看法并不一致。一般而言，美国、德国和瑞士经济学家更倾向于减少国家干预，而奥地利和法国经济学家更倾向于政府干预。

1992年，美国经济学家R. M. 阿斯顿（R. M. Alston）等人在《20世纪90年代经济学家之间存在共识吗？》（Is There Consensus among Economists in the 1990s?《美国经济评论》，1992年5月号）中比较了经济学家在十个问题上的共识。这十个问题是：租金上限、贸易限制、浮动汇率、财政政策、平衡预算、转移支付、财政赤字、最低工资、负所得税、排污许可证。经济学家对这些问题看法的一致性为78% ～ 93%。

这些调查并没有否认经济学家之间的争论。经济现象是复杂的，受多种因素影响，不同的经济学家从不同的角度去观察问题，强调的重点不同，对同一问题有不同看法是正常的。而且，尽管经济学强调客观性，但在认识世界，尤其在政策问题上仍难以摆脱价值判断，因此，分歧也难免。正是这种分歧与争论深化了人们对经济规律的认识。在经济学中也和在任何一方其他科学中一样，真理越辩越明，认识越辩越深化。

这些调查所要强调的是：经济学家之间的分歧被大大扩大了。

其实经济学家在争论之外还有广泛的共识。在微观经济学问题上经济学家存在广泛共识。在宏观经济学问题中，对长期经济增长、通货膨胀、自然失业等问题，经济学家没什么重大分歧，分歧主要集中在短期问题上。人们往往看见经济学家争得热火朝天，而忽略了他们之间的一致。例如，萨缪尔森与弗里德曼分别代表凯恩斯主义和货币主义，他们的争论无人不知，但却忽略了他们对自由贸易的相同支持。

还应该指出的是，随着经济学发展，各派经济学家会有新的分歧，但也在更多问题上趋于一致。例如，新凯恩斯主义和新古典宏观经济学都认识到要把宏观经济学建立在微观经济基础之上，这就是一种共识。美国经济学家斯坦利·费希尔（S. Fischer）形象地用汽车来比喻经济学家之间分歧的缩小。他说，20世纪50年代可以一眼把雪佛兰和福特分开，现在则觉得它们十分相似。

经济学界也与天下一样是合久必分，分久必合，但总是合大于分。

为什么女经济学家不多

最近在一个大学演讲后，一位女同学问了我一个问题：女经济学家太少了，是不是女人不适合当经济学家？类似的问题，我已听过不止一次。看来这个现象值得研究。

与其他学科相比，经济学中成功的女性的确不多。诺贝尔经济学奖得主中至今只有一位女性，有望获奖的名单中女性也不多。英国经济学史权威马克·布劳格（Mark Blug）编写的《凯恩斯以前的100名著名经济学家》中无女性，《凯恩斯以后的100名著名经济学家》中，女性只有艾尔玛·阿德尔曼（Irma Adelman）和琼·罗宾逊（Jean Robinson）两位。

但我想这不是因为女性天生不是经济学家的料，而更多是社会传统造成的。恩格斯在《家庭、私有制和国家的起源》中指出，"母权制的颠覆是女性具有世界历史意义的失败"。此后妇女退出社会活动，相夫教子，成为男性的附属物。"文明时代的贵妇人表面上受尊敬，对于一切实际劳动完全隔离，她们比起野蛮时代辛苦劳动的女性来，实际处于无限低下的社会地位。"这样，许多有经济学天才的女性无法发挥其潜能，一些表现出其经济学才华的女性也没有留下名字。在后一类女性中英国经济学家穆勒的妻子哈里特·哈迪和马歇尔的妻子玛丽·配第是有代表性的。

穆勒和马歇尔都是里程碑式的经济学家，他们的经济思想至今仍有深远影响。但他们的经济思想中有一些重要的部分来自夫人，许多名著是两人合作的成果，无非是丈夫显赫的声名使这两位才女黯然失色。

穆勒的夫人哈里特·哈迪是一位才华横溢的女子。穆勒对她的评价是"从外表上看，她美丽而机智，具有一种使所有接近者都觉得自然高贵的气度。在内心上，她是个感情深沉而坚强的妇女，有洞察力和直觉的智力，又有一种好冥思的诗人的气质"。哈迪聪明好学，穆勒认为，她在气质和品格上与大诗人雪莱相似，但在思想与智力上，哈迪是"大巫"，雪莱则是"小巫"。哈迪在学术上也不乏闪光的思想和见解。尽管她没有自己的独立学术著作问世，但她的思想与见解融入了穆勒的著作，并得以传世。穆勒认为自己在最终目标和实用这两方面"不论我以何种形式接受的或是创造的结论（包括政治经济学、分析心理学、逻辑学、历史哲学或其他学科）都应该深深感谢她，因为我从她那里学会一种聪明的怀疑态度"。

许多以穆勒署名的著作实际上是两人合作的结果，许多观点是在两人思想交流的过程中产生的。穆勒说："要分清是谁的创见，是谁执笔这类问题，就没有什么意义了。'因为"在我的全部作品中，她的贡献和我一般多，而且在我的作品中她的贡献是与年俱进的"。穆勒指出，在他的最重要经济学著作《政治经济学原理》中，吸收了哈迪许多见解。例如，"劳动阶级的可能未来"一章是在哈迪的坚持下才写的，思想完全是哈迪的，甚至是哈迪口授的记录。换言之，如果在今天，哈迪完全可以以此为题写一本自己的专著。穆勒的名著《论自由》尽管是在哈迪去世后出版的，但穆勒指出，与其他书相比，这是他们文字上更加直接合作的产物，其中每一句话都经过他们共同阅读、反复推敲、仔细斟酌。就思想内容而言，更难说出哪一种思想是谁的。这是真正意义上的合著。

马歇尔的夫人玛丽·配第是英国古典经济学之父配第的曾孙女。也许是遗传基因的作用吧，她进入了当时妇女很少进入的经济学领域，成为剑桥大学首位女经济学讲师。马歇尔的成名作是《工业经济学》。这本书虽然是一本初级入门读物，但其中包含着马歇尔渐趋成熟的理论的首次一般性叙述，在简单的表述背后隐含着极其复杂的理论。这本书是他们夫妻俩合作写成并联合署名出版的。这标志着马歇尔划时代经济理论体系的著作是两人合作的产物。马歇尔最著名的著作是《经济学原理》，这本书由马歇尔一人署名，但实际亦由两人合作写成。1881年，马歇尔夫妇到意大利休养。在这一年，马歇尔在配第的协作下构思并准备这部名著的撰写。他们在巴勒莫一家小旅馆的屋顶安静地工作了五个月，完成了《经济学原理》前几章的写作。这几章是他们共同写出来的。如果这本书由他们共同署名，配第也就如同马歇尔一样出名了。

如果在现代社会里，哈迪和玛丽都会是著名经济学家。但在当时的社会中，她们只能当默默无闻的幕后英雄了。她们的思想在丈夫的著作中流传了下来，而她们的英名却消逝了。这是时代的失误，并不是妇女没有成为经济学家的能力。

　　其实阅读琼·罗宾逊、阿德尔曼等现代女经济学家的著作，你会发现，她们比男经济学家有更多的人文关怀。她们对弱者更为同情，更加关注广泛的社会平等与关怀。当社会条件改变后，女性同样又成为更优秀的经济学家。以后一定会有更多女经济学家出现，愿女性相信自己的能力，在经济学中大展才华。

克劳地亚·戈丁

女经济学家的特色

    读叶兆言、张炜这些男作家和陈丹燕、毕淑敏这些女作家的作品，总感到性别对他们不同写作风格与内容的形成有重要影响。在经济学家中，女性也有自己不同于男性的特点。

    与男性相比，女性更富于同情心。女经济学家更多地关注于发展、公正、平等、贫困这类问题。即使她们与男经济学家研究同样的问题，也更多体现出她们的人文关怀。出生于罗马尼亚的发展经济学家艾尔玛·阿德尔曼（Irma Adelman，1930～　）就是这样一个例子。

    阿德尔曼是一个女才子。19岁时就从加州大学伯克利分校毕业，25岁时获该校博士学位。她曾在斯坦福大学、约翰·霍普金斯大学、西北大学、马里兰大学等名校任教，也在世界银行工作过，现在为加州大学伯克利分校教授。在经济学界，她以研究发展问题而闻名。她的第一部著作《经济增长与经济发展理论》出版于1961年。这是一部纯理论评述著作，用数学模型表述历史上主要经济学家（从斯密到熊彼特）的增长理论。1966年她又出版了《经济发展的理论与设计》。她在发展经济学中的声望则是来自1967年与C. T. 莫里斯合著的《社会、政治和经济发展：数量方法》。这部著作为发展过程中因果关系的定量分析建立了一种新的、互相制约的框架。作者运用43个发展中国家的横断面数据，分析了各种经济发展指标与涉及经济发展的各种大量经济、社会和政治因素之间的统计关系。她们采用经济学家很少用的因素分析法，把大量数据变为少数有解释力的因素，发现了政治稳定和金融市场复杂程度对经济发展的影响力。这种分析方法和结论至今仍为经济学家重视。

如果说这种因素分析并不是女性的专利，那么，阿德尔曼对发展中贫困问题的关注就有女性特色了。1973年，阿德尔曼出版了《发展中国家的经济增长和社会平等》一书。这本书用统计方法说明在经济发展过程中的最贫穷家庭的收入份额。她证明了，经济增长并不自动等于社会整体发展，在传统的以工业化为中心的发展模式中，增长并不能增加穷人的收入，也没有改变他们的现状。无论是在最不发达国家还是中等发展中国家里都存在这种情况。1975年，阿德尔曼发表了《发展经济学：目标的再评价》，1977年又出版了《发展中国家的收入分配政策：朝鲜的案例研究》。这两部著作继续发挥了这种观点，论述了传统发展战略中增长与平等的冲突，主张一种以平等为目标的增长。对这种观点，经济学家中争议颇大，但读她的这些著作你会感到一种母亲似的博爱胸怀和对穷人的深切同情，不像有些男经济学家那样，用起经济解剖来冷酷、无情。

在男权社会中，真正关心妇女经济问题并做出独到分析的还是女经济学家。这方面我们首先应该注意哈佛大学经济学教授克劳地亚·戈丁（Claudia Goldin）。她是世界著名的经济学家，以对经济史的研究而引人注目。她把劳动经济学和经济史结合在一起，研究美国南部的奴隶制、美国19世纪经济发展战略和20世纪劳动市场的变动。在这些研究中，她特别关注技术变革及妇女在劳动市场上作用的演变。她指出，20世纪20年代和50年代是美国妇女就业高峰。出生率下降和家务劳动社会化为妇女就业提供了可能，而办公室工作与销售工作劳动力需求增加又使妇女有了更多就业机会。妇女受教育程度的提高缩小了她们与男性的报酬差别。妇女的经济地位稳步提高。她从经济角度研究妇女问题还得出了一些独特的见解。比如，我们过去认为女权主义是那些少不更事的黄毛丫头推动的。戈丁告诉我们，20世纪60年代末的女权主义主力是40～50年代进入劳动市场的中年妇女。女权主义本质上是妇女经济地位提高后对社会政治地位要求的一种体现。从妇女经济地位的变动来认识女权主义，我们就可以理解她们的许多行为——甚至是过激的行为。

女经济学家分析妇女问题也许比男经济学家更客观。曾任美国国会预算办公室主任的简·奥尼尔（June O'Neill）是职位最高的美国女经济学家。她不像一些男经济学家那样抱着一种怜悯的态度大讲女性歧视问题。她认为，随着妇女受教育程度的提高，她们与男性的工资差别已经很小。27岁到33岁没有孩子的妇女的平均收入已接近男性的98%。两性收入的差别不是对妇女的歧视，而是由性别自然决定的家庭中的角色。养育孩子是女性的天职。这一点无法由于技术进步而改变。

德国女革命家罗莎·卢森堡曾说过，当街上还剩下一个革命者时，这个革命者一定是女人。这句话说出了女人的另一种天性：执着。她们对丈夫和孩子的爱执着，对事业的追求也执着。在经济学中，她们坚持正确的观点执着——例如阿德尔曼对平等的追求，但对错误的观点也执着。我想这方面最好的例子莫过于琼·罗宾逊（Joan Robison，1903～1983）了。罗宾逊的确是一个天才，她在1933年出版的《不完全竞争经济学》和美国经济学家张伯伦的《垄断竞争理论》都是经济学上划时代的著作。如果她沿着这条路发展下去，拿诺奖也就是小菜一碟了。可是她在20世纪50年代初开始向左转。她抨击新古典的边际分析法，挑起与美国凯恩斯主义经济学家萨缪尔森、索洛等人的"资本之争"。她又用收入分配理论曲解凯恩斯的理论，把增长引起的收入不平等作为资本主义问题的中心。其实左翼经济学家男性也不少，如加尔布雷思、海尔布罗纳等。但像她那样，主动挑战不同观点，愈战愈勇者，并不多见。读她的文章时，那种执着，甚至强词夺理的口吻，的确有女性的特点。也许最好"战"的不是男人，而是有执着追求的女人。

以性别来评论经济学家也许并不科学。但既然是"闲话"，你也不要认真。觉得言之有几分理，读了就有收获，觉得完全无理，你也就一笑了之。

弗罗伦斯·阿达

经济学家与母亲

　　一个伟大的人物往往有一个更加伟大的母亲。他们的母亲或者出身高贵，或者来自平民，或者学识渊博，或者目不识丁。但这些并不重要，因为母亲给予儿女的不是财富，也不是知识，而是一种个人品质。这种品质是人成功的起点。经济学家的成长中，母亲都是至关重要的。

　　在经济学家中，凯恩斯的母亲修养是相当高的。凯恩斯的母亲弗罗伦斯·阿达（Florence Ada），外祖父是神学博士，著作颇丰。阿达是剑桥大学毕业生，曾受教于当时的著名学者纽因哈姆，担任过剑桥市长。阿达是一位职业型妇女，但良好的教养对凯恩斯一生的成长起了重要作用。凯恩斯的母亲在从事社会活动的同时，极为关心家庭和子女，家中经常朗诵狄更斯这些大师的作品，全家外出旅行或到伦敦看戏，剧目都是精心挑选的。凯恩斯正是在这种文明和艺术的气氛中长大的。这启迪了凯恩斯幼小的心灵。凯恩斯曾自豪地说，自己是一位剑桥学者（父亲）和纽因哈姆门生（母亲）联姻的结果。阿达对凯恩斯成长的每一步都给予关注，保留了凯恩斯去世25年前有关凯恩斯的一切剪报和资料，并详细记载了凯恩斯年轻时的经历。

与凯恩斯同样有这样一位有教养的母亲的，是当代经济学天才、哈佛大学校长萨默斯。萨默斯的伯父是诺奖获得者萨缪尔森，舅父是另一位诺奖获得者阿罗，父母都是经济学家、宾夕法尼亚大学教授。母亲曾任宾夕法尼亚大学沃顿商学院院长。这位母亲给予儿子的更多不是经济学，而是品格上的培养。每次萨默斯出去打棒球，母亲总鼓励他，把玩也作为一种事业，认真做，争取最好的成绩。正是这种品格使萨默斯仅仅在哈佛大学工作一年就晋升为正教授，并在克林顿政府时期出任财政部长。

当然，不可能所有经济学家都能像凯恩斯和萨默斯这样幸运，有如此好的家庭背景和母亲。但贫困家庭中的母亲给予子女的也许会更多。

米尔顿·弗里德曼就是出生于捷克犹太移民之家，在美国以开杂货店为生，家庭收入低而不稳定。但母亲莎拉·伊赛尔非常能干，不仅经营这家杂货店，还在贫困之中使家庭保持了物质上的温饱和精神上的温暖与和谐。弗里德曼中学毕业那一年，父亲去世。失去亲人和家庭经济面临崩溃的压力并没有使他母亲垮下去，母亲以坚强的毅力，把这个家维持了下来。母亲的这种坚毅个性强烈影响了弗里德曼的一生。中学毕业后，他拒绝了家庭经济支持，靠自己打工继续学习，并以优秀成绩获得了大学奖学金。走上学术之路，他在20世纪50年代坚持货币数量论、坚持自由市场经济，反对战后布雷顿森体系确定的固定汇率制。无论反对的力量有多么强大，他坚持自己的观点，并获得成功。他的这种品格更多地来自母亲，这种品格是他成功的基础，也是他的人格魅力。

　　与弗里德曼命运相似的是另一位诺奖得主，阿瑟·刘易斯。刘易斯父母是从安提瓜到圣卢西亚的移民，自然免不了受当地人的欺负。他的父亲是政府小公务员，不幸在刘易斯七岁时去世。当时家中五个孩子都小，他母亲挑起了一家生活的重担，抚养孩子。尽管经济困难，他母亲仍重视孩子的教育。刘易斯曾深情地回忆，尽管家庭生活艰辛，但母亲坚强的意志成为一家人的支柱，而且，母亲为人善良，正直而富有同情心。他的母亲还是一个非常宽怀的母亲，对孩子们所做的任何选择都无条件地支持。刘易斯上小学时比同班同学小两三岁，身体又弱，有严重的自卑感。是母亲的鼓励使他学习优秀，拿到了圣卢西亚政府的奖学金到英国学习。

　　母亲的这些品格对刘易斯以后的成长和学术都有极大影响。作为一个黑人，刘易斯在当时曾受到歧视，有被拒绝住店，甚至不让乘车的经历，但母亲面对家庭困境的那种坚毅，使他平静地面对一切。他总记着母亲让他无论做什么都要全力以赴的话，终于有所成就。刘易斯少年时贫困的经历和母亲对穷人的同情决定了他以后的学术道路。在英国时，他参加费边社的活动，反对帝国主义。正是出于对穷人的同情和对发展问题的关注，他走上了发展经济学研究之路，并奔波于各国之间，为不发达国家的经济发展作出实际贡献。刘易斯晚年曾深情地说"事实上，如果不是她老人家，我不可能有今天这样的成就"。对那些认为男性在各方面都超过女性的看法，他认为是"大放厥词"，"太过荒唐"。

任何一位母亲都希望子女成才。这些经济学大师们母亲的伟大之处正在于以自己的言传身教，为子女的成长创造了一个健康环境。她们的勤奋、坚强、正直成为子女最宝贵的财富。富裕并不可怕，贫穷也并不可怕。只要母亲有一种高贵、善良的品质，任何环境下的孩子都可以成才。要让孩子做一个好人，母亲也应该是一个好人。

萨默斯

经济学家不能治国

    2003年3月，美国新凯恩斯主义经济学家、哈佛大学教授曼昆被任命为总统经济顾问委员会主席。恰巧在这时我开始翻译他的《经济学原理》第三版。作为一名经济学家，曼昆无疑是优秀的。但优秀的经济学家能是好的政策制定者吗？经济学家作为学者和作为决策者是两种完全不同的角色。曼昆对这一点是有所认识的。他说："当经济学家努力去解释世界时，他们是科学家。当经济学家想要改善世界时，他们是政策顾问。"在翻译这本书时，我一直在怀疑他能否完成这种角色转换，进而又动摇了我曾经深信过的一个观点——专家治国论。

一

　　引起我对曼昆治国能力怀疑的是他在《经济学原理》第三版中新增加的一个案例研究"应该有人体器官市场吗？"这个案例研究根据的是《波士顿环球报》上发表的一篇文章"一位母亲的爱挽救了两条生命"。这篇文章讲的是一个动人的故事。一位名叫苏珊·斯蒂芬的母亲，愿为她患肾炎的儿子捐出一个肾。但这位母亲的肾与儿子不匹配。于是医生提出一个建议：苏珊把她的肾捐给其他人，作为交换，医生把她儿子排在等换肾者的第一位。结果苏珊的儿子和另一位患者都换上了肾，康复出院。

　　这篇文章原来的意思是说明母爱之伟大的。曼昆对这件事做出了经济学的解释。他问道，既然人们都称赞苏珊的这种行为，如果苏珊用自己的一个肾换取儿子免费上医学院（作为学费），或者为她儿子用肾换一辆凌志汽车，是否也应该得到称赞呢？用自己的肾为儿子换得治病、上医学院和豪华汽车在本质上是相同的——都是伟大的母爱。而且，现行的法律禁止人体器官与现金的交易（即价格上限为零），但并不限制捐赠自己的器官。无论苏珊用她的肾为儿子换什么，只要没有现金作为媒介就不犯法。

　　曼昆接着分析道，正常人有两个肾，实际只有一个在工作，另一个属于闲置资源（不知医学专家是否这样认为），而有一些人由于换不到肾而死去（在美国等待换一个肾平均要3年半，每年约有6 000人由于换不到肾而死去）。如果允许人体器官与其他资源或物品一样自由交易，岂不是双方的收益都会增加吗——卖肾者得到了货币收入，仍然可用一个肾健康地活着，买肾者获得新生。而且，他认为这也是公正的——有两个肾的人带着一个无用的肾走来走去，而患肾炎的人由于无肾而死去，才是不公正。由此，曼昆证明了，允许人体器官的市场存在，允许人们自由买卖各种器官，既有效率又公正，是自由贸易有利于双方的证明。

这种分析和结论从经济学逻辑来看，的确是无懈可击。但这种做法行得通吗？这里涉及伦理与法律问题。从伦理的角度看，为了挽救别人的生命而捐献自己的器官是高尚的利他主义行为，但为获利而出卖器官则是绝大多数人不能接受的——苏珊捐出肾挽救自己儿子的生命值得称道，如果她用肾去换取儿子的学费或凌志汽车，就会受到指责。这两种行为的差别在于对待生命的态度。为救人而捐出肾是对生命的尊重，为物质利益而卖肾是对生命的亵渎。出卖自己的器官不为社会道德所容，这是一个客观事实。从社会达成共识的伦理观来看，人体器官的交易是行不通的。

从法律的角度看，人体器官的自由交易也很难实现。在原则上，可以说人体器官的交易是自由的，但能避免强迫交易，甚至偷取、走私人体器官吗？在不允许人体器官交易的现在，报刊上仍不断披露出穷国向富国走私人体器官之事，如果这种交易合法了，又有专门从事这种交易的跨国公司，谁敢想象，会有什么后果呢？涉及人的生命，什么叫自愿交易恐怕在法律上很难界定，更谈不上执法了。其实从经济或社会的角度看许多有利的事之所以难以实现就是因为法律上的困难。安乐死是一件好事，为什么至今在全世界仍无法实现？这就在于界定自愿的困难性和其他相关的法律问题。

如果真的允许人体器官自由交易，卖方一定是穷人，买方则是富人。有哪一个富人肯把自己无用的另一个肾卖掉（包括曼昆自己在内）？又有哪一个穷人能高价买得起肾？此外，卖了肾或其他器官又引起其他疾病，岂不成为社会负担？正因为这许多问题，即使在荷兰这样最开放的国家，也没有人体器官的交换。

经济学家在解释世界时应该是客观的，即摆脱价值判断。作为严肃的学者，经济学家应该这样，不能用感情代替事实和分析。但这种客观分析得出的结论，如果不考虑社会伦理道德等价值判断，有时就毫无意义。这种经济学理论，说说是可以的，如果真的运用了就会后患无穷。人体器官自由交换就是这样的事。经济学家强调客观性的书生作风让我怀疑他们的治国能力。这正是我读了曼昆这个案例研究之后怀疑他治国能力的原因。如果他当了经济顾问委员会主席真的提出人体器官交易的政策，会有什么结果呢？靠这些不考虑价值判断的结论能治国吗？治国与清谈是不同的。所以，我不敢苟同经济学家"经邦济世"这种话。从经济学理论到经邦济世之间有一个巨大的鸿沟，许多经济学家习惯于客观判断，是跨不过这个鸿沟的。曼昆能否跨过这个鸿沟，完成从经济学家到政策顾问的角色转化，还要看他以后的作为。

二

其实曼昆也无非是把人体器官交换作为一个教学案例，他参政后，不会真正这样去做，也不会有人把这种看法作为一种政策。让我怀疑曼昆这样优秀的经济学家能否治国的更深层次原因在于这些学者往往太天真，不懂得政策的复杂性。

经济理论研究是学术层面的事，不会一言兴邦或一言灭邦，说什么都无所谓。但制定经济政策绝非儿戏，一项失败的政策也许会给经济带来灾难性影响。经济政策并不是直接由经济理论推导出来的，是综合许多学科理论并从现实出发的结果。理论不同于政策。理论来自学者对现实的观察和思考，政策来自政治过程。有时政策与公认的理论正好相反，但这种政策也许正是现实所需要的。政策接近于正确的理论是一个渐进的过程。

这个道理的一个现成例子就是经济学家的自由贸易理论与现实的贸易政策。萨缪尔森认为经济学中唯一一个被证明绝对正确的真理是比较优势原理。由这个原理引出的政策是自由贸易。应该承认，从长期来看，自由贸易的确促进了各国的繁荣。世界总的趋势是正在走向越来越自由的贸易。自由贸易也是长期政策趋势。但是，能不能由此得出结论，任何一种保护贸易政策都是错误的呢？

我之所以认为经济学家不能治国就在于许多经济学家一律反对保护贸易政策。据调查，有93%的经济学家认为"关税和进口限额通常降低了普遍经济福利"（《经济学原理》第二章）。所以，曼昆也在抨击政府的保护贸易政策。在《经济学原理》第三版中，曼昆批评了美国的所有贸易保护政策——从20世纪90年代以来克林顿政府限制澳大利亚羊肉进口到小布什政府对钢铁进口的限制。那么，这种限制政策是否像经济学家批评的那样坏呢？

我们知道，自由贸易的长期结果与短期影响是不同的。从长期来看，各国生产自己具有比较优势的产品，然后进行自由贸易，的确是双赢的。但在短期中并不是这样。国内不具比较优势的行业转向具有比较优势的行业需要一个相当长的时间。如果在这个产业结构调整过程中，没有保护贸易政策，不具比较优势的行业受进口冲击太大，这就会引起经济衰退和失业加剧，甚至引起社会动荡。这种情况也许是短期的，但这个短期如果是3年或5年，社会也是无法承受的。小布什政府提出保护钢铁业的政策理由之一就是给钢铁业的产业结构一个适应期。

同时，自由贸易对不同利益集团的影响，以及各利益集团的反应也不同。自由贸易当然对消费者有利，但消费者如此之多，分摊在每个消费者头上并不明显，他们也没有组织起来保护自己利益的激励。对于出口者，自由贸易也有利（例如，其他国家向美国出口钢铁多，才有能力购买美国更多的电脑和飞机），但这种利益并不直接。对于进口品的生产者，自由贸易绝对是一场灾难。试想一下如果美国对钢铁业完全放开，高价的美国钢铁肯定没有市场。钢铁行业完全崩溃，对钢铁厂的股东、管理人员和工人是灭顶之灾。在这种情况下，他们必然拼死反对钢铁的自由贸易。政府不得不考虑这些人的利益——尽管与其他人相比，他们数量并不多。钢铁工人的失业会给政府带来极大压力，也会在短期中对经济有不利影响，不保护一下行吗？

任何一项经济政策的决定都有两个特点。一是更多地考虑短期的影响。且不说总统任期只有4年，即使是终身总统也不得不考虑短期冲击经济是否承受得了。凯恩斯有一句名言：长期中我们都要死。任何一个决策者，即使再有眼光，也不能不考虑短期看得到的结果。二是各个利益集团之间利益协调、相互妥协的结果。在这个协调过程中往往是"爱哭的孩子有奶吃"——哪个利益集团呼声最高，决策者就倾向于作出有利于该集团的决策。

现实中类似这种为经济学家所反对，而且从理论上说经济学家的确正确的政策还不少。例如，有79%的经济学家认为"最低工资增加了年轻人和不熟练工人中的失业"，从而反对最低工资法。但现实中几乎各国都有最低工资法，美国的最低工资标准还在不断提高。经济学家关于最低工资法既无效率（引起失业）又不公正（对找不到工作的工人不利）的分析的确有道理。但现实中最低工资还有保护部分不熟练工人的作用，更重要的是最低工资作为一种福利制度有其不可逆性。哪个当权者都不愿意取消最低工资法引起穷人的反对和政治对手的指责。这些从经济学角度看不正确的政策之所以存在有其存在的理由。这就是黑格尔所说的"凡是存在的都是合理的"。

经济学家通常是从一定的假设出发，分析经济问题，并抽象出理论，这些理论本身逻辑严密，也反映了经济现象的本质。但理论本身并不是政策。现实比经济学的假设要复杂得多。理论对政策有指导意义，但制定政策还要考虑到许多经济理论未涉及的因素。经济学家的天真就在于坚信自己理论的正确性，并要顽固地把这些理论直接变为政策。如果经济学家不能成为擅长处理复杂现实关系的政治家，懂得玩弄政治上的平衡，就不能治国。因此，如果曼昆仍然在坚持他的自由贸易和其他理论，恐怕也会像他的许多前任一样不得不辞职。

三

治理一个国家的不是经济学家，而是一套制度。制定出一套正确政策，靠的也不是经济学家，而是民主决策制度。美国的确有许多优秀的经济学家，但美国的经济政策大体上没有严重错误，靠的不是这些经济学家而是制度。民主的决策制度并不能保证总是产生正确的政策或最优政策，而是可以减少政策的失误，使政策不犯根本性错误，或者有了错误也可以依靠制度得到纠正。

民主决策制度的核心不是多数原则而是权力的相互制衡。在美国的经济决策中有两个相互制衡的决策者：决定货币政策的美联储和决定财政与其他政策的政府和国会。美联储是独立决策的，不受政府和国会的控制，这样它就能对政府和国会的决策起到制衡。在20世纪70年代后期，美国面临高通货膨胀和高失业并存的滞胀。卡特总统和国会认为，应该首先解决经济衰退，采用扩张政策。但以沃尔克为首的美联储认为首先应该实现物价稳定，所以采用紧缩性货币政策。这种货币政策在短期内使经济衰退更严重（失业达到30年代以来的最高水平），但是物价迅速下降，并迎来了80年代美国经济的繁荣。如果没有美联储的制衡作用，恐怕美国也难以有80年代的繁荣。当然，制衡作用也并不总是一方拥护的另一方就反对。更多的时候是双方的结合。但这种制衡作用可以使政策失误减少，并消除重大失误。

就政府与国会而言也存在制衡关系。财政政策、贸易政策或最低工资法政策由总统代表政府提出，由国会讨论通过后，由总统签署并实施。这种程序使政策制定的时间要长一些，但减少了政策失误。总统作为政府的代表是从整体经济的角度来考虑政策的。国会议员则是不同利益集团的代表。他们各自从自己所代表的利益集团出发来考虑政策。任何一项政策都会有利于一些利益集团而不利于另一些利益集团。在国会讨论一项政策中，也是各个利益集团相互争论，相互妥协，并最终达成一致的过程。当国会最后以多数原则通过一项政策时，表明这项政策代表多数利益集团的利益。这种政策往往是一种各个利益集团相互妥协的结果，形成了各个利益集团的平衡。这种平衡对整个社会的稳定是重要的。在国会讨论中，还有一个重要力量是院外游说集团，他们代表各自利益集团的利益向议院申诉或施压，对于实现最后各利益集团的平衡也是有帮助的。最后总统的签署则是对国会讨论结果的审批，因为当总统从整个社会的角度认为国会讨论的结果有问题时，仍有否决权。

在外人看来，这种民主就是议员无休止的争吵，甚至大打出手。其实这正是民主的决策过程。争吵是各自为自己的利益集团争取利益，动了感情大打出手也不足为奇。正是有了这个争吵过程，才有政策的失误减少。如果国会总是一致通过，大家和气一团，那就难免错误了。

专家治国在本质上仍是人治的思想。在计划经济下，一国经济的好坏完全取决于中央计划者的能力。计划经济的基本特点是人治。当我们看到那些不懂经济计划者有计划地浪费资源，做出种种违背经济规律的事情时，往往不是把这些错误归之于制度，而是归之于人。由此就产生了一种善良的愿望：如果是专家来制定政策就不会有这些错误。专家治国的思想之所以在计划经济下的苏联、东欧等国特别盛行正在于此。无论一个人是多伟大的专家，作为一个人他也会犯错误。何况世界上本来也没有上帝一般全知全能的专家。

市场经济的优点就在于千百万个人和企业分散独立地作出决策。他们之中有些人会作出错误决策，但就整体而言不会犯重大、系统的错误。在这种经济中，涉及整体经济的政策是由民主制度决定的。任何专家都只是这个决策集体中的一个螺丝钉。既然是制度保证决策的正确性，就不能只靠专家治国了。经济学家总爱讲"经邦济世"，似乎当了经济学家就可以为民造福。我总觉得这有点王婆卖瓜的意思，或者说是为自己做广告。在市场经济的决策中，经济学家的作用是有限的，经济学家不能治国。从这种意义上说，曼昆即使不能胜任经济顾问委员会主席一职，或者他很好地履行了自己的职责，都不会对美国经济有多大影响。

我们的市场经济发展到今天，是打破经济学家治国迷信的时候了。

四

我们说经济学家不能治国并不是否认他们在制定正确经济政策中的积极作用。经济学家并不仅仅是玩经济学这种智力游戏的，他们受到政府与公众重视，能活跃于政坛之上，说明他们还是有一定作用的。

了解经济学家能在制定政策中起什么作用，首先要界定什么是经济学家。《兰登韦氏大学英语辞典》给经济学家下的定义是"经济科学中的专家"。这里所说的"经济科学"是指经济理论研究，即把经济学作为一门科学来研究。"专家"指有一定造诣的人。所以经济学家严格说来是以研究经济科学为生并有一定造诣的人。按这个定义，以下几种人不能称为经济学家：第一，从事经济管理工作的官员；第二，从事企业经营的企业家与管理人员；第三，在媒体上谈点对经济问题的看法，但并不系统研究经济学的人；第四，涉及经济学，但不以经济学为专业的其他专家，如政治学家或社会学家。如果从事经济学专业（如教员），但没什么造诣，只能称为经济学工作者（Economist 的另一种译法）。只有从事经济学研究又有一定造诣才是真正意义上的经济学家。按这个定义并不等于有经济学博士学位就是经济学家（例如得到博士学位去当官或管理企业），经济学家应该受过系统的专业教育，又要从事经济学研究。这些人主要是高校教授和研究机构的研究员。

我之所以要不厌其烦地给经济学家作这样一种限制就是因为现在是一个"泛经济学家"时代。只要能在媒体上侃一通就是经济学家，甚至还要加"著名"二字。我想说的经济学家在政策制定中的作用，指的是严格意义上的经济学家。

这种经济学家的作用首先是研究经济理论，推动经济学的进展。经济理论本身并不是政策，但它是制定政策的基础，可以指导政策制定。20 世纪 60 年代美国经济学家蒙代尔从理论上研究了开放经济中，浮动汇率和固定汇率下货币政策和财政政策对宏观经济的不同影响。结论是，浮动汇率下货币政策的作用大于财政政策，固定汇率下相反。90 年代美国采用紧的财政政策和松的货币政策实现了财政收支平衡和经济持续增长，正是根据了这种理论。任何一种政策总有理论指导，不是正确的理论就是错误的理论。所以，经济学家提出并不断发展正确的理论是重要的。

其次，经济学家要用经济理论教育其他人。一个官员，一个企业家，或者一个公民，并不需要成为经济学家，但如果他们要作出正确的决策，一定要了解经济学。传授与普及经济学是经济学家的职责，他们讲课和写文章写书正是完成这种职能。经济学家的这种工作提高了全社会的经济学水平，也为作出正确决策起到了应有的作用。

最后，经济学家可以提出政策建议，也可以批评政策。他们的政策建议也许不完全切合实际，但无疑可以作为政策的基础，或若干种选择之一。他们的批评也难免书生气十足，或把复杂问题简单化了，但对改善政策不无好处。在我看来，这种批评比建议还重要。经济政策只有允许批评，才会不犯重大错误。对于一种政策经济学家应该有不同的声音，有赞扬，有批评，这才有利于民主决策。这里用得上邓小平同志的一句话：最可怕的是鸦雀无声。

当然，也会有少数经济学家直接参与政策制定。如果他们既有深厚的理论功底，又有对现实的透彻了解，同时具备政治家的素质，他们就可以在制定政策中起到更大作用。但这种作用并不是专家治国，而是在民主决策中发挥专家特有的作用。例如，凯恩斯、格林斯潘，以及在美国总统经济顾问委员会任过职的伯恩斯、海勒、托宾、费尔德斯坦、萨默斯等。他们的成功不仅在于有良好的经济学修养，而且也在于他们完成了从经济学家到政策制定者或顾问的角色转变。如果曼昆能完成这种转变，他也就能成功。我们祝他在经济顾问委员会主席这个位子上一路走好。那时我们读他的《经济学原理》第四版，就会有更多新意。

市场经济成功的希望并不在经济学家身上。但如果我们有一批严谨治学的经济学家，有一批懂现代经济理论又了解中国国情的经济学家，甚至有少数具有政治家素养的经济学家，我们的市场经济就会进步更快，弯路走得更少。

曼昆

曼昆老了

　　1999年，我译曼昆的《经济学原理》时，从照片上感觉到他是一个年轻、漂亮的经济学家。以后译这本书的第二版、第三版，都觉得曼昆没什么变化。但这次拿到这本书的第四版时，使我心头一震的是，曼昆老了。

　　曼昆出生于1958年，今年还不到50岁。这是男人最好的时光，事业有成，前途无量，应该充满青春朝气。但看到照片，却已不是我心中那个曼昆。才几年的工夫，为何如此老态？在译书的过程中，一个"案例研究"为我解开了这个谜。

　　在《经济学原理》最新的第四版第二章中，作者增加了一个新的"案例研究"："曼昆先生走向华盛顿"（MR. Mankiw goes

Washington），写他2003～2005年间担任总统经济顾问委员会
（CEA）主席期间的经历与感受。

　　总统经济顾问委员会是美国政府最高的经济决策机构，这个委
员会的主席当然是总统的首席经济学家或顾问。经济学家都有学以
致用，经邦治国的雄心大志。能担任这样的职务，当然是实现这种
理想的最好机会了。我想当年曼昆先生走马上任时一定有一种"天
将降大任于斯人"的使命感和实现雄心壮志的渴望。在这个地位上
与社会最上层人士交往，出入各种公众场合，引人注目，当然"是
一个让人不容易忘却的经历——无论你多么努力忘记"。但曼昆的
感觉更多的是"对于任何一个习惯于平静而安宁的大学生活的人来
说，从事这些工作让人筋疲力尽"。

　　这种筋疲力尽当然有体力上的。每周与总统的定期会面、汇报
和探讨各种现实经济问题。与白宫工作人员、其他经济官员（财政
部长、美联储主席等）、企业界人士等会面、交谈，应付新闻界，
等等，的确相当耗费体力。担任这样高的职务，日程安排十分紧
凑，每天高速运转是正常的。但我觉得，曼昆所说的"筋疲力尽"
主要还不是体力上的。且不说曼昆原来体格健壮（还当过帆船运动
教练呢！），我总认为，仅仅是体力消耗并不会使人"筋疲力尽"，
关键在于你喜欢不喜欢这些事。我连讲四五天课，且一直站着也不
觉得累，但让我坐着开一天会，我有累死的感觉。

　　我想，曼昆的"筋疲力尽"不在于体力上累，而在于累而无
果。曼昆愿意出任这个职务还在于实现经邦治国的理想。他希望能
用经济学理论来改善世界。可惜当他真正参与到政策制定时，才深
深感到，现实的政策制定"在许多方面不同于经济学教科书上理想

的政策过程"。经济学教科书往往是从严格假设条件下的理论引出政策建议。学院派的经济学家总认为，只要把这种政策付诸实施，一切就都OK了。其实任何一种政策都涉及方方面面的利益关系，没有一种政策能使所有的人都受益。再正确的政策也是"几家欢乐，几家愁"，无非是欢乐的人家多于愁的人家而已。愁的人家要反对，要呐喊。一个社会要保持各个利益集团的平衡，不能不考虑这些呐喊声。现实中的经济政策并不完全是从正确的经济理论中得出的，往往是这种平衡的结果。

在参与政策制定的实践中，曼昆才知道，在经济顾问提出政策建议后，总统还要听取其他顾问的意见。这包括公关顾问关于如何避免引起挑战性误解的意见，新闻顾问关于会引起媒体什么反应的意见，法律顾问关于议会反应的意见，政治顾问关于以后影响的意见，等等。作为经济顾问，在提出政策建议时，不仅要考虑经济理论，还要考虑这种种与经济无关的因素。要使某一种政策建议被总统采纳，还要考虑种种经济学家并不熟悉的因素，你想，当一个经济顾问累不累？这种累不是在与各方打交道时体力上的累，而是精神上的累，是身心疲劳。在这两年中，曼昆就是在这种身心疲劳中度过的。

作为一个学者，曼昆习惯于从学者的独立立场出发来发表意见。这时没有人会看重你的意见，也不会有什么人抨击你的看法。但作为总统的经济顾问，人们会关注你的一言一行，作为未来政策走向的一个信号。你的言行会引起人们更多关注，也会引起各界的不同评论，甚至人身攻击。有些抨击者完全没有经济学素养，仅仅从自己私利出发，作为经济学家你会有什么想法？曼昆曾经支持将一些技术性工作外包，即交给海外成本最低的人去做。例如，由印度班加罗尔承包电脑服务。从经济全球化的角度看，这并没什么不对的，但却招致一些官员抨击。曼昆听了这些完全是外行的无理指责，又会有什么感触？

　　曼昆的筋疲力尽正来自这种精神上的累。一个饱受政界各种潜规则所折磨的独立知识分子，经过两年的从政经历，在筋疲力尽中度过，能不迅速衰老吗？这两年的从政经历使曼昆对许多问题有了重新认识，他成熟了，也衰老了。

　　2003年，当曼昆担任这个职务时，我曾写过一篇题为《经济学家不能治国》的文章，对他能否完成从经济学家到决策者的转化表示怀疑。今天证明我的担忧不是多余的。好在曼昆又回到了学者的身份，愿他在学术中再变得年轻。我等待看第五版的作者照片。

老年曼昆

冤枉了曼昆

　　华尔街有民众在示威、游行、闹事，原因在于金融危机给他们带来危害。他们反对美国政府实施的市场经济。哈佛大学的一些学生也在配合。本来曼昆"经济学原理"的课极受欢迎，每次开课都有近千人选修。但现在有七十名学生拒听这门课，从教室中走出，原因是这门课宣扬了自由放任的经济学，是这次金融危机的根源。恐怕曼昆有生以来还是第一次遇到这样的尴尬场面。

　　有些人去闹事就不必追究了，他们可能并不知道事情的真实情况。但堂堂哈佛大学的学生成了愤青却让人难以理解，其根源还是无知。曼昆的"经济学原理"是为大一新生开的，课还未上完就反对，不仅无知，还有些可悲。曼昆的课被认为是金融危机的根源，他真是比窦娥还冤。

对于这次金融危机的原因，现在是仁者见仁，智者见智，恐怕再过几十年也没有一致的见解。对于20世纪30年代大危机的原因，不是迄今为止也没有统一的结论吗？但把这次金融危机的原因归结为自由放任的市场经济肯定是不对的。要由这次危机而否认市场经济就是看见一个虫眼把整个苹果都扔掉了。那些享受市场经济硕果的民众和哈佛学子看到市场经济的一点问题就要从根本上否定这种制度，真是太忘恩负义了。人类并没有一种十全十美的经济制度，只能在若干种有缺点的制度中选一种缺点少的，正如人在几个有虫眼的苹果中选一个虫眼小而少的。

当然也不能说选了市场经济就不许别人批评，毕竟市场经济也有许多缺点。这些缺点如何引起这样的金融危机才是我们应该关注的。这就是经济学家争论的焦点。自由主义经济学家认为，政府对市场经济的干预过多引起了这次金融危机。经济是有起有落，不可能一直繁荣，总是艳阳天，但政府要制造持久繁荣，于是就用政策去刺激经济。金融危机的根源就在于格林斯潘刺激经济的低利率政策，低利率引发的次贷危机导致金融危机。主张国家干预的经济学家则认为还是政府干预不够引起的金融危机。华尔街金融公司从业人员的贪婪和国家干预不够才引起以次贷为基础的金融衍生品泛滥，导致经济危机。闹事的民众和罢课的哈佛学子都是从这种理念出发的。他们抗议政府就在于他们认为政府奉行自由放任，放任了华尔街的贪婪。曼昆的冤就在于他并不是自由主义经济学家。

自由放任与国家干预一直是经济学的两大思想潮流。当然这两种思潮的前提都是支持市场经济制度，争论在于政府应该更多放手让市场机制"看不见的手"自发调整，还是政府要伸出"看得见的手"经常干预一点。在美国当前的自由主义经济学家分属于不同的流派，如理性预期学派（2011年诺奖获得者之一萨金特即这一派的代表人物），以及美国的奥国学派传人。主张国家干预的是新凯恩斯主义学派（2008年诺奖的获得者克鲁格曼和一大批美国经济政策的决策者萨默斯、格林斯潘、伯南克等都属于这一派）。曼昆也是新凯恩斯主义的重要成员之一。使他声名鹊起的"菜单成本理论"正是新凯恩斯主义的重要理论之一。哈佛的学子还没有学过经济学的基本原理就把曼昆打入自由放任经济学家，显然是冤枉了他。

那么，曼昆是主张国家干预的新凯恩斯主义者，他对这次金融危机是否该承担责任呢？我认为把责任归咎于这些学者身上也是冤枉了他们。要知道，政府政策的决策者——总统、官员和议员也并不全听学者的。曼昆在小布什政府中曾担任过两年的总统经济顾问委员会主任。但在任职期间深感他的一些主张由于官员政治与利益关系难以实施，深感身心疲惫正辞职了，而且深为投身于政治而后悔。这一来是由于政策实践比理论分析要复杂得多。作为学者，曼昆还是太简单、太天真了一点。任何一个学者要投入政治都无法再以学者的身份出现，由学者转变为官员有一个痛苦的过程。萨缪尔森早就认识到这一点，所以当肯尼迪邀请他出任总统经济顾问委员会主任时，他拒绝了，尽管肯尼迪准备以他作为新古典综合派首领的理论来制定经济政策。作为为政府出谋划策的高参比作为学者要复杂得多。二来政策的基础以一种理论为指导，但往往从现实复杂的政治与利益出发，也不一定与这种理论完全一致，有时往往与理论背道而驰。理论是既想到短期，又想到长期的，但政府往往只关注短期利益而忽略长期问题。毕竟每一届政府的任期都是有限的，他们下台后哪怕洪水滔天。而且现实中有许多问题是任何一种理论和政策都无法解决的。这次金融危机一个重要的问题就是华尔街的贪婪与政府对金融衍生品监管不力。但贪婪是人的本性，华尔街金融公司的激励机制也不在政府管理的范围之内，对金融衍生产品管到什么程度也难适度。管得过多过死问题没了，但金融市场也死了。正如吃了砒霜，百病皆无，但人不也死了吗？

即使是新凯恩斯主义经济学家也不能为金融危机负责任。即使直接参加政策制定的经济学家也不是罪魁祸首，最终的决策还在总统、官员和议员。何况曼昆仅仅在思想理论上属于新凯恩斯主义，但并没有参与制定引起金融危机的政策，学生有什么道理把他讲的课和金融危机联系起来？如果出了问题就算经济学家的老账，谁还敢从事这个高危行业？

回到曼昆讲的这门课上。"经济学原理"这门课是为大一新生开的，是介绍经济学基本理论内容的一门基础课，思想倾向是有的，但并不是只介绍一个学派的理论内容。应该说，在凯恩斯主义出现之前，新古典经济学是主流，马歇尔的《经济学原理》就是这一派理论的集中体现，以自由放任为宗旨。二战以后凯恩斯主义成为主流，所以从萨缪尔森的《经济学》开始，就反映了凯恩斯主义的思想体系。二战后，自由放任学派在20世纪80年代也曾受到重视，但并没有成为主流。主流仍然是新凯恩斯主义，所以，曼昆的《经济学原理》也是以新凯恩斯主义思想为宗旨的。这与历来写教科书的原则是一致的。教科书就要反映主流经济思想，历来如此。另一方面，教科书还要介绍经济学的基本理论与方法，使学生了解这门科学的内容。这部分内容与教科书的基本倾向无关。从萨缪尔森的《经济学》到曼昆的《经济学原理》也都是如此。在经济学教科书中，微观经济学中各派都同意的共同内容更多一些。宏观经济学中反映的思想倾向更多一些。作为初学者的大一学生，以后可以有他们各自不同的认识，也可以青睐不同的流派，但在刚入门的时候还是要了解这些基本内容的。曼昆用这本书向学生介绍经济学，没什么不合适的。少数学生反对这门课，既无知又狂妄，哈佛学生不该这样。

也许有些学生罢课是因为十几年来老讲这套，有些过时了。还没有学就先入为主，这未免太想当然了。应该说，经济学要不断进步，研究新出现的问题。但作为一门科学，总有一些基本内容是不变的。马歇尔时代讲供求规律，讲需求弹性、价格弹性，现在不也同样要讲吗？作为经济学教科书，当然应该包括这些老生常谈的内容。这些内容现在仍在经济现实中起作用，没有过时。当然，经济学家写教科书也应该反映经济学的进展，不能万古不变。国外经济学家写教科书都是三年一个新版本，反映了经济学的最新进展。曼昆的《经济学原理》2011年已出了最新的第六版。这本第六版，微观部分几乎换了所有的案例，基本内容并没有重大变动，这说明了经济学内容的延续性与稳定性；宏观部分的基本概念如GDP等和基本框架也没有根本性的变动，但包括了许多新的内容。这一版的宏观部分以2008～2009年的金融危机为中心，通过许多新写的内容和新的新闻摘录，对这次危机进行了全面、深入的分析。例如，在金融危机之后，美国的货币政策工具发生了重大变动，在传统的公开市场业务和准备金率调整之外，又增加了央行为商业银行存在央行的准备金支付利息，但现在改变了这种做法。这就增加了一种货币政策工具，在需要刺激经济时可以降低甚至取消商业银行在央行存的准备金的利率，鼓励商业银行多放贷，增加货币供给；在需要抑制经济时，可以提高这种存款的利率，抑制商业银行贷款，减少货币供给。新版《经济学原理》中详细介绍了这种变化，改写了这一部分内容。而且在整个宏观部分，通过对案例和新闻摘录的调整，全面分析了这次金融危机的起源、经过、政府的政策与调整，使学生对这次危机及未来的前景有更全面、深入的了解。有了这样的内容，怎么能说曼昆的《经济学原理》过时呢？

至于说曼昆教的学生许多在华尔街工作，是金融危机的制造者，曼昆有教育失误的责任，这更是欲加之罪了。老师与学生是教与学的关系，教师并不能对学生的课后行为负责。我教过的学生也数以万计，有不少学生出类拔萃，对社会作出巨大贡献，但我并不认为是我教的功劳，完全是他个人努力的结果。没有我教，他们同样非常出色。我给自己写了一副对联，上联"教书一生，桃李满天下，成才皆自因"，就是这个意思。同样，他们犯了错误，甚至犯了罪，与我教的经济学也没关系。曼昆讲的是经济学的基本知识，他作为教师与他作为学者或官员还不一样。华尔街的精英们是不是金融危机的罪魁祸首尚待讨论，教他们的人没有责任却可以肯定。

作为教授，曼昆是成功的。他是哈佛最受学生欢迎的教师之一，每年有近千人选他的课。作为教科书，《经济学原理》也是成功的，至今世界上没有一本书能取而代之，现在它已经出到了第七版，发行量早已突破百万。哈佛一些学生的罢课，我认为只是一些愤青的行为艺术，不足为奇，也算不上什么重大事件。如今曼昆不是还好好地当他的教授,《经济学原理》也仍然畅销吗?

"沉舟侧畔千帆过,病树前头万木春。"历史不是几个人的行为就可以改变的。年轻人要创造历史,还是老老实实地从学习经济学的基本原理开始吧!

彼德·德鲁克

大师走了

　　2005年11月11日是一个普通的日子，但全世界的管理学界和企业家永远会记住这一天。这一天，95岁的管理学教父，被称为"大师中的大师"的彼德·德鲁克先生去世了。

　　自从有了人类社会就有了管理。无论是苏美尔人、埃及人、希伯来人，还是我们中国人，都留下了丰富的管理思想。工业革命使企业成为基本经济组织形式，企业管理理论应运而生。但是，还没有一个人回答一个简单的问题：什么是管理学。1954年，德鲁克出版了《管理实践》。在这本划时代的著作中，他明确指出："管理是一种实践，其本质不在于'知'而在于'行'；其验证不是在于逻辑，而在于成果，其唯一权威就是成就。"这本书的出版标志着管理学作为一门学科的诞生。德鲁克把管理学确定为一门应用科学，是为了解决复杂的企业管理中的现实问题。这里包含了管理学的精髓：管理无模式，管理要从实际出发，管理要与时俱进。

德鲁克指出，管理侧重于应用，而不是纯理论研究。管理学如同医学、工程学一样是解决实际问题的学科，而不是纯知识学科。但它又不是单纯的常识、领导能力或财务技术，而是以知识和责任为依据。他重视管理实践与经验，因此，他与斯隆、福特这些实践者一同被称为管理学中的经验主义学派。这一学派以向企业经理提供管理企业的经验和科学方法为目标。他们把企业的管理经验作为主要研究对象，并把这些经验加以概括并理论化。

德鲁克强调，管理有三项任务。一是取得经济效果，为企业在既有资源下的利润最大化服务。二是使工作具有生产性。有生产性的工作就是直接有助于企业成长的工作。三是要妥善处理企业对社会的影响和承担企业对社会的责任的问题。这三项任务是在同一时间、同一管理行为中执行的，很难说哪一项更重要或需要更大的能力与技巧。

由此出发，德鲁克认为，作为企业的主要管理者有两项别人无法代替的职责。一是必须打造一个"生产的统一体"。这就是要使整个企业协调一致，好比一个乐队指挥把各种乐器的演奏协调为一支优美的曲子那样。二是在作出每一个决策和采取每一个行动时，要把当前利益和长远利益协调起来。正是从这些观念出发，他提出许多影响了一代又一代人的管理思想。比如，目标管理，如何成为一个卓有成效的管理者，管理者角色的内涵变化，由管理到创新，以及21世纪的管理挑战，等等。

我的专业是经济学，但由于经常向企业家讲授"管理经济学"和其他专题，也常读德鲁克先生的书，并为之折服。在读书之余也经常想，是什么让他成为管理学中的一代宗师？

　　我想，一个伟大的大师必定有他高尚的人格，这就是永无止境的追求。据说有一次他去欣赏威尔第的歌剧，美得令他陶醉。当他得知这部歌剧是威尔第在80岁高龄所写时，他问威尔第，为什么这么大年龄还写？威尔第说，我一生都在追求完美，即使完美总与我失之交臂，我追求不到也要永远追求下去。德鲁克为威尔第所感动，也终生在追求完美。有人问他，他的哪一本书最好，他总回答下一本。他的一生就是这样的一生。自从1939年发表第一部著作《经济人的末日：论极权主义的根源》以来，一生共发表了39部著作。他的最后一部著作《卓有成效的管理者》已于2006年出版。这样勤奋的追求和工作来自他那颗高贵而不知疲倦的心。

　　德鲁克成功的另一个原因在于他的博览群书。一个大师级的人物绝不是仅仅在一个窄小的领域里成功，他有广博的知识。在他的著作中除了15部管理学著作外，还有13部经济学、政治学和社会问题著作，甚至还有两部小说和一本自传。各个学科是交叉的，德鲁克在涉猎其他领域而且学有所得时，也拓宽了自己的视野，对管理学有了更深刻、更全面的认识。博大精深的思想还来自博。

　　当然，作为管理学中经验主义学派的大师，他也注重实践，在实践中感悟管理真谛。他到美国后先在一个由若干家美国银行和保险公司组成的集团中担任经济学家。以后又在通用汽车公司、克莱斯勒汽车公司、IBM公司等大企业和一些外国公司担任顾问。1945年他还创办了自己任董事长的德鲁克管理咨询公司。这些管理实践经验成为他思想的重要来源。

德鲁克先生对中国人民满怀深情。他在20世纪80年代曾到中国访问。他还亲自为中国企业家设计课程。他培养的中国弟子已成为中国新一代管理科学骨干。更不用说，他的书影响了改革开放以来的一代企业家。他在给北京光华德鲁克研究会的开幕词中写道："管理者不能依赖进口，即便是引进也只是权宜之计，而且也不能大批引进。中国的管理者应该是自己培养的，他们深深扎根于中国的文化，熟悉并了解自己的国家和人民。只有中国的人才才能建设中国，因此，快速培养并使卓有成效的管理者迅速成长起来是中国面临的最大需求，也是中国的最大的机遇。"我们应该永远铭记这段话。

德鲁克是一个老式的、从不用电脑的人，但他的思想永远是新的。大师去了，思想永存。

埃德蒙·费尔普斯

诺贝尔经济学奖花落费尔普斯

每年的金秋十月，全世界经济学界都在关注诺贝尔经济学奖花落谁家。每年的最终结果也让许多预言家大跌眼镜。2006年10月6日《纽约时报》预期的获奖第一热门人物是新国际贸易理论的代表人物、普林斯顿大学的吉恩·格罗斯曼和埃尔赫南·赫尔普曼。排在第二位的是新增长理论的开创者、斯坦福大学的保罗·罗默。再往后是力主自由贸易的印裔美国经济学家贾迪斯·巴格瓦蒂。这些都是当今知名度相当高的经济学家，他们无论谁获奖，都无愧于这个荣誉。不过最后花落于埃德蒙·费尔普斯这个没有被猜到的哥伦比亚大学教授。

当然，费尔普斯并不是“黑马”。他对宏观经济学的贡献已为

经济学界和决策者所熟知并运用。早在2001年，他就是诺贝尔奖的
热门人物。2003年《纽约时报》根据全美250名教授、研究生的1
美元打赌结果，预测他和爱德华·普雷斯科特谁获奖。结果后者获
奖，他又一次在最后的时刻被淘汰出局。当然，是金子总会闪光，
在2006年人们已对他不抱希望时，他却摘取了这个桂冠。近五年来
每次诺奖都由2～3个人分享，这次由他独揽。他对自己获奖是有
信心的。在获奖后他对媒体说："我曾经想过这会发生，但对于在什
么时候却并不知道。"

费尔普斯对就业、通货膨胀、通货紧缩、储蓄、经济增长和经
济政策这些宏观经济问题都作出了引人注目的贡献。因此，被称为
"现代宏观经济学的缔造者"和"影响经济学进程最重要的人物"
之一。不过在我看来，他最重要的贡献还在近四十年前和弗里德曼
对菲利普斯曲线的研究和由此提出的自然率假说。

1958年，在英国的新西兰经济学家菲利普斯根据英国近百年的
资料画出了一条表示失业和通货膨胀之间关系的曲线。这条曲线表
明，当失业高时，通货膨胀低；反之，当失业低时，通货膨胀高。
或者说，这两者是一种交替关系。这就是宏观经济学中著名的菲利
普斯曲线。

1960年，美国经济学家萨缪尔森和索洛把这条曲线引入了美
国，并用美国的资料证明了这条曲线对美国的适用性。我们知道，
这两位麻省理工学院的教授是美国凯恩斯主义——新古典综合派的
最主要代表人物。他们是主张政府用积极的政策行为来调节宏观经
济的。菲利普斯曲线为政策的运用提供了一个良好的指南。这就是
当经济中失业率高时，政府可以采用扩张性经济政策，以提高通胀

率为代价来降低失业率；反之，当经济中通胀率高时，政府可以采用紧缩性政策，以提高失业率为代价来降低通胀率。用这种政策把失业率和通胀率都保持在一定范围之内，经济就实现了稳定。20世纪60年代，这种观点成为美国经济政策的指南。不过总体上还是以扩张性政策刺激经济为"主旋律"。

就在这种观点已在经济学中一统天下时，1968年，费尔普斯和弗里德曼对这种观点提出挑战。他们提出，菲利普斯曲线的错误在于没有考虑到预期。只有在这种情况下，通货膨胀引起实际工资下降，才会刺激生产增加就业。但如果考虑到预期，情况就会不同。他们采用的是适应性预期的概念，即人们可以根据过去预期的失误来调整自己对未来的预期，从而改变自己的行为。在短期中，人们来不及调整预期，从而菲利普斯曲线所表示的关系是存在的。但在长期中，人们会调整自己的预期，要求提高工资，从而实际工资下降刺激生产的作用就不存在了。所以长期中并不存在菲利普斯曲线所表示的关系。现在几乎所有经济学家都接受了这个观点。作为新凯恩斯主义代表的美国经济学家曼昆在他畅销全球的教科书《经济学原理》中把短期中社会面临失业与通胀之间的权衡取舍关系，但长期中并不存这种关系作为经济学十大原理之一，能进入教科书表明经济学界的公认。

但是，这并不仅仅是一种理论观点，还深深影响到经济政策。费尔普斯和弗里德曼大胆预言，如果政府利用短期菲利普斯曲线的关系以高通胀来换取低失业，这种成功只是暂时的，而且会引起高失业与高通胀并存的滞胀。这种任何通胀都无法降低的失业率称为失业的自然率。这就是在宏观经济学中同样著名的"自然率假说"。

美国20世纪60年代末和70年代的滞胀证明了这种观点的正确。弗里德曼在1976年获得了诺贝尔奖，现在也轮到费尔普斯了。

80年代之后凯恩斯主义的衰落和自由放任经济学的兴起使政策由强调国家干预转向更多依靠市场机制。从诺贝尔奖来看，七八十年代，代表凯恩斯主义的萨缪尔森、托宾、莫迪利安尼、索洛等人纷纷获奖，而90年代后获奖的逐渐变为代表自由放任的卢卡斯、普雷斯科特、费尔普斯这些人。经济学的风向变了。

许多人很关心这些获奖成果对我们有什么意义，其实这些理论的背景是发达的市场经济。我们仍然是一个转型中经济，他们的许多理论并不适用。不过从他们的理论中可以看出我们未来的方向。加强市场机制的调节作用，减少国家对经济的干预，尤其是不能单纯靠政策的刺激实现高增长，也是我们应该注意的。

穆罕默德·尤努斯

尤努斯获奖的意义

　　孟加拉国的经济学家尤努斯由于创办以扶贫为目的的、经营小额贷款的格莱珉银行而与该银行分享了2006年的诺贝尔和平奖。使更多的人脱贫致富是实现和谐的中心。

　　这世界有太多的穷人，这就诱发了犯罪、动乱和战争。贫穷是世界不和谐的重要原因。帮助所有的人脱贫是各国政府的目标。有不少人认为，一部分人贫穷是市场经济的必然结果，所以，扶贫只有靠政府出资实行社会保障。社会保障固然是重要的，尤其对那些失去劳动能力的老年人、残疾人或遇到各种天灾人祸的人而言，政府的社会保障更不可或缺。但更为重要的是，市场经济绝不是引起贫穷的原因，对于绝大多数人而言，完全可以通过市场机制脱贫致富。尤努斯获奖的意义正在于此。

尤努斯是一位在美国受过教育的经济学家，所以，他坚信市场经济是一种好制度，穷人应该能利用这种制度来改变自己的命运。他在自己的自传《穷人的银行家》中指出："我确实相信全球化的自由市场经济的威力与资本在市场上的威力。"这就是说，市场经济使人得到解放，人们可以自由地作出选择。每个人都可以利用个人资源而获得成功。坚信贫穷不是市场经济的必然结果，是尤努斯从事小额贷款的出发点。

让穷人利用市场经济脱贫不同于政府救济式的扶贫。尤努斯批评了救济式的扶贫法。他说："向失业者提供救济并非解决贫困问题的最佳方法。身体强健的穷人不想要，也不需要慈善救济，失业救济金只是增加了他们的不幸，剥夺了他们去做事的动力，而且，更重要的是，剥夺了他们的自尊。"各国扶贫的经验也证明，救济这种输血式扶贫办法并不成功，甚至是越扶越贫。尤努斯批评了世界银行的这种扶贫方法。尽管世界银行为世界范围内的扶贫花了不少钱，但效果并不明显。

实现市场化脱贫首先需要的是一种好的市场经济。著名经济学家吴敬琏先生指出，市场经济分为坏的市场经济和好的市场经济。坏的市场经济会出现严重的两极分化，少数人以多数人的贫穷为代价致富。好的市场经济能实现共同富裕与和谐。好的市场经济要从制度上保证每个人都有平等竞争的权利，同时政府要减少对个人和企业正常经济活动的干预。尤努斯所在的孟加拉国并不是一个完善的好的市场经济国家，也在从事小额贷款过程中受到政府许多干预，全靠他"海归"的经历和人际关系才做成这件好事。我国也有过这种小额贷款的实验，但都未成功。《穷人的银行家》一书的译者吴士宏女士在该书中文版序言中曾指出，20世纪80年代中期世界银行在云南某地的小额贷款项目就由于当地政府接管而无迹可寻了。

好的市场经济是市场化扶贫的基础，但绝不是说，有了这种制度，穷人就可以自发地脱贫致富。制度仅仅是市场经济下穷人脱贫的必要条件，但要把这种愿望变为现实还需要做许多具体的工作。尤努斯获奖正在于他在市场化脱贫中的创造性做法。这是他获奖的另一个意义。

在尤努斯看来，穷人有人力资本、有技能，他们贫穷的原因是缺乏资金。他实施小额贷款项目，正是为穷人脱贫创造条件。在他的小额贷款中有三点值得注意。第一，小额贷款不是救济，不是赠与，而是一种商业行为，即要通过贷款获利。市场化对扶贫者与被扶者应该是双赢的。尤努斯在帮助千百万人脱贫的同时也使格莱珉银行发展为一个盈利的大银行。第二，为穷人贷款提供方便。例如，不要抵押品、不要团体担保或连带责任，主动把贷款送给穷人。第三，穷人是讲信用的。尤努斯从事小额贷款已有三十年，格莱珉银行建立也有二十多年，还贷率达99%。如今这种小额贷款模式已经被广泛应用了。

尤努斯是一个有爱心、有经商技巧的人。他的许多做法我们难以照搬，但他的扶贫之路给了我们许多启发。这对正在建立和谐社会的我们是极有意义的。

年轻时候的陈岱孙

解放后的陈岱孙先生

一

1949年新中国成立后，留在国内的知识分子心态是复杂的。他们中的绝大多数目睹了国民党的黑暗独裁统治，对新中国充满了希望，想把自己的才华献给中国的复兴。也有少数人是由于种种原因不得不留下，心中充满了迷茫与疑问。

但是在20世纪50年代初在几次政治运动之后，即使在那些渴望大有作为的知识分子中也出现了不安的情绪，一些人明白自己毕竟不属于无产阶级知识分子之列。于是他们走上了不同的道路。

第一种知识分子经过痛苦的改造明白了抛掉自我与新政权合作

的道理。尽管他们在"文革"这样的革命风暴中也难免受到冲击，但总体上获得了极高的社会与政治地位。他们生前毁誉参半。这是新中国成立后知识分子的一种生存状态。

第二种知识分子自觉或不自觉地游离时代主潮。他们或者以自己在民主革命中的功劳自居，或者以挚友自居，坦言己见；或者就是心存不满，出言不逊。他们坚持自己的思想，或者用一句常听到的话就是"资产阶级世界观顽固地表现自己"。他们为主流所不满，在历次政治运动中屡遭不幸。

第三种知识分子接受党的领导，也信仰马克思主义。他们对日益加剧的极左思想越来越反感，他们由于种种原因而没有成为历次政治运动的主要对象。或者是他们过去社会地位高，或者是他们没有过激言行，甚至经常不说话；或者是他们受到多数群众的尊重。总之，他们较为平静地度过了各种政治上的疾风暴雨。但是，他们在精力旺盛的年代没有作出什么学术贡献。他们以沉默保持了自己清高的人格，没有卖友求荣，也没有曲意逢迎。他们在艰难的环境中保持了自己的道德底线。

这第三种生存状态的知识分子并不多，已故著名经济学家、北京大学教授陈岱孙先生就是一位这样的知识分子。

二

陈岱孙先生是爱国的。这是他解放后自愿留在国内，并自觉接受共产党领导的基础，也是理解他能保持第三种生存状态的出发点。

陈岱孙先生出身于福建闽侯一个书香门第的大家庭，祖父中过进士，曾在翰林院供职，叔祖陈宝琛是清末清流派中著名的代表人物之一，又是末代皇帝溥仪的师傅。陈岱孙从小受中国传统文化的教育，传统文化中的爱国主义与人生哲学影响了他的一生。

陈岱孙的青年时期正是外强入侵、国难当头之际，中华民族所受的凌辱激发了他深沉的爱国主义，强国、独立是他终生的追求。

1918年夏，陈岱孙到上海投考清华学堂。在风景如画的黄浦江畔公园，他看到了"华人与狗不得入内"的牌子。他回忆道："我徒然地止步了，瞪着这牌子，只觉得似乎全身的血都涌向头部。在这牌子前站多久才透过气来，我不知道。最后，我掉头走回客店，嗒然若丧，第二天乘船回家。我们民族遭到这样的凌辱创伤，对一个青年来说，是个刺心刻骨的打击。"只有亲身经历了这样心灵创伤的人才能理解他们那一代知识分子爱国主义情怀的根源。

1927年回国后，陈岱孙先生任教于清华大学，长期担任法学院院长，月薪500大洋，生活是悠闲而舒适的。但是，国家的苦难，政府的无能使他深感伤心。1932年，他作为中国代表团的专家参加了在英国伦敦召开的"国际经济货币会议"。会上的情景使他深感"中国当时是一个积贫、积弱的国家，对于会上利害冲突的问题，毫无置喙的余地。参加这种会，精神上是痛苦的"。在这期间，他发表的文章涉及中国经济的多种现实问题，其基调是批评政府经济政策的失误。在1936年发表于《大公报》的《我们的经济命运》一文中，他批评了国民党政府政治上借助外国力量，经济上向列强哀求乞怜的政策。他指出："不但在政治外交上，他们总是希望借重人家的力量，来解决我们自己的问题。就是在这一切经济问题上，我们也没有提起自立的精神，负起本身的责任，对于我们整个民族整个国家的经济前途，树立一个方针，定一个对策。上焉者，只能希望恳求人家积极地给我们一点援助，消极地不要加重我们的积压。下焉者，只有服服帖帖的取一个不抵抗的态度，让外力来随便支配。"

抗战胜利后，陈岱孙同当时许多知识分子一样，希望和平建国。1945年，他与西南联大的张奚若、闻一多、朱自清、钱端升等知名教授联合发表了《十教授的公开信》，要求停止内战，希望政治协商会议成功和民族独立。但是，以后时局的发展"使人确信国民党政权已经完全腐化，垮台就在目前"。正因为如此，当国民党政府请他离开大陆时，他拒绝了。1949年10月1日，中华人民共和国成立，毛泽东宣布"中国人民从此站起来了"。陈岱孙深感，这个宣言"表达了一百多年来备受横逆凌辱的中华民族的一致宏愿"。

在陈岱孙这一代知识分子看来，中华人民共和国的建立是民族独立、国家强盛的开始，多年来的梦想终于要实现了。正是这种爱国主义情怀使他们自愿地接受了共产党的领导，从内心承认了新政权的合法性。

三

中华人民共和国成立后留在国内的知识分子过去接受的几乎都是资产阶级教育，对马克思主义或者知之甚少，或者并不信服。中华人民共和国成立后，他们对马克思主义的态度亦不同。更多的人是努力地学习，并最终接受了马克思主义。陈岱孙就是这大多数中的一员。

陈岱孙先生在美国留学时就读过《资本论》，当然，我们不能说从那时起他就接受了马克思主义。中华人民共和国成立后，陈先生明白过去那一套经济学在今天是不适用了。要适应新的形势就必须从头认真读马恩的书，学习马克思主义。中华人民共和国成立后是旧知识分子学马克思主义的开始。有人是不自觉地学的，陈先生则是真正认真地学，并用于指导自己的教学与研究工作。

1953年秋，陈岱孙到北京大学经济系任教，并从1954年起任经济系主任。他在北大担任"经济学说史"课的教学，并从事这一方面的研究。他对马克思主义的接受正体现在他的教学与研究中。当时中国的"经济学说史"课是以苏联学者卢森贝的《政治经济学史》为蓝本的。卢氏的书被认为是第一部以马克思主义观点来论述经济思想史的权威之作。陈岱孙也是沿着这一思路来讲课和研究的。50年代后期，他撰写了40万字的《经济学说史讲义》。上册从古希腊罗马的经济思想到19世纪上半期的经济学说，中册从19世纪下半期到20世纪初的各经济学派，下册集中论述了马克思主义和列宁主义经济思想的发展，这本讲义是陈岱孙本人学习马克思主义的一个总结，也是中国学者用马克思主义观点研究经济学说史的早期成果。可惜这部著作尚未及出版就在60年代初高等院校内一次短命的政治运动中遭到批判。直到80年代初在这本讲义的基础上由陈岱孙主编的《政治经济学说史》才得以出版。60年代以后，政治运动接踵而来，在这样的形势下，陈岱孙更不可能发表什么研究成果了。但他仍坚持运用马克思主义研究经济学说史，其成果就是在1979年出版的《从古典经济学派到马克思》。这本近20万字的经济学说史专著以专题的形式评述了马克思以前的经济学说。这本书是陈岱孙研究西方经济学发展史的结晶，资料丰富，分析精辟，观点是马克思主义的，是按马克思对经济学各派的评价与分析来评述的。这本书表明陈岱孙已自觉地接受了马克思主义，并用于指导自己的研究工作。

80年代以后，学术研究空前活跃。这时，各种国外新思潮涌入国门，国内各种离经叛道的观点也层出不穷，但陈岱孙坚持马克思主义的态度并没有变。当时，经济学界对西方经济学评价分歧甚大，老一代学者倾向于对西方经济学的彻底批判，年轻的一代则强调更多地学习借鉴西方经济学。1983年陈岱孙在《北京大学学报》发表了《现代西方经济学的研究和我国的社会主义经济现代化》一文，基本观点是："现代西方经济学作为一个整体，不能成为我们国民经济发展的指导理论。同时，我们又要认识到，在若干具体经济问题的分析方面，它确有可供我们参考、借鉴之处。"从全文的论述可以看，陈岱孙的基本观点包括三层含义：第一，西方经济学是资产阶级的意识形态，是为资本主义制度辩护的，从整体上应该批判；第二，对西方经济学的批判不是简单否定，应该认真学习、研究，进行实事求是的分析与批判；第三，对西方经济学中合理的内容应该吸收、借鉴。这种观点和马克思本人对当时经济学的态度相同，称为马克思主义的态度并不为过。这篇文章得到高层的赞同，并由《人民日报》加"编者按"在显著地位全文转载。

陈先生的这种态度也引起过误解。1996年《求是》杂志第二期发表了陈岱孙署名的《西方经济学研究与我国社会主义经济改革》。这篇文章以批判西方经济学为基调，在海内外引起了强烈反响。国内改革派人士认为这篇文章是左的代表。反对改革的保守派，则利用陈先生的声望，以批判西方经济学之名，行反对市场经济之实。海外一些人也把陈岱孙列入左派行列。香港一家杂志点评国内经济学界左派人士时，第一个就是陈岱孙。这的确是一种误解。

这篇文章原本是为一本书所写的序，文章并不是陈岱孙写的。执笔者写好文章后曾请陈岱孙过目，陈岱孙作了某些修改（执笔者是一位非常"左"的人士，据说原文的观点与笔法与"文革"中的大批判文章相似，陈岱孙对那些过左的言辞作了修改），然后由《求是》发表。应该说，陈岱孙一直反对盲目崇拜西方经济学，主张对西方经济学整体上批判，这篇文章所表述的这种观点，与陈岱孙一贯的观点是基本一致的。这正是陈岱孙认可这篇文章以自己的名义发表的原因。陈老是把对西方经济学的态度作为学术问题来谈的，当时没有想到会有那么大的影响，更没想到会被歪曲地利用。他一贯反对对西方经济学的盲目崇拜和不顾国情地照搬，但他对改革开放是一贯坚决支持的。这两个观点也并不矛盾，因为坚持前一个观点正是为了使改革开放更顺利。文章发表后，陈老为他的观点被歪曲与利用深为不满。他一再表示，自己不了解发表这篇文章的背景，也不了解某些人的真正动机。他甚至为这篇文章的发表表示歉意。当某机构隆重地推出讨论这篇文章的会议，并请他参加时，他断然拒绝了。他的门生、北京大学经济学院晏智杰教授指出："陈老对西方经济学的态度同他坚定地拥护和支持改革开放的立场是一致的，因而他对外界某种把他关于西方经济学的看法同改革开放对立起来的企图感到意外，他对这类企图和做法明确地表示了不满和拒绝。"

综观陈岱孙的一生，他对马克思主义有相当造诣，而且信仰马克思主义，用以指导自己的研究。但他不是教条地对待马克思主义，也不是简单地理解马克思主义。他对马克思主义的理解与信仰体现在他的研究之中，而不是在口头上。正因为如此，陈岱孙得到了官方与学术界的一致赞扬。

四

对于陈岱孙这一代知识分子来说，最大的遗憾莫过于在学术上没有作出他们能作出的贡献。

陈岱孙先生从小接受传统文化的教育，国学根底扎实。到美国之后，无论是在威斯康星大学读本科，还是在哈佛大学读博士学位，学习都极为刻苦。他曾经给我讲过自己在美国时苦读的情景。当时几乎没有假日，整天在图书馆如饥似渴地读书。他把这一时期的学习作为一种乐趣。陈岱孙先生在哈佛大学完成的博士论文《马萨诸塞州地方政府开支和人口密度的关系》资料丰富，分析透彻，被专家评价为一篇高水平的论文，授予 Wisdom Key（金钥匙）。以陈先生这样深厚的中西学功底，在学术上应该是大有作为的。

陈先生在美国时对财政问题感兴趣，曾准备研究各国财政体制，写一本《各国财政体制比较》。为此他在哈佛毕业后即到意大利和法国游学，并开始收集有关这一问题的资料。回国到清华大学任教后，讲授财政学和经济学课程，并继续从事这一课题的研究。陈先生想把这本书作为精品，不想轻易写就。到抗战爆发之前，他已经收集了数箱有关资料，读了大量著作，写了笔记，也写出了一些初稿。可惜抗战之后他受清华大学校务委员会委派南下为学校南迁做准备，以后再也没回居所。这些资料和手稿都遗失了。以后也再没有从事这一研究。正由于这个原因，他在中华人民共和国成立前没有专著出版。中华人民共和国成立前选举中央研究院院士时，他在候选人名单上，但终未入选。中华人民共和国成立后选举科学院学部委员时，他也未能入选。像他这样的一级教授未当选学部委员者也是极个别的。在我们看来这是那个战乱年代留下的遗憾。

新中国成立之后，陈岱孙先生到北大，从事经济学说史教学，尽管不再能从事财政学，但仍想以马克思主义为指导写一本经济学说史，可惜所写成的著作仍不能出版。这时，他看到许多同事因言获罪，便不再有公开发表过的作品。现在收入《陈岱孙文集》的改革开放前作品只有1959年发表于《经济研究》的《从教学和研究工作谈谈经济科学的发展》。简短的一千多字，大约是建国十周年的"奉命工作"。但也不乏新见，如针对当时经济学空谈之风，强调不仅要研究"质"（原理、规律等），还要研究"量"（数量关系）。

像陈岱孙先生这样的知识分子，不公开发表著作，也与他们当时的第三状态相关。说违心的话，不愿意；说真心话，不可能。最好的选择就是不说话了。但不说话，不等于放弃学术研究，他仍然在读书、思考。而且，把更多的精力放在教学上。我们这些学子都从他那里学到了许多知识。

改革开放之后，我国又迎来了科学的春天。这时陈岱孙先生已近80岁了，但多年的积累使他不断有佳作出现。1979年《从古典经济学派到马克思》出版，以后又不断有新论出现。

在80年代较为宽松的学术环境中，陈岱孙的学术研究也进入了收获时期。虽然他公开发表的论著数量并不多，但其独到的见解却在经济学界产生了深远的影响。1979年11月陈岱孙以《魁奈〈经济表〉中再生产规模的问题》为题作了一次学术报告。这个报告根据国外新发现的资料考证了法国重农学派代表人物魁奈《经济表》的三个版本。过去学术界认为魁奈《经济表》是分析简单再生产。陈岱孙根据新的资料令人信服地说明了《经济表》实际也分析了规模扩大与缩小的再生产的可能性。一个经济学说史上的老问题，在他的研究中具有了新的含义。没有多年勤奋的研究与思考，是不可能有这种新突破的。1981年陈岱孙发表了《规范经济学、实证经济学和西方资产阶级学说的发展》。这篇文章从方法论的角度概括了一部从古至今的经济学发展史。陈岱孙先生指出，19世纪上半期以后，经济学从规模向实证化对推动经济学发展的意义，也肯定了被马克思批判的法国经济学家萨伊和英国经济学家西尼尔对经济学实证化所作的贡献。即使对以资产阶级价值判断为基础的规范经济学的某些内容也给予肯定。这篇文章表明，陈岱孙是以马克思主义为指导来研究西方经济学的，但又绝不是教条地坚持马克思主义。1984年陈岱孙在武汉华中理工大学作了题为《西方经济学中经济自由主义和国家干预主义两思潮的消长》的学术报告（1988年10月陈岱孙在香港中文大学也作了同样的报告）。这个报告从经济政策的角度总结了自重商主义以来的经济学发展史，这个报告的中心是以这两种思潮的交替概述了两百年来西方经济学的发展。陈岱孙高度的概括使人们在纷杂的经济学思想中抓住了基本线索，有了更深的理解，称之为高屋建瓴实不为过。这个报告显示了陈岱孙对西方经济学广泛而深入的了解。经济学界人士认为没有深厚的学问功底，是做不出这种大手笔的学问旳。

陈岱孙在极左时期的沉默保持了自己学术与人格的清白。这正是这类知识分子的可贵之处。他们有所不为而有所为，沉默时期的沉淀产生了以后的成果。尽管到能畅所欲言时，他们生命中最宝贵的一段已经过去了，许多该做出的成果未做出，但他们毕竟有了最后的辉煌。

五

其实中华人民共和国成立后党政军中是有不少知识分子愿意处于这第三种状态的，但由于种种原因而没有做到这点。除了主观上不甘寂寞之外，客观上也有"树欲静而风不止"的问题。陈岱孙先生能在这种状态下较为平静地度过那一段革命岁月，亦有其特殊原因。

从客观上说，陈岱孙先生并不像冯友兰、朱光潜先生那样有成体系的"资产阶级思想"（如果陈先生的《各国财政体制比较》出版，恐怕又另当别论了，没出成书的坏事变成了不成为"革命对象"的好事），无须彻底清算。

但更主要的是主观原因。这就是他淡泊名利、言行谨慎，并以谦和的态度得到学界与同事的尊重。

陈岱孙先生祖上是官宦人家，也许是祖上的经历使他淡泊了名利。像他这样的哈佛博士在国民党政府中完全可以当大官，据说宋子文曾请他出任财政部长，但他谢绝了。他十分甘于当一名教师，以教天下英才为乐。他也不卷入政治，即使在庐山为国民党办的培训班讲课也是亚当·斯密经济思想这类与政治无关的话题。从这一点看，他的历史是清白的。这就使他可以免受各种清查之苦。中华人民共和国成立之后，他亦无意问政，组织上安排什么就做什么，名利于他如浮云。在"文革"初他也曾被抄家，房子被别人霸占，但仍毫无怨言，泰然处之。他从1954年起担任全国政协委员，期间还是第六、七两届常委。记得他当政协常委后，我们这些学子向他表示祝贺，他风趣地说，只不过尾巴长了一点。以后的一切没有任何改变。"不以物喜，不以己悲。"许多文人只是说说而已，但在他却是不说，而真正实践了。从这种意义上说，他是真正的精神贵族。

在极左时期，人往往不知为什么获罪。陈岱孙先生眼看着自己许多朋友、同事、弟子在历次政治运动中倒下。这使他出于保护自己的动机，"敏于事而慎于言"。他从1954年起担任北大经济系主任，但基本是任职而不掌权的。系里事情只要系党总支与其他党员副主任所决定的，他一概同意，从不表示自己不同的意见。1957年"反右"时，曾有人对他说，你这个系主任有职无权，鼓励他在帮助党政风建设中提出，做一个有职有权的主任。陈岱孙不为所动，只淡淡地回答了四个字：我不要权。中华人民共和国成立前和刚成立时，清华、北大的教授之间有一些联谊性的活动，如每周由一位教授做东，大家在一起聚聚，但以后这种做法也自动停止了。1957年整风开始时，北大经济系几位教授和校外的经济学家联合，共同起草了一份关于促进经济科学发展若干问题的上书，以后参与此事的六位教授受到冲击，甚至成为"右派"，但陈岱孙未参与此事。据说，反右之后曾有弟子问陈岱孙为什么能安然度过这次运动。陈岱孙答曰：我不说。他正是以这种沉默的态度平安度过了各次运动的难关，在"文革"中所受的冲击也是最小的。当然，置身于当时中国的现实之中，要完全超脱是很难的，陈岱孙在不出卖自己良知的前提下也尽量要跟上所谓"时代的步伐"。70年代，"文革"中工宣队、军宣队进驻北大，要求教员与学生同住、同活动。本来已七十多岁的陈岱孙是可以不去的，但他仍去了，甚至连每天早上的军训式出操都参加。某一个冬日，他在黑暗中随青年教员跑步，由于速度赶不上年轻人摔倒了，当时无人发现，直到跑完整队时才发现少了他一个人。这次摔倒，使他的腿受伤，以后就离不开拐杖了。

在这种谨慎之中生活也许不会幸福，但这是保护自己的唯一方法。能做到这一点需要多高的修养啊。

当然，陈岱孙先生能在历次运动中没有受到什么大的冲击还取决于他的群众基础。他的为人让每个人从心里佩服，除了不知轻重去抄家的无知青年外，谁忍心云伤害这样一个令人尊敬的长者？这就是他伟大的人格。

据陈岱孙回忆，他在读私塾时"自以为出身于所谓'书香门第'，书还念得不错，就不时，器小事盈地，冒出一些骄矜之气"。这样，他的老师石卓斋就在某一年端午节师生互赠礼物时，送他一把画有松树和仙鹤的团扇，并题诗：

> 本是龙门诩李膺，虬枝得所气休矜。
> 人间饮啄原齐宽，不露聪明即寿徵。

陈岱孙的一生牢记住了老师的教诲，他的个人修养与这首诗肯定是相关的。

在中国，像陈岱孙这样有学问的人不少，但像他这样有教养的人并不多。我曾在北大学习、工作近20年，与各代学人都有接触、交往。我总感到，在陈岱孙他们这一代学者身上，有一种其他学者所欠缺的风范，这就是学问的博大精深与为人的谦虚宽容融为一体。记得1994年底，我参加一个学术研讨会。当时我刚从美国回来不久，在大会发言中介绍了经济学的最新进展，强调了数学在经济学中的重要性，强调对西方经济学要立足于学，而不是批。整个发言的调子与国内学术界对西方经济学整体批判、个别合理之处借鉴的调子不同。发言至大半时，主持人不断敲杯子，我仍坚持讲完。下来后友人告我，发言超时了，主持人才有敲杯之举。但随后一位长者发言，他首先声明自己对社会主义市场经济的提法并不同意，只是按组织原则服从，然后对我的观点逐一批驳。他的发言比我长得多，但主持人并无敲杯之举。我感到，是否敲杯恐怕取决于主持人的偏好，而不是发言长短。想到自己的发言有点逆会议潮流而动，心情也就沉重了。散会后我去问候陈岱孙，他握着我的手说，今天你的发言很好，我们是应该多学习。这是我第一次听到他当面对我的夸奖。短短几句话把我心头的不快一扫而光。我知道，他也许并不完全赞同我的观点，但他对我们年轻一代是非常宽容的，鼓励我们有自己的观点，讲自己的观点。这是他一贯的态度。记得房龙说过："宽容这个词从来就是一个奢侈品，购买它的人只会是智力非常发达的人。"从与陈岱孙的接触中，我感到他所具有的正是真正意义上的宽容，而这种宽容来自他"非常发达的智力"，即深厚的学问与高尚的人格。

陈岱孙长期任教于清华大学与北京大学。在他的六代弟子之中，我算是辈分很晚的第五代。但在他身上绝没有那种居高临下、盛气凌人的感觉。他乐于倾听各种不同观点，总是平等地与人探讨问题，他不掩饰自己的观点，也鼓励别人坚持自己的观点，他愿意给任何人提供帮助，但从不把自己的观点强加给别人。与他在一起，我们总感到轻松愉快。我曾多次陪他外出开会，在这期间他会饶有兴趣地给我们讲历史，谈他在哈佛的同学张伯伦（美国经济学家，垄断竞争理论的创立者之一）、俄林（瑞典经济学家，诺贝尔经济学奖获得者），讲清华校长梅贻琦先生，讲抗日中随清华南迁的艰难历程，等等。但他从未谈及自己的光辉历史。听一代宗师讲历史，风趣而幽默，透出了一种自然流露的平凡。

我知道许多学术界名人，架子与学问同比例增长，社会上也常流传这些名人摆谱的花边新闻。但这些在陈岱孙身上绝对没有。他有学问而无架子，学问与架子无关。记得1986年我陪陈岱孙到湖南长沙开会，他身体不适，便秘。我要去找医生，他说，不用，这是老年性便秘，不是大病，在家时习惯每天吃点花生米，这几天不吃就不习惯了，过几天自然会好。我要向会议组织者提出花生米一事，他又拦住了，理由是怕给别人添麻烦。当时会议组织者一再问我陈岱孙先生有什么要求，我多次征求他的意见，他才表示，方便的话想到清华南迁长沙时的旧址看看。这次去长沙，他的堂妹也去了（晚年堂妹一直与他一起生活），当我受会议组织者的委托向他要堂妹的机票报销时，他不给。他说，堂妹是陪他来的，并不开会，不应报销。会议组织者一再解释，这是他们的集体决定，完全符合国家有关规定（国家规定，年老的专家外出可由家属一人陪同，由接待单位报销）。但他仍坚决不同意报销，最后只好依他的意思。据我所知，他每次外出都坚持家属费用一律自理，买土特产全都自己付款。

　　有时历史不允许人们选择，我想如果可以选择的话，许多旧社会过来的知识分子都会选择这样的第三种状态。陈岱孙是20世纪的同龄人，他一生没有过多的传奇色彩，但能在风雨变幻的20世纪中平静度过97年，培养了一大批卓有成绩的学子，这就是极大的成就。他在北大为他举行的95岁寿辰上说："在过去几十年中，我只做了一件事，就是一直在学校教书。"（清华大学经管学院楼内陈岱孙先生的铜像上就刻着这句话）那些曲意迎奉者和奋力抗争者无论有一颗多么赤诚的心，无论个人付出了多大代价，都没有改变历史。只有陈岱孙这样以默默奉献保持自己高尚人格的人在平凡的教学中为祖国的繁荣奠定了基础。

樊弘

北大经济系师长杂忆（一）

在中华人民共和国成立后的几十年里，北大经济系有这么一批老"海归"，他们出身名门，留学欧美，学富五车；然而，他们的遭遇却叫人感叹不已，而且他们的名字也鲜为后人所知。

北大经济系是我学习、工作近20年的地方。尽管现在已离开北大十余年，但心中仍有一团浓得化不开的"北大情结"。北大对我的培养之恩，终生难报；北大师长对我的教诲，永世受惠。老来无事，经常回忆起各位师长的风采，遂记下来成此小文。

师 资 阵 容

我是 1962 年考入北大经济系的。当时的经济系还没有分为现在的经济学院、光华管理学院和中国经济研究中心。那时经济系是小系，几十名教职工，200 余名学生，和法律系共同在四院办公学习。

我们新生进校后最关心师资力量，有哪些教授，哪些著名学者。在请教学长们后才知道，尽管经济系不如物理系、数学系、中文系、历史系等名牌系那样出名，但师资力量还是相当雄厚的，在研究西方经济学、中外经济史和中外经济思想史方面居于全国领先地位。

当时的经济系有七位正教授，他们是：陈岱孙、赵迺抟、周炳琳、罗志如、樊弘、陈振汉、严仁赓。这些教授出身名门，留学欧美（是今天所说的海归派），各有专长。陈岱孙、罗志如、陈振汉是哈佛博士。陈岱孙先生 1949 年前研究财政学，1949 年后讲授经济学论史。罗志如先生曾研究国民收入统计，以后讲授"当代资产阶级经济学说"。陈振汉先生从事中外经济史研究。赵迺抟先生是哥伦比亚大学博士，1949 年前研究经济学史，1949 年后研究中国经济思想史，整理《披沙录》。樊弘先生留学英国伦敦大学和剑桥大学，1949 年前研究凯恩斯主义经济学，1949 年后又研究社会主义政治经济学。严仁赓先生毕业于南开大学，在美国学习四年多，1949年后研究美国经济，曾任北大校长助理。周炳琳先生研究外国经济史。另有徐毓楠先生（凯恩斯《就业、利息和货币通论》的最早译者），在 1958 年去世。马寅初先生亦是经济系教授，但我们入校时他已离开北大。在上大学时，赵迺抟和周炳琳先生已不参加系里的活动，我们从未见过。其他五位教授仍活跃在教学第一线上。

我入学时经济系还有四名副教授。杜度先生是美国伊利偌伊大学博士，我们上学时刚从北京铁道学院（现北方交大）调来，原来研究运输经济学，到北大后研究"当代资产阶级经济学"。熊正文先生据说是胡适的研究生，研究中国经济史，当时整理《清实录》经济资料，未上课。赵靖先生研究中国经济思想史，1964年就有《中国近代经济思想史》出版（与南开大学易梦虹先生共同主编）。胡代光先生早年研究统计学（我们上学时胡先生就主讲统计学），以后研究当代西方经济学。当时，胡先生是经济系副主任。这四位先生中杜度先生已去世。"文革"前，职务晋升极为严格。讲师中有三位先生无论资历还是学问都相当高，尽管没有副教授职称，也极受学生尊重。他们是李致远、闵庆全和张友仁。李致远先生是三八式老干部，据说到北大前已是地师级干部，但兴趣在做学问，故来北大经济系。李先生研究《资本论》，水平极高，常有文章发表，讲《资本论》极受学生欢迎，只是外语未过关，未当上副教授。闵庆全先生是会计学专家，为我们讲授会计学。闵先生书法与绘画都堪称一绝。张友仁先生讲授社会主义政治经济学，学术水平相当高。这三位讲师按现在的标准来看，当教授亦有余，但当年连副教授都不是。这三位先生中李致远先生已去世。

当时经济学还有一批在学术上崭露头角，活跃于教学第一线的中青年讲师和助教。他们大多是留校或留苏回来的。这些老师现在已是著名经济学家和教授，为大家所熟知，我就不一一列举了。

北大经济系老一代师长的学问与为人影响了一代又一代学子，并通过这些学子影响到更多的人。北大传统是体现在这些师长身上，并一代一代传下去的。我有幸受教于这些师长，并在他们身边工作过，见到过他们许多感人的事情，也听师友们谈起过他们的轶事。我记下这些，作为永不忘怀的回忆和永远激励我的精神源泉。

我这里写的是"杂记"，而不是"正传"，不求全面系统，只是记下自己的所见所闻而已。我的记忆以及听到的传说也许有误。失误和不足之处请各位师友指正、补充。

樊 弘 先 生

现在提起樊弘教授，知道的人已经不多了，尤其是年轻人更为陌生。但是，在我上大学的60年代，樊先生是北大经济系最活跃、知名度最高的教授。樊先生也是为我们本科生上课的第一个正教授。当时的教授很少，教授对我们年轻人来说有一种神秘感，上大学前也没有见过教授。我对教授的认识正是从樊先生开始的。

樊先生与陈岱孙先生同龄（1900年生），毕业于北大政治系，留学英国，是当时国内最知名的凯恩斯主义经济学权威。樊先生是四川人，个子不高，略胖，不大讲究穿着，用怀表而不戴手表，慈祥而平易近人，没有教授的架子。

樊先生有三件事令我们学生极为崇拜。一是他1937年赴英国留学，先后就读于伦敦大学和剑桥大学。在剑桥大学时他师从著名经济学家琼·罗宾逊。在这期间，他对凯恩斯和马克思的经济学说进行比较研究，于1939年写成《凯恩斯与马克思论资本积累、货币和利息》。文章得到琼·罗宾逊的称赞，并送给凯恩斯本人看过。以后这篇文章发表于著名的《经济研究评论》杂志。这篇文章被认为是用马克思主义研究凯恩斯主义的经典之作，一直作为研究凯恩斯理论的必读文献，1968年还收入美国出版的《马克思和现代经济学》一书。我们当学生时还不知道这些细情，但知道樊先生是国际知名的凯恩斯主义专家，仅这一点已够我们崇拜了。

二是樊先生是北大著名的民主教授。1949年前他是北京学界反蒋民主运动的活跃人物。他公开写文章、发表演讲，怒斥国民党的反动独裁统治，在当年的学界影响甚大。我曾见过1949年前樊先生做反蒋演讲的照片。樊先生穿一件袍子，举着手，想必是慷慨激昂的。1949年后，樊先生受到毛主席接见，毛主席握着樊先生的手，称他是"社会科学家"，记得我也见过这张照片。樊先生还是中国人民政治协商会议第一届全国委员会委员。尽管我们上学时，樊先生已不担任任何职务了。但这段革命经历令我们十分敬佩。

三是樊先生爱运动，天天跑步、打太极拳、舞剑、洗冷水浴。尽管当时60多岁，但身体很好，精神饱满，红光满面。我们经常以樊先生为榜样，鼓励自己从事体育活动。

这样一位令我们敬仰的师长在大一时为我们讲授"政治经济学社会主义部分"。当时这门课是好几位老师共同讲的，樊先生讲其中一部分。樊先生说话四川口音较重，但口才极好，在课堂上口若悬河，常常有自己独到的见解发挥。有时我们听得入迷，忘了记笔记，只好课后再补。记得樊先生当时就主张社会主义仍有商品生产的。对这个观点，樊先生讲得极透彻。当时我们这门课是口试，由樊先生和另外四位老师主持。我口试时答完所抽到的题后，樊先生拿起一个杯子问我：在社会主义中这个杯子是不是商品？我回答是后，他让我讲讲，这个杯子作为商品在资本主义社会和社会主会中有什么区别。由于樊先生课堂上对这个问题分析透彻，回答这个问题就不难了。

樊先生讲课极有激情，常常忘了时间，那时我们在一排平房中上课，听不到铃声，所以拖堂是经常的。记得有一次，已下课半个小时了，樊先生还在兴致勃勃地讲。我们都饿了，又怕去迟了吃不上饭。想下课又不敢说，你看我，我看你。樊先生没注意我们的表情，仍在讲。最后，还是学习委员提醒樊先生。樊先生拿出自己的老怀表，看了看说，没到点呀。学习委员说，下课半个钟头了。他拿起表来听了听说，对不起，我的表不走了。大家在笑声中下了课。

更有趣的还不是樊先生的讲课，而是听他答疑。当时，考试前任课老师都要给学生答疑，即回答学生的问题。樊先生尽管已是知名大教授，但考前仍亲自走到我们宿舍答疑。我们住在37楼，樊先生家在燕东园，这段路还相当长。樊先生课下更是和蔼可亲，我们就问他许多有趣的问题，他给我们讲自己留学的经历、见闻。他对我们说话毫无顾忌。记得一次答疑时，我们问他英国工人生活如何，他说："我这个教授家里是布沙发，人家英国工人家里是皮沙发，你说他们生活怎样？"在当时猛批资本主义的情况下，他还敢这样讲，胆子真不小。樊先生以研究凯恩斯主义理论出名，但也为此付出了代价。其实樊先生完全是以马克思主义为指导来批评凯恩斯的。在他那篇著名的论文中，他就认为凯恩斯有意无意地歪曲了马克思主义经济理论，对马克思资本积累理论的批判完全是错误的。樊先生的结论是马克思的经济理论比凯恩斯高。在30年代就有这种认识，应该说是相当不简单的。

但不知什么原因，樊先生得罪了康生。尽管有毛主席对他的夸奖，有"红色教授"的美称，又有全国政协委员的职务，1949年后的思想改造运动中他仍被送到中央党校接受批判，批判的重点居然是他对凯恩斯主义的美化和宣扬。他曾对我们说起过那一段受批判的经历。他说，自己努力检讨，给自己上纲上线，也更加痛斥凯恩斯理论之反动。但无论自己如何努力挖自己的思想根源，痛斥凯恩斯，批判者还是按康生既定的调子，指责他对凯恩斯假批判，真包庇，借批判之名宣扬，否认自己宣扬资产阶级经济思想的反动本质。他说，我实在想不通，自己年轻时就批判凯恩斯，现在怎么成了包庇，我白天做检讨受批判，晚上在宿舍哭。一个青年时就信仰马克思主义，以后一直追随共产党反蒋的红色教授，在他的革命理想实现时却遭遇这种不幸，不能不说是一个时代的悲剧。

大约在激烈的批判和一次又一次的检讨中，樊先生最终还是过了关，又回到北大，不过从第二届起，樊先生已经不是全国政协委员了。樊先生仍然在北大研究凯恩斯主义和社会主义政治经济学。60年代初，高校的学术气氛还颇为活跃。这也是樊先生学术生涯中的一个高潮期。樊先生除了为本科生讲授社会主义政治经济学外，还与罗志如等先生为高年级开设"当代资产阶级经济学说批判"课，主讲凯恩斯主义经济学批判。樊先生还指导"当代资产阶级经济学批判"方向的研究生。樊先生参加了中宣部组织的《当代资产阶级经济学》一书的编写，是第一册《凯恩斯主义》的主要撰写者（作者排名第一）。同时，樊先生在学术界也极为活跃，经常外出讲学，报纸上还有他到外地讲学的报道，在《经济研究》等杂志上也常有文章发表。可以毫不夸张地说，在北大经济系的七名正教授中，当时樊先生的社会知名度是最高的，完全可冠以今天常说的"著名"二字。

"文革"中樊先生当然也在劫难逃，批斗、抄家都是少不了。最严重的是，有大字报揭发他1949年前向农民收地租，是漏网的地主分子，他亦作为"混入党内的阶级异己分子"被开除出党。从"红色教授"、受毛主席称赞的社会科学家，到最后被当作混入党内的阶级异己分子，这个过程对他的打击想必是沉重的。粉碎"四人帮"后，尽管给他平了反，恢复了党籍，又当上了全国政协委员，但他的身体已经不行了。1978年我考上研究生又回到北大曾去看望他，但他头脑已不清楚，思维混乱。在研究生期间，樊先生主动要为我们讲课，讲凯恩斯主义。我们当然极渴望听他的课。他来上课时先在黑板上写字（忘了写的是什么），写满一黑板后转过身来，没说什么，又转过去把黑板擦了，重新写。这时樊先生实际上已无法讲课了，以后再也没来。

我们上研究生时，参加教研室的政治学习和活动，每周三下午开一次会，樊先生也来，坐在那里，很少与别人交流。记得一次大家议论社会上的一些事情，突然，樊先生用力地拍着桌子大声说："谁敢反对马克思主义，我就和他斗！"他这一举动吓了大家一跳，谁也不说什么了。看来樊先生尽管患了老年痴呆仍不忘捍卫马克思主义（其实当时并没人对马克思主义有不敬之词），康生主持批樊先生真是天大的冤案。

应该说，樊先生对凯恩斯的研究深受琼·罗宾逊影响，属于新剑桥学派的传统。但在1949年后凯恩斯主义遭受批判，加之当时的极左气氛，对资产阶级经济学的彻底批判不断升温，樊先生对凯恩斯的批判也就是必然结果。1949年后，樊先生写过一些批判凯恩斯的文章，集大成者是1982年出版的、30余万字的《凯恩斯有效需求和就业倍数学说的批判》(1979年已完成)。今天看这本书让人感到悲哀，但那是过去那个特殊年代的产物，无论樊先生愿意不愿意，都必须那么去做。作为一个从那个时代过来的人，我深深理解樊先生的苦衷。

1988年，樊先生去世。

陈振汉先生

在"文革"前北大经济系七个正教授中，陈振汉先生是健在者之一（另一位是严仁赓先生）。我们上大学时只知道陈先生是"大右派"（不是一般"右派"）。当时陈先生已不能给我们讲专业课，只为世界经济专业讲专业英语课，我是政治经济学专业，无缘听陈先生的课，也没有什么接触。考研和留校后与陈先生同一教研室，也常去他家请教或看望，对陈先生才有所了解。

陈先生1912年出生于浙江诸暨的书香门第。从家中挂的俞樾（俞平伯曾祖父）手书的对联和"扬州八怪"之一李鱓的画来看，应该是名门望族。1935年南开大学毕业后到美国哈佛大学攻读博士学位。在哈佛陈先生的同班同学中，人才济济，有诺奖获得者萨缪尔森、著名的马克思主义经济学家斯威齐（提出寡头企业拗折的需求曲线，即斯威齐模型），还有日本经济学家都留重人。他给我们讲过哈佛留学时的趣事。他讲到，萨缪尔森个子小，但他的女朋友（以后的夫人），个子极高。所以他们挪揄萨缪尔森要登上梯子才能与女朋友kiss。陈先生给我看过他们那一班的一本纪念集子，内中有都留重人画的两幅漫画。一幅是萨缪尔森在梯子上与女朋友kiss，另一幅是萨缪尔森的"全家福"，最高是夫人，然后子女，最矮是萨缪尔森，从高到矮排成一排。陈先生告我们，萨缪尔森夫妇尽管身高差异甚大，但感情极好。夫人去世之后，萨氏一直未娶。

陈先生在哈佛攻读经济史学。过去一些留学生是在美国研究中国问题，以此为论文题目，在国内则研究美国问题。学界对陈先生的敬佩之处就在于陈先生不用这种取巧的方法。他在美国研究美国经济史，博士论文的题目是《美国棉纺织工业的区位，1880～1910》，以后又写过一篇《美国棉纺织业成本和生产率的地区差异，1880～1910》，1941年8月发表于《经济学季刊》。这两篇文章均受到高度评价。陈先生1940年获得博士学位回国后研究中国经济史，成绩斐然，与严中平、傅衣凌并称为能自成一派的三大家。在陈先生的主持下，北大经济系成为中国经济史研究重镇之一。听老一代师长说，50年代我国评完自然科学奖之后，还计划评社会科学奖，陈先生的文章《明末清初（1620～1720年）中国的农业劳动生产率、地租和土地集中》曾被提名为获奖作品。以后社会科学奖没有评选，但陈先生这篇文章对地租剥削程度、土地集中等问题的研究得到高度评价。

1946年陈先生到北大经济系任教，并在1952～1953年任经济系代理系主任。从这时直到1957年，陈先生40余岁，年富力强，大展宏图。这一期间他写了几篇水平相当高的文章（包括前面提到的那一篇），组织北大中国经济史研究室选编《清实录》中的经济资料，为系统研究清代经济史做准备。由于英语文字水平高超，他被任命为中共中央《毛泽东选集》英译委员会委员，参加具体翻译工作，又参加了民盟，任北大支部副主任委员、北京市委委员。1955年担任中国科学院（现社科院）经济研究所兼职研究员、《经济研究》杂志编委，并招收明清经济史研究生。

陈先生一生的转折是在1957年。在名为"阳谋"的整风运动中，陈先生为了新中国经济学的发展，与北大经济系教授徐毓楠、罗志如，经济研究所副所长巫宝山，邮电部副部长谷春帆，中国人民银行干部学校副校长宁嘉风等人共同讨论起草了一份题为《我们对于当前经济科学工作的一些意见》的建议书（主要由陈先生起草）。这份建议书包括三个部分：经济学科工作和国家的社会主义建设，当前我国经济科学工作中存在的问题，资料供给问题也是影响经济科学进展的重要因素（批评保密制度）。这份建议提出的问题，如不能一概否定资产阶级经济学，不能教条式地对待马克思主义，划清发展马克思主义与修正主义的界线等等，今天仍然有意义。一个正常的人看这份材料，只会感到老一代学人的拳拳报国之心和值得重视的真知灼见，即便用高倍电子显微镜也看不出一点反动的狼子野心。

但就是这么一份建议，却在反右中被当作"右派分子"向党进攻的"铁证"。参与的六个人被称为"经济学六教授"（不同于费孝通、钱伟长等六教授）。参与此事的北大三教授中陈先生被定为"右派"，且是重点批判的"大右派"，其他两位先生未戴帽子（另外三位非北大教授，处理情况我不了解）。六教授的讨论会是在陈先生家进行的，连为客人倒水的陈先生夫人崔书香女士也受到牵连。陈先生从二级教授降为五级（连降三级），强迫劳动，在经济系资料室从事翻译工作。客观地说，在北大当"右派"还比其他地方强。与那些流放、关押，经历九死一生之苦的知识分子相比，北大的"右派"所受的皮肉之苦要少得多。但他们所经历的精神炼狱，以后的人很难体会得到。

我在北大经济系资料室曾看过一本批判"右派"的集子。其中对陈先生的批判让人匪夷所思。例如，陈先生以研究中国经济史，尤其是明清经济史著称，他对封建社会农业经济、土地集中、剥削等问题都有独到见解。但批判者却称陈先生研究这些问题是地主阶级本性的暴露，为地主阶级的剥削辩护，尤其是剥削率的研究是抹杀地主对农民的残酷剥削。陈先生为研究而收集的地契、租约、账本等资料被称为妄图变天的"变天账"，想以此向农民反攻倒算。如果是工人、农民这样批判也就罢了，但批判者都是研究经济学的，是有副教授或讲师职称的高级知识分子啊！再如，陈先生作为《毛选》英译委员会委员参加了《毛选》英译本工作，此书出版后毛主席曾设宴招待参与此项工作的人员。陈先生参加宴会后有人问及，吃的什么，吃得如何。陈先生说吃的一般，没想到这句话也成了罪行，被指责为对毛主席"大不敬"，是"反动本质"的暴露。在这些人看来，受毛主席宴请就要感恩戴德，盛赞饭菜之好，没有这种感觉就"罪该万死"。陈先生在遭此大难之后，并没有沉沦。他仍然在读书、思考、勤奋地研究。我上大学时曾在系资料室见过他去借书、还书、查资料。不过当时对陈先生既敬（毕竟是哈佛博士、大教授）又畏（"右派"的名称与今天的SARS一样），不敢接近。1978年又回到北大后才与陈先生有来往，感到他有学问而无架子，可敬而可亲。他讲的一口浙江官话不太好懂，但不乏幽默与机智。在我上大学时，他给世界经济专业讲专业英语，据师兄们说，他英文水平极高，讲课极为认真。同时，他还继续主持《清实录》经济资料选辑工作，从浩瀚的《清实录》选出了500多万字，在1988年开始分卷出版。陈先生是一位关心国家命运的知识分子，也在思考许多现实问题。"文革"中曾有人揭发陈先生说过一些欠妥的话。但从以后与他的交往中，我深感他对许多现实问题有独到的见解，并不是一个象牙塔中的书呆子。

陈先生一贯主张学以致用，他在那份对经济科学的建议中就批评了经济学研究脱离现实的不良倾向。他的许多研究都是为了古为今用或洋为中用。陈先生在美国时研究阿尔弗雷德·韦伯的工业区位理论是为了中国的经济建设，粉碎"四人帮"后研究洋务运动是为了给改革开放提供一些借鉴，读他收在《社会经济史学论文集》（经济科学出版社，1999年出版）中的文章，都有强烈的现实感。

粉碎"四人帮"以后，陈先生得到彻底平反，恢复了职务，是全国第一批博士生导师，指导研究生，为研究生开设《西方经济史学》（此课内容与厉以宁先生汇成了专著）等课程，并到西德讲学。陈先生是一个极有才华与见解的学者，可惜被耽误了20余年，否则陈先生会有更多成果。

写到陈先生还该写他的夫人崔书香先生。崔先生是陈先生南开和哈佛时的同学，长期担任中央财经大学教授，从事统计学的教学与研究。早在1980年就翻译出版了里昂惕夫的《投入产出经济学》。崔先生热情、乐观，我第一次见到她时她已70多岁了，但仍像50岁左右，谈吐风雅、幽默，有大家风范，对我们晚辈学子如对子女般关爱。崔先生好运动、身体好，记得1983年我们在昆明开会，崔先生尽管已70多岁，仍像我们年轻人那样爱玩，会后还与他人结伴去旅游。直到90年代，崔先生近80岁时还骑自行车从北大镜春园到中财上班。崔先生与陈先生感情甚好，两人共同度过了那段最艰难的岁月，并把三个儿子抚养成人。作为学者、妻子、母亲，崔先生想必经受了更多的苦难，但她从未向我们提起这些。

陈岱孙

北大经济系师长杂忆（二）

陈岱孙

　　陈岱孙先生是经济学界的一代宗师，他去世之后，报刊上发表了许多纪念文章。陈老（经济学界的人都称陈岱孙先生陈老或岱老）的亲属唐斯复女士把这些文章汇编为《陈岱孙纪念文集》一书，已由福建人民出版社出版（1998年）。但作为影响了几代学人的长者，陈老的一生是一个永远写不完的话题。这里的杂忆我就力图从自己与陈老的交往中，感受他的精神世界。

　　陈老去世之后，我经常回忆起与陈老在一起的时光。我不断问自己，陈老为什么能得到所有人的真正尊敬，他身上有一种什么样的精神魅力？如果用一句话来概括，陈老的气质是什么？我想，陈老是最后的贵族。

"贵族"这个词在《现代汉语词典》中的解释是："奴隶社会或封建社会以及现代君主国家里统治阶级的上层，享有特权。"我当然不是在这种意义上用"贵族"这个词的。我指的是精神和气质上的高贵。我之所以加"最后"这个词，是因为在物欲横流的今天，财界和学界都不乏暴发户，但很难见到这种有贵族气质的人。也许以后会有的，但那也是"三代才出一个贵族"。斯人已去，这样的贵族就断档了。

陈老出生于福建闽侯的一个书香门第。陈氏家族从中原（河南）迁来，历经近千年而成名门望族。陈老的叔祖陈宝琛先生是清末著名的清流派核心人物之一，与张之洞等齐名，又担任过光绪皇帝的老师。陈老的贵族气质与这样的家庭教育和熏陶当然是分不开的。但从这样家庭出来的，是否能有贵族气质，还要靠自己后天的教育与修养。陈老在一篇回忆文章中曾说道：上私塾时，他"年纪是较小中的一个，自以为出身于所谓'书香门第'，书还念得不错，然不时，器小易盈地，冒出一些骄矜之气"。他的老师石卓斋先生在端午节师生互送礼物时，送给他一把团扇，画着松树，树上一只仙鹤，并题了一首诗："本是龙门诩李膺，虬枝得所气休矜。人间饮啄原前完，不露聪明即寿微。"对老师的教诲，陈老说他"一直记着，不敢忘"。（见《私塾内外——童年学习生活片断》，收入《陈岱孙文集》）清华毕业之后，陈老赴美国留学，先在威斯康星大学获学士学位，后又到哈佛大学攻读博士学位。与陈老同班的同学中，有两位以后成为极有名的经济学家：一位是1977年诺贝尔经济学奖得主之一的瑞典经济学家俄林，另一位是垄断竞争理论的创立者张伯伦。张伯伦如果不是在1967年去世，肯定也会获诺奖。陈老在美国受的精英教育，我想也是也贵族气质的重要来源之一。一个人要成为贵族，不仅要有一个好出身，还要受过良好教育，以及自我的修养。

体现在陈老身上的那种贵族气质是什么呢？我想从陈老一生留下的两个令人不解的"谜"开始谈起：一是陈老终生未婚；二是陈老新中国成立前未入选中央研究院院士，新中国成立后未入选中科院学部委员。

我们刚入大学时，学兄们对我们进行的"传统教育"就是以后流传甚广的谣言。说是陈老与某教授同时爱上某女士，某女士说谁先拿到博士回来就与谁结婚。陈老一心认真读书，某教授却博士未拿下就先回国与某女士结了婚，陈老回来知道此事后终生未娶。当时学兄们讲得绘声绘色，我们听得津津有味，并又传给以后的学弟。开始时对这种传言也信以为真。但以后对这个流言中涉及的三个人都有所了解，尤其在与陈老的接触中对这种流言怀疑起来。那位某教授是一位令人敬佩的长者，看不出一点会骗婚的样子。那位女士气质高雅，不会用那种类似"比武招亲"的拙劣做法。记得有一次陪陈老去湖南开会，与陈老聊天，听他讲过去经历的片断，堪称一种享受。当时好几次想趁无人之时证明一下流言之谬，但始终未敢问出口。在陈老去世后才知道陈老的晚辈亲属曾听陈老否认了此事，并写成文章。每当想起陈老时，我总为年轻时相信、传播这种流言感到惭愧。望陈老的在天之灵能原谅我们的年幼无知。

这种流言之所以相信者甚众，一个重要因素是陈老终生未娶。

许多人按常人来想陈老，就用这种流言来解释未婚的原因。这恐怕是因不了解陈老品质而产生的误解。陈老年轻时抱着救国的理想到美国留学。他曾讲过，在美国学习的这些年只想好好学习，每天在图书馆读书读到很晚。节假日美国学生休息娱乐去了，他除了跑书店，把有限的余钱用于买书，偶尔看看球赛，就是读书。他认为，这是他一生中知识增长最快的时期。他很留念这一段苦中有乐的读书时期，也告诉我们年轻时要多读书。这种勤奋的学习成为他一生学问的根底。记得20世纪70年代美国经济学家萨缪尔森等人来中国访问，陈老接待他们时用英语与他们交流，陈老的英文与美国文化修养让他们敬佩。当得知陈老是哈佛20年代的博士时，萨缪尔森谦称自己是晚辈。离开哈佛已有近50年之久，还有这样的英文与美国文化功底，当然是年轻时苦读的结果。当时陈老这一代人都是要学成回国的，也不会有什么"跨国恋"。一个人的贵族气质，我想不仅是个人修养，更包括对祖国的爱，对事业的追求。陈老年轻时把心放在事业上，未考虑婚事。这在当代人是不好理解的。

回国之后陈老把精力放在清华的教学与管理工作上，担任法学院院长和校务委员。之后是抗战，清华南迁。在南迁时他受命作为先遣组的负责人，从北京到长沙又到昆明，其间生活艰辛，恐怕也无心考虑婚事。中华人民共和国成立初曾有人为陈老介绍女朋友，其中不乏一些颇知名的女士，但陈老最后也未结婚。我想像陈老这样的人，并不是只要成一个家，而是要找知己，经别人介绍恐怕婚前感情基础不一定牢固。所以，最后选择了独身。贵族气质之一是追求生活的高质量，尤其是感情的高质量，也许陈老的一生没有遇到这样的知音。今天这样的单身贵族多起来了，所以，陈老终生未婚其实算不上是一个谜。陈老的一生有事业、有朋友，虽然未婚仍然是幸福的。

陈老一生著作并不多。中华人民共和国成立前选举中央研究院院士时，陈老在候选名单上是有的，但最后未入选。中华人民共和国成立后陈老也未当选中科院学部委员，这在当时的一级教授中并不多见。因此，有的人对陈老的人品极为敬佩，但对陈老的学问如何仍存疑问。我想从陈老的贵族气质来解开这个谜。

陈老以优异的成绩获得哈佛大学博士学位，他的博士论文《马萨诸塞州地方政府开支与人口密度》当年曾获金钥匙奖，在今天读来仍为他缜密的分析所折服。陈老从事财政学研究，曾打算写一本《各国财政制度比较》的书，为此在美国时就收集了许多资料。毕业后他到英国、法国和意大利做短期考察和研究，也是研究这些国家的财政体制，并收集资料。回国后他一直从事这项研究。在研究工作中，陈老贵族气质体现在严谨的学风和追求高标准上。所以，他不肯轻易成书。陈老告诉我，在抗战前的10年中，他已收集到了足够的资料，也写出了一些片断。可惜抗战开始后，当他从外地回到北京时，还未及回清华园的家，学校就让他作为先遣负责人到长沙为清华南迁做准备。他马上买票到天津，准备由此南下。当时车上人多得不可想象——有一个人死了，居然一直站到天津未倒下。从此他先在长沙，后又在昆明呆了8年。再回来时，他为写这本书准备的资料、提纲、写好的片断，全没了。十余年的心血毁于战火。我想这本书未及写成，在他是要精益求精，在环境是战乱的破坏。我想他两次未当选"院士"与缺这样一本书相关。但这本书的未完成并不是他的学术水平问题。

而且，选"院士"也并不完全是学术问题，其间还涉及政治态度、人事关系以至游说的努力程度等等。陈老的一生从不参与政治，不追求政治地位，所以，中华人民共和国成立前国民党政府想请他当财政部次长（副部长），被他谢绝了。中华人民共和国成立后，他对新中国的建立是欢欣鼓舞的，但也并不像有些人一样去积极参政。他对政治的这种中立态度，当然不会使权力对他青睐。陈老对人诚恳、坦荡，但绝不去为什么目的搞人事关系或进行游说。这是贵族气质中清高的人格。清高是对名利的淡泊，永远平和从容，不以物喜，不以己悲。当然不会把"院士"这类浮名放在心上。记得在第七届全国政协大会上，他当选为常委。当我们向他祝贺时，他只淡淡地说了一句"只不过尾巴长了一点而已"（取其"常委"之音），平静得很。陈老一生有过两段最艰难的时期。一是抗战时期，那时物质生活艰苦。陈老说，当时通货膨胀严重，开了工资就要马上把柴米油盐这些生活必需品买齐，由于没钱，他连抽了多年的烟都戒了。谈起这一段生活，他没有怨言。二是"文革"期间，他尽管受冲击不算大，但也被抄家（哈佛的"金钥匙"在这时遗失），原来的独门独院住进了工人。但他仍然有尊严地平静生活，以后也没听过他的什么怨言。面对荣誉，他淡然处之；面对苦难，他坦然对待。这份难得的平静是真正的贵族气质，属于真正最有教养的人。我总认为不能用是否当上"院士"或著作多少来衡量一个人的学问。陈老幼年受过良好的中国文化教育，国学造诣相当深，我陪他外出时，常见他带一本古书作为消遣。以后又留学美国，西学亦精。陈老也像他们那一代人中的许多学者一样学贯中西。这一点体现在他的文章、讲课和言谈中。

客观地说，陈老一生公开发表的文字并不多，收入《陈岱孙文集》的著作共90余万字，其中包括他的博士论文的中译本和《从古典经济学派到马克思》这本专著。此外未收入此书的还有陈老主编的《政治经济学史》（此书获得1988年首届高等学校优秀教材的一等奖）以及他与厉以宁教授共同主编的《国际金融学说史》。应该说明的是，他不是那种挂名主编。这两本高水平的学术著作从制定大纲、编写到审阅，都渗透了他的心血，体现了他高深的学术造诣。陈老写的文章数量不多，但每有文章问世，就引起经济学界的高度评价。他对魁奈《经济表》的分析，对实证经济学和规范经济学的论述，对历史上自由放任与国家干预两大思潮交替的概述，都显示出极深厚的学问功底和独到的见解。这些发表于20世纪80年代的文章，在今天看来仍然是学术精品。陈老为年轻学子写过许多序言，但这些序言并非泛泛之谈，而是对某些问题做出的精辟分析。他在厉以宁《论加尔布雷思的制度经济学说》序中对正统经济学和异端经济学关系与演变的分析，有独到之处，至今仍然是我们研究这一问题的经典之论。仔细读陈老的文章才会感到他学问的精深，也才会受到更多启发。陈老的讲课是一绝。从清华、西南联大到北大，听过他讲课的学生无一不认为听陈老的课是一种享受。我过去的一个邻居是西南联大化学系的毕业生，她听过陈老为理工科学生开的经济学课。她经常给我回忆陈老讲课的情景，觉得陈老的课使她终生受益。我有幸两次听陈老讲经济学说史。一次是读大学本科时，另一次是研究生时。第一次听陈老上学说史时，我对这门课一无所知，看教科书（当时是苏联卢森贝的《政治经济学史》），被价值论等等弄得莫名其妙。听陈老讲课，这些陌生的概念、理论变得清晰、明白起来。能把复杂的问题通俗地讲出来，这是大师的水平。我上研究生时，陈老已近80岁了，他最后一次为77级本科生和我们78级研究生讲经济学说史大课。这时听课时，我对经济学说史有了一些了解（考研时这是专业课之一）。但这次听陈老的课更有收获，那就是他讲的内容给了我许多启发，使我更深入地思考一些自己学习中未注意到的，或以为懂了、实际上并没有了解其深层含义的问题。例如，古典学派与马克思主义的关系，实证方法产生的历史地位等等。这门课结束后，由陈老主持对我们研究生进行了口试。这门课的学习为我以后的工作打下了扎实的基础。如果说大学时听陈老的课让我们入门，这次听陈老的课则让我们提高。深入浅出，通俗之中蕴含着深刻，这正是一个人学问精深的体现。

陈老的讲课艺术不仅体现在内容与方法上，体现在对内容与时间的把握上（陈老讲课总是下课铃响时，他的内容讲完），而且，也体现在会引导课堂气氛上。记得我上大学时，偶尔有外国人来北大参观。当时为了让洋人知道咱们之伟大，也搞一点假花样。例如，平时食堂吃饭人满为患，站着吃，有洋人来一半人发面包香肠回宿舍吃，另一半人在食堂坐着吃大餐。有一次通知我们，法国人要来听我们班陈老上的课，一律穿最好的衣服（已是十月末还要求女生穿裙子），大家自然很紧张。陈老看出了这一点，讲课比平时还要轻松，偶尔来点幽默，使课堂气氛不那么紧张。课上到一多半，忽然校方来人通知我们，法国人不来了。这一下大家有一种被玩弄的感觉，甚为不满。陈老一点也不生气，笑着对我们说："当作一次演习吧。"大家听后都笑了，课仍然正常进行。在这些年的教学中我深感教学是一门艺术。从这个意义上说，陈老是一个艺术大师。

陈老的学问之精深不仅表现在文章上和教学中，还表现在日常言谈中。陈老不太喜欢夸夸其谈，在教研室开会时他也是听大家说的时候多，自己说得很少。但当我们在教学和研究中遇到问题向他请教时，他总能给你一个满意的答复。有时他也给我们指一二本书，让我们去读某一部分，读过后问题也就解决了。陈老从不把自己的观点强加给别人，而是引导你照自己的思路思考。后来我有机会陪陈老外出时，与陈老聊天的机会也多了。我喜欢听陈老讲历史，讲学问。从这些聊天中，我深感陈老的学问之博大精深。他读书甚多，又经常思考一些问题，他的一言半语往往使我茅塞顿开。记得我向陈老请教过中国文化、美国文化与历史、经济学等许多问题，受益甚大。只可惜当时太懒，没把每次谈话都记下来。

我总觉得遗憾的是由于时代的关系，陈老的学问远远没有发挥出来。抗日战争时，陈老37岁，本来应写成的书终未写成。以后则是内战。中华人民共和国成立后，陈老才50岁，正是做学问的好时光。陈老仍想有作为。曾有人问陈老，你的经济学是资产阶级那一套，中华人民共和国成立了还能有什么用呢？陈老说，经济学中意识形态的内容没有用了，但经济学还有技术性的内容（即研究具体现实问题），这仍然有用。而且，陈老还努力学习马克思主义，努力更新知识，赶上时代。可惜以后极左路线不断升级，技术性的内容也没用了。甚至陈老以马克思主义为指导写的经济学说史著作，都无法出版。这时陈老仍在学习，但却无法发表成果。直到改革开放之后，陈老多年的研究成果才陆续问世，包括《从古典经济学派到马克思》这本书和其他有影响的文章。这时陈老已是80多岁的人了。我总是想，如果不是这种时代的原因，陈老一定会有更精彩、更丰富的成果。当然，这也不是陈老一个人的悲剧，而是他们那一代知识分子的整体悲剧。

在人们的心目中，贵族是讲究生活，会享受，同时又孤芳自赏，不大看得起凡人的。这话对许多自诩为贵族者，大体是正确的。但对陈老只有部分真理。

陈老的出身、经历，以及他1949年前后的经济与社会地位决定了他的确懂得生活，也懂得享受。据与陈老交往颇多的老一代学者讲，陈老的生活不是奢而是精。60年代之前陈老家有从福建家乡来一直照料陈老生活的夫妇。男的是厨师，女的管家务，陈老待他们如家人，老年后才回去。这位厨师技艺甚高。1949年前，清华一些教授每周一人做东请大家，各家当然都要拿出绝活。一次在陈老家吃饭时，厨师端出一个大盆，内有猪头一个。陈老请大家用勺子去挖，像豆腐般软，但其味无比鲜美。此事真伪已不可考，但听老一辈人讲，陈老家那位厨师技艺甚高，饮食的确讲究。但讲究并不是豪华，听陈老家的保姆说，陈老晚年的饮食简单，肉吃得很少，酒偶尔喝一点，每周至少吃一次玉米面或小米稀饭，家人全在时也就是四菜一汤，没有什么特殊的。说讲究是注意饮食保健。有一次去长沙开会，陈老便秘，我要找医生，他说不用，这是老年人常有的事。他在家每天保持吃50粒花生就不便秘，到这里没吃，这毛病就犯了。每天50粒花生，可见陈老十分注意饮食对身体的调节作用。我想吃花生都如此准确，其他饮食也一定十分注意。这就是我说的讲究。

陈老的身体甚好，到97岁时无疾而终。我曾请教陈老的健身之法。他说，任其自然，想吃什么就吃，喜欢什么就做什么，不要强迫自己做什么或不做什么。他说，喜欢喝酒就喝一点，喜欢吸烟也不必强制自己戒。想要什么，说明身体需要什么。他特别说，如果一下从抽很多烟到突然戒烟，反而会打破原有平衡，要戒也要慢慢来。陈老一生抽烟，是在90多岁时才戒的，不过一直抽得并不多。陈老并不从事长跑之类剧烈运动，只是散步，上班或到商场都步行去。我总觉得陈老的健身之道其实就是经济中的自由放任，符合自然规律。所以，我不戒烟，也不从事剧烈运动。当然，这只是学了表面，陈老的境界是我学不到的。

像陈老这样的人，对精神生活的关注重于物质。陈老年轻时爱看球、看跑马比赛、看戏，还爱打桥牌。据说陈老的桥牌技艺甚高，是清华园有名的桥牌高手，有国际大师的水平。据说70年代末有人请陈老写一本桥牌的书，但陈老并不答应。当然，最重要的精神生活还是交友、读书。陈老有许多朋友，如梅贻琦、闻一多、周培源、冯友兰、张溪若等一代伟大的学人。陈老一生爱读书，老年时读书成为他主要的精神生活。有无丰富的精神生活是贵族与暴发户的根本区别。这种精神生活也是陈老健康长寿的重要因素。

陈老的贵族气质特别体现在他对人生的平和从容以及待人的谦和宽容上。过去，我觉得像陈老这样的贵族一定是高傲的，难以接近的。与他在一起时间长了才知道，陈老是最容易接近的，无论对谁都诚恳、平和。离开北大后我每年春节云看望陈老，每次他都要亲自送到大门，并看着我走出去。陈老热情地帮助每一个人，认识的，不认识的，许多未见过的青年学子来信请教，他都一一回复。甚至一些人请他代购书，他也买了亲自到邮局寄送。有时我们这些弟子要代劳，他都不让。对于不同的观点，陈老都认真倾听，从不驳斥别人。他鼓励年轻人有自己的观点，错了也没关系。这些都体现了陈老伟大的人格。我把这种人格称为最令人敬仰的贵族气质。

但陈老并不是一个无原则的人，他也有强烈的正义感。80年代初，甚至有人把有分析地介绍西方经济学也称为自由化。在这种形势之下，陈老于1983年发表了《现代西方经济学的研究和我国社会主义经济现代化》，回击了这股极左思潮。对于社会上的各种丑恶行为，他一点也不宽容。在教研室开会议论各种社会问题时，陈老一再主张乱世用重典。他说，像三娘教子那样，把棍子高高举起，轻轻打下，是不解决问题的。陈老的亲属唐斯复女士曾回忆说，陈老对腐败深恶痛绝，只要看到电视新闻中有腐败曝光，便会蹦出一句："宰！"宽容不是无原则的，对人民、朋友、同事的关爱，对不同观点的容忍、鼓励，对丑陋行为的恨，这才是真正贵族的宽容精神。一个没有正义感的人，谈不到宽容。

也许我用"最后的贵族"来概括陈老的精神与气质不够准确。但我想强调的是陈老的精神境界的确不同凡人。在我的心目中他的气质真正称得上"贵族"二字。陈老的这种精神是超时代的。每个社会都有自己的精英集团，精英集团不应该只是权力和财力的上层，还应该是精神上的上层。在一部分人富起来的同时，还应该有一部分人在精神上高尚起来。

回忆陈老的一生，我总想起司马迁《史记·孔子世家》中对孔子的评价："诗有之，'高山仰止，景行行止'。虽不能至，然心向往之。"把这个评价用于陈老，我想是恰当的。

罗志如

北大经济系师长杂忆（三）

罗志如

罗志如教授并没有给我上过课，也不是我上研究生时的导师。但在上研究生和毕业后留校期间，对我影响颇大。

罗先生生于1900年，与陈岱孙先生、樊弘先生是同龄人。罗先生是四川江津人，身材高大、偏瘦。据说抗战时期他担任重庆大学商学院院长，尽管已40岁左右，仍然英俊潇洒、风流倜傥，在舞场上风度翩翩，是许多少女心中的"白马三子"。我相信这个传言是因为当我与罗先生交往时，他年事已高了，风度依然不减当年。但留给我印象最深的，不是他的风度，而是他的智慧。罗先生早年就读于北京大学英语系，在当年全国公派留美学生的考试中名列第一，是名副其实的国家级状元（绝非当下本省高考的状元）。赴美后，罗先生就读于哈佛大学，获经济学博士学位，回国后曾在国民政府资源委员会工作，以后又在中央大学、重庆大学等校任教，1949年后到北大经济系任教。

罗先生早年研究国民收入统计，在北大经济系讲授过"统计学"。1957年由于是参加陈振汉教授主持的"关于当前经济研究工作几点建议"讨论的经济学六教授之一受到冲击，幸而未划作"右派"。尽管没有戴上"右派"的帽子，也没有受到肉体折磨，但对罗先生的心灵震撼还是相当大的。他不再从事党性甚强的国民收入统计研究，也不再发表文章，只是在书斋里默默地读书，研究学问。60年代之后，毛主席提出要开一些批判资产阶级唯心主义的课程，北大经济系决定利用欧美留学生多的优势，开设"当代资产阶级经济学说批判"课。于是，罗先生就从事了当代资产阶级经济学说的研究，为高年级学生主讲这门课，并指导这个研究方向的研究生。在中宣部组织编写的《当代资产阶级经济学说》（原计划五个分册，"文革"前由商务印书馆出版了四册）中，罗志如先生起到了重要的作用。他参加了全书的策划，并参与写作了第一册《凯恩斯主义》和第二册《垄断经济学》。尽管在当时的政治气氛之下，这套书以批判为基调，但毕竟让我们从扭曲的哈哈镜中了解到当代经济学的一些皮毛。如果仔细读这套书的脚注，就会发现作者们阅读了大量西方经济学的原著，资料极为丰富。这些脚注反映了包括罗先生在内的各位学者丰富的学识，也包含着让更多人了解当代经济学原貌的良苦用心。这套书凝结了罗先生多年研究的心血。

在我认识的教授中，罗先生是读书最多、最认真，而又最能静下心来做学问的人。无论政局如何变动，他都能两耳不闻窗外事，埋头读书思考。即使在"文革"这样疯狂的年代，他也仍然在读书。罗先生不仅广泛阅读各种经济学原著，而且坚持阅读英文期刊，了解经济学的最新动态。我借阅过的许多英文书上都有罗先生借阅和归还的记录，系资料室和校图书馆的工作人员都说过罗先生是来借书最多的人，系资料室的工作人员常为他到北图借阅英文书刊。当时系和校图书馆订阅的英文经济学期刊，他每期都看。罗先生特别注意阅读英国的《经济学家》周刊，每期都读，而且认真做笔记。罗先生读书时有做笔记的习惯，他在活页纸上记下一些重要的资料、观点、新概念，以及自己的一些思考。他做的笔记有一柜子，他去世后，胡代光先生把这些笔记交给我，让我组织研究生把这些宝贵的资料整理出来。我阅读了其中的一小部分，本来想以此为基础编写一本"西方经济学辞典"，后来发现仅仅一本辞典无法概括其内容，而且，这些笔记用英文缩写、符号代表，有摘录，也有自己的思考，读起来十分困难，许多地方百思不得其解，只好放弃了这项工作。在阅读这些读书笔记中，罗先生的认真与勤奋感染了我。

在经济学界，罗先生是公认的西方经济学权威，这主要源于他几十年如一日的读书和思索。1978年改革开放之后，经济学界急于了解国外经济学的状况，国内从事西方经济学教学与研究的人员不过十几人，且平均年龄在60岁以上。当时教育部决定开办一个高校教师的西方经济学研训班，用一年左右的时间培养一批从事西方经济学教学与科研的青年教师。教育部想请罗先生为这个班讲课，可惜罗先生当时已近80岁，且身体不好，无法讲课。这个班以后由北大经济系主办，胡代光、厉以宁、杜度、范家骧等教授主讲。罗先生尽管未能讲课，但也为这个班的举办提了许多有益的建议。这个班的学员以后成为各高校西方经济学课的骨干教师，现在有许多已成为著名经济学家。他们尽管未能听到罗先生亲自授课，但对罗先生仍感激在心，并在拜访罗先生时得到了许多有益的教诲。如今这些人都年过6旬，见面时仍要谈到罗先生。

罗先生的学识使他能及时掌握经济学的动态，并注意到新流派、新观点。据我所知，国内最早注意到菲利普斯曲线的是罗先生，在他的笔记中曾有多处关于这一理论资料出处的记载与片断摘录。菲利普斯曲线说明通货膨胀与失业的交替关系，"交替"一词英文为"trade off"，把这个词译为"交替"正是罗先生提出的。他向我解释，"交替"有一上一下的意思，像小孩玩的跷跷板那样，这样表示通货膨胀与失业之间的关系既切合原意，又容易理解。以后这一译法被广泛接受。把"trade off"译为"权衡取舍"是近年来的事，因为"trade off"已不仅仅指通货膨胀与失业的关系了，而是涉及所有选择问题。记得在罗先生的读书札记中，有理性预期等新概念的记载。经济系的许多中青年教师在读书或阅读英文期刊遇到疑惑的问题时也常向罗先生请教。我们的研究生导师胡代光先生、厉以宁先生一再告诉我们多向罗先生请教。

最能代表罗先生学术水平的是他与厉以宁先生合写的《二十世纪的英国经济——"英国病"研究》。这本书是罗先生与厉先生多年合作研究的成果，由罗先生口授，经厉先生记录、整理、修改成书。该书初稿完成于1979年5月，经多方征求意见、讨论、修改，最后在1982年出版。厉先生曾以"现代英国经济政策分析"为题，组织我们研究生就此书进行过七次专题讨论。该书出版后我曾以"一本崭新的书"为题在《读书》杂志上发表了一篇5 000多字的书评，此书评多次被国内外媒体转载。至今我仍然认为这是一本难得的学术精品。这是罗先生晚年的一本著作，是反映了罗先生几十年做学问成果的一本著作。这本书体现了罗先生做学问的三个特点。第一是博览群书，对国外有关论著几乎无所不读，仅脚注中引用的就有上百种。第二，读书仔细，例如，罗先生细读了马歇尔《经济学原理》的八个版本，说明各版修改与英国经济盛衰的关系。第三，有独到的见解，对20世纪以来英国经济停停走走的解释非常有见地，受到国内外学术界的高度评价。罗先生和厉先生的学问功底是学界有口皆碑的，这本书真正称得上珠联璧合。

我上大学时，"当代资产阶级经济学说批判"一课在5年级才上（当时北大经济系是5年制），由于"文革"停课闹革命，我未听过罗先生讲课，也与罗先生没有什么交往。与罗先生的交往是在上研究生时开始的。那时罗先生身体已不太好，行动不便，我就常到他家聊天。罗先生十分欢迎我们这些年轻人到他家。罗先生为人诚恳、热情、和蔼，谈吐风雅、幽默，听他谈人生和治学之道，真是一种莫大的享受。可惜"文革"革掉了我写日记的习惯，否则把那些谈话记下来就是一本论人生与治学的好书。

我上研究生时专攻当代西方经济学，这对我来说也是一门陌生的学问。如何才能学好呢？罗先生告诉我，他在哈佛求学时最推崇熊彼特。他说，熊彼特的治学方法是理论、历史与统计的结合。把经济学比作一个人体，理论是骨架，历史与统计是肉。离开了什么都不行。经济学要建立理论体系去解释世界。理论来自对历史事实的观察和统计资料分析，而且要用历史与统计资料来证实。这三者的有机结合才是完善的经济学。他告诉我，要真正成为经济学大师，要有抽象的逻辑思维能力和理论功底，要精通历史，因为经济学本质上也是一门历史科学，还要有整理与分析统计资料的能力，因为经济学要用数学说话。罗先生也强调数学工具在经济学中的重要作用，要掌握统计分析方法必须有数学功底，但认为数学仅仅是一种工具。他说自己在国内时读英文专业，到美国后特别补了数学和统计学。他要我们读几本经典作为理论底子，并推荐了《国富论》、《通论》、《经济学原理》(马歇尔)和《经济分析史》(熊彼特)。在历史方面，他主张认真读一遍《剑桥经济史》，或者意大利学者方坦纳主编的《欧洲经济史》。从他的谈话中，我知道了许多该读的书，可惜有些书名现在已忘却了。他还告诉我们，了解经济学最新动态，要坚持阅读英国的《经济学家》。这正是他长期坚持读的一份杂志。

初与罗先生交谈时，我觉得罗先生是一个书斋中的学者，交往多了，才了解到他其实非常关注中国的现实经济改革。平时闲聊总以经济学、读书为主。有一次谈到有学者提出股份制的问题，引起学界争论。罗先生说，股份制是要解决产权问题，这才是经济改革的中心。罗先生认为，社会主义计划经济改革的方向只能是市场经济，市场经济以产权明晰为基础，私有制的产权是明晰的，但我们国家实行私有化困难太大，股份制是产权改革的好方法。这话是在20年前说的，现在看来依然是正确的。如果罗先生没有深厚的理论功底，对中国经济没有认真的思考，是不会有这种预见性的真知灼见的。

在我这样的年轻人（其实当年我已经过了如今找不到工作的35岁，但罗先生总把我看作年轻人）面前，他真心相交，从不掩盖什么。记得一次，我拿迪布鲁的《价值理论》去向他请教（当时我担任一套"诺奖著作译丛"的主编，想找人译此书，借来书后发现根本看不懂）。他说，这本书他看过，涉及拓扑论等高深的数学，也没看懂，并答应向他的邻居——拓扑论专家江泽涵教授请教。后来他把这本书给江泽涵教授看。几天后他转告我们，江先生说懂拓扑论的人极少，这本书涉及的数学连数学专业的人也未必全了解，劝我们别读这本书了。此后我再也没读这本书，以至于这本书翻译出版后有不少错误。这当然是后话了。

与罗先生交谈更多的是经济学方面的事。当时国内许多学者颇推崇英国左翼经济学家罗宾逊夫人，我曾问罗先生对她的看法。罗先生幽默地说，我对我们罗家这位女士的理论不感兴趣，她那一套理论哗众取宠，路子不对。他告诉我，学习经济学首先要在主流经济学上下功夫，然后再了解其他观点，如果一开始就从这些非主流的东西入手，以后路子会走歪。也许是受罗先生影响，也许是对一切极左的东西都有一种天然的反感，我对罗宾逊夫人和新剑桥那一套始终心存"偏见"，认为她毁坏了马歇尔以来剑桥的传统，也断送了英国经济学。另一件事是，当时报纸上经常讲美国经济如何危机，我问罗先生，美国经济是不是真的那么糟。罗先生说美国经济整体上是健康、稳定的，经济发生波动也没什么不正常。正如一个健康人难免发点烧，或有点小疾一样。在当时的情况下能讲出这种真话，真正不愧为一个坦率的学者啊！

罗先生喜欢我那股坦率好学的态度。"文革"中，老一辈学者被指责为"资产阶级第一代"，当时年轻有为的教师被指责为"资产阶级第二代"，我这样的白专典型则被封为"资产阶级第三代"。我的一位朋友与罗先生交往也很多（他父亲与罗先生是朋友），据这位朋友告诉我，罗先生真心希望我能成为继承他们学术传统的第三代，而且相信我能做到。可惜以后我调离了北大，学问上也根本无法与第一代和第二代前辈相比，辜负了罗先生的期望。不过我想人的能力有大小，我在学问上无法与罗先生比，但只要像罗先生那样认真读书、思考，不断努力，也就问心无愧了。

经济系的其他教授

在我上学时，经济系共有七名正教授，其中三位我从未接触过，甚至未见过，但我也想谈一点我听说过的情况。这三位教授是周炳琳、赵迺抟和严仁赓。

周炳琳先生新中国成立前是北大教授中政治地位相当高的人。他年轻时追求革命，曾参加"少年中国学会"，毛泽东同志当年也是这一组织的成员。听老一代师长讲，周先生曾与李大钊共事，曾问李，要参加革命救国救民，是参加共产党还是国民党？当时正值国共合作，李大钊说，参加哪个党都一样，周先生遂加入了国民党。此事只是口传，我从未曾见到文字记录。但无论是否有此事，周先生的确是国民党的高官，曾任国民党中央某委员会委员，不过似乎没有出任什么实职，只是担任北大经济系主任和教授，也是西南联大经济系教授。新中国成立初任北大经济系主任。近年来，周炳琳的名字出现在媒体上是由于在新中国成立初的改造思想运动中，他被毛主席做了典型。

据谢泳先生在《无奈的群本》中记载，在这场思想改造运动中，周炳琳、潘光旦、杨人楩"默默无语"，"特别是周炳琳表现得很有个性"。这其实是对抗运动。毛泽东在一份《对北京市高等学校三反情况简报》的批语中写道："彭真同志，送来关于学校思想检讨的文件都看了。看来除了张东荪那样个别的人及严重的敌特分子以外，像周炳琳那样的人还是帮助他们过关为宜，时间可以放宽些。北京大学最近对周炳琳的作法很好，望推广至各校，这是有关争取许多反动的或中间派的教授们的作法。"这里所说的"对周炳琳的作法"是指为了端正周炳琳对运动的态度，北大党委有组织有计划地派人与周炳琳谈话。先后有张奚若、马寅初和周的女儿（共产党员）对周做工作，最后周有所转变，表示愿意听取大家的批评，进一步做思想检讨。这种做法一经毛主席肯定就成为经验，周炳琳也成了典型。因此，现在人们在谈到这一段历史时都会提到周炳琳。这次运动中，周炳琳检讨得如何不得而知，但还是过关了。此后，周炳琳先生不再担任北大经济系主任（由陈振汉教授任代主任），也不再讲课和参加其他活动，"躲进小楼成一统"，几乎无人知晓了。我们只知有周炳琳教授，从未见过。1978年我又考入北大时，周先生已去世了。

据说周炳琳先生的专业是外国经济史，但我未见过他的著作或文章，也不了解他的学术水平。关于周先生还有一件值得一记的事情是，读研期间教师指导我们读马歇尔的《经济学原理》，是赵迺抟先生送给周先生的，题记为："余治经济理论有年愧无一得之愚去秋枚兄（周先生字为枚荪——引者注）返校主讲马氏之学用赠此书以供参考云尔　枚荪兄存阅　弟廉澄（赵迺抟先生的别号——引者注）持赠1940年冬日昆明。"全文用钢笔字书写，字写得相当漂亮。这是在西南联大的事，说明了这两位先生之间的友谊。我下面要介绍的正是这位赵迺抟先生。

赵先生出生于1897年，1922年北大法学院经济门（即经济系）毕业后留学美国，获哥伦比亚大学博士学位。他的博士论文《理查德·琼斯：一位早期英国的制度经济学家》被认为是研究制度学派的重要著作，曾在美国出版，现在仍然是研究制度学派的主要参考文献。赵先生从1931年起就在北大经济系任教，主要讲授经济理论和经济思想史。新中国成立前出版过《五十年代美国经济思想的主流制度经济学派》和《欧美经济学史》。据说后一本书50年代仍在台湾重印过，并作为一些大学的教科书。在新中国成立后的思想改造运动中，赵先生也受到过冲击，从此离开讲坛，我上大学时一直是只闻其名，未见其人。在1978年回北大读研后才见到赵先生——一位和蔼可亲的老人，一把大白胡子，极有风度。我曾见过赵先生与师母互相搀扶着去商店，极为恩爱，令人敬慕。

赵先生极爱藏书和读书，中外图书都极为丰富。据说赵先生收藏了英国著名的经济学刊物《经济学杂志》（曾由凯恩斯主编），从创刊号起全套都有，"文革"时期许多大图书馆都没有订这份杂志，赵先生仍托人从国外带来配齐。赵先生退出教学之后，利用这些丰富的藏书从1952年起研究中国经济思想史，重点从事资料整理工作，孜孜不倦，终于编成了600余万字的《披沙录》，从1981年起由北大出版社出版。新中国成立前，赵先生曾任北大经济系主任，保护过从事革命工作的地下党员学生，拒绝国民党逮捕他们，并帮他们逃往解放区。邓力群就是受到赵先生保护的学生之一。在纪念赵先生80寿辰的大会上，邓力群先生讲到这一段历史，仍然对赵先生充满感激之情。但就是这样一位为人善良、与世无争、一心埋头做学问的长者，"文革"中也受到冲击，被红卫兵抄家。赵先生曾请景德镇陶瓷厂为他制作了一座瓷像，见过的人都说栩栩如生，是一件难得的艺术精品，但红卫兵却当着赵先生的面把这件精品摔成碎片，令赵先生伤心不已。即使赵先生有罪，这件艺术品又惹谁了？"文革"以后，赵先生受到人们的高度尊重，《披沙录》也可以出版了，赵先生写诗道："愿将垂暮日，努力追长征。"

严仁赓先生是当年七大教授中较为年轻的，出生于1910年。严先生出生于天津的世家，其祖父曾在清朝当过翰林院编修和学部侍郎（相当于教育部副部长），学识渊博。严先生在祖父身边长大，南开大学毕业后，曾在美国进修四年多，回国后在浙江大学法学院任教，中华人民共和国成立后到北大经济系任教。严先生中华人民共和国成立前主要研究地方财政，著有《中国之营业税》、《交易税——理论、发展、影响及其在各国施行之概况》、《云南省财政概况》等书。在美国期间，严先生开始接触马列主义经济理论，回国后曾在储安平主编的《观察》杂志上发表文章论述经济问题，抨击国民党的反动经济政策。新中国成立后从事经济理论研究，参与《当代资产阶级经济学说》的编写，是第一册《凯恩斯主义》和第三册《人民资本主义》的主要作者。60年代我上大学时，严先生已调到世界经济教研室，组建新的世界经济专业（1960年第一次招生），从事美国经济的研究与教学。严先生还担任过北大副教务长和校长助理。在我上学时，严先生在教学、研究和行政工作方面都相当活跃，可惜我当时学政治经济学专业，无缘听严先生讲课，也没有什么交往。我考研回北大后，记得只去过严先生家一次，严先生由于身体原因外出活动不多。他告诫我们切忌空对空地做研究，要有的放矢，要在博的基础上专，多读书扩大知识面。这些话使我受益匪浅。

北大经济系还有一位值得一提的教授，这就是凯恩斯《通论》的中文本译者徐毓楠先生。徐先生尽管已在1958年去世，但由于译了《通论》，至今仍然为人们熟悉。我在北大学习工作期间也听过先辈老师和学长讲徐先生的轶事。

徐先生留学英国，获剑桥大学博士学位。据学长们讲，徐先生聪明过人，在剑桥时与一白俄人同住一屋，无师自通，学会了俄语。中华人民共和国成立初，苏联专家来华讲学，译员非经济专业出身，一些专业用语译不出，徐先生就代为翻译，极为精彩。对这个传言，我是相信的，只要读读徐译《通论》就知道徐先生的才华了。那种严复式半文半白的译文，没有相当的才华和文化功底是达不到那样"信、雅、达"的。据说陈岱孙先生极为欣赏徐先生的才华，徐先生1958年因脑瘤去世时，陈先生掉了泪。当然，有才华的人也许会傲。另一些传说是说徐先生傲气的，比如很少有他看得起的人，从不让一般人进他家等等。这类事情有无并不重要，但徐先生的才华是公认的。徐先生1957年也参与了陈振汉先生"关于当前经济研究工作几点建议"的讨论，成为反右中受冲击的六位经济学教授之一，不知他1958年的英年早逝是否与此相关。

老一代学人的时代过去了，但他们那一代正直、谦虚、与人为善的人生态度和勤奋、认真、严肃的治学态度，应该成为21世纪精神的一部分。这也应该是中国知识分子传统的一部分。我写这个回忆录正是要从他们的身上寻求这种精神，成为我们在新世纪奋斗的精神源泉。

薛暮桥

薛老^[1]的精神永存

薛老因病卧床已有数年，但听到他老人家去世的消息，仍不禁悲从心来。

薛老是我早已仰慕的老一代经济学家。早在20世纪60年代上大学时，他的名字已经如雷贯耳，我听过他的讲座，也读过他早年的几本书，但我真正了解薛老还是在改革开放之后。

薛老的身份应该是老一代无产阶级革命家，先后担任过中央财经工作小组秘书长、国家计委副主任、国家统计局局长、国家经委副主任等重要职务，但在本质上他还是"一介书生"，是一个经济

―――――――
[1] 指薛暮桥老先生。

学家。他与那些"仕而优则学"的官员，"学而优则仕"的学者都不同。他把革命家和学者这两种身份融合于一体，因此，他研究的经济学既不是官员那种"官样文章"的学问，也不是学者那种文字游戏的"黑板上的经济学"。他的经济学是真正的经邦济世之学。

把经济学作为经邦济世之学，就不是把经济学作为一种"智力游戏"，而是力图解决现实中的重要问题。20世纪二三十年代，薛老与陈瀚笙、钱俊瑞等老前辈组织中国农村经济研究会，主办《中国农村》月刊就是为了解决当时中国社会最重要的农村问题。抗日战争期间，薛老研究战时经济，这对解放区的经济建设起过重大作用。中华人民共和国成立后，他探讨社会主义经济建设规律。改革开放以后，他又研究经济改革中的核心问题——市场化。他一生的每一个研究都与国计民生息息相关。社会迫切需要解决的问题就是他研究的主题。他的研究题目在变，但千变万变不离经邦济世这个宗旨。

学者与官员的最大不同是学者有独立的思想，即使身为官员也不会放弃。在计划经济时代，薛老已是一位参与高层经济决策的经济学家，他也经历了种种极左的失误，但他不是极左的盲从者。1959年他曾写过一篇题为"从一年来大跃进运动吸取教训"的内部文稿，对极左的做法表示了质疑，提出不能只讲速度而忽视了比例。他的名著《中国社会主义经济问题研究》则是对新中国经济建设经验与教训独立而有真知灼见的思考。

改革开放之初，薛老已经年近80了。经历了极左失误的人，更会感到这个历史机遇的可贵，他旗帜鲜明地支持邓小平同志改革开放的方针。早在20世纪80年代初，薛老就提出了建立"多种经济成分并存的商品经济"的主张，并在经济学家中最早把中国社会主义经济改革的方向定位为市场化。他不顾年迈的身体在各种会议上为改革"鼓与呼"，又风尘仆仆地下基层进行调查研究，农村、乡镇、企业、集市都留下了他探索的足迹。他为家庭联产承包制，为乡镇企业的兴起，为每一件改革的新事物呐喊、助威。读他当年写的一篇篇文章，仍能感到他那颗火热的心与时代同时跳跃。在今天，当我们享受到改革的硕果时，不能忘却这里有薛老和其他老一代经济学家辛勤的汗水。

在为改革作出重大贡献的经济学家中，薛老年龄最大、资格最老、贡献最大，影响也最大。2005年年初，薛老被授予"中国经济学杰出贡献奖"的确是众望所归，名副其实。

薛老的一生为国为民，永远探索，实事求是，坚持真理，领经济学一代新风。这种精神是他留给我们后生学子最宝贵的精神财富，也是永远鼓励我们前行的精神力量。薛老的精神永存。

告别薛老心情沉痛，以薛老的精神推动改革，完成他未竟之事业，是我们对薛老最好的追思与怀念。

柳红

80年代的探路者

　　1976年粉碎"四人帮"，全国人民欢欣鼓舞。但以后的路应该怎么走，社会上的认识差异相当大。很多人认为，"文革"前中国经济社会体制是完美的，"四人帮"破坏了这种体制，因此，打倒了"四人帮"就应该回到"文革"前的十七年。也有人从十年"文革"的灾难中看出了"文革"前十七年经济与政治体制的缺陷，认定只有改革才能救中国。后者的核心就是邓小平同志。

　　"文革"中"极左"思潮发展到了顶峰，而"文革"后的"两个凡是"的思想则是"极左"思潮的延续。在这种局势下，改革从哪里起步？目标是什么？应该走一条什么样的路？这样的改革谁也没有经历过，既没有现成的理论可资指导，也没有成功的经验可以借鉴。其艰难程度远远超过了中国历史上乃至世界历史上的任何一次社会变革。

我们应该永远感谢邓小平，历史也会永远铭记邓小平在推动中国现代化进程中的丰功伟绩。邓小平是前无古人的。作为改革的总设计师，邓小平在领导中国走上改革之路时，已经明确了三点认识：第一，改革的目标是由计划经济转向市场经济；第二，改革的路径要在改革的实践中探索，这就是"摸着石头过河"；第三，改革的前提是"稳定压倒一切"，即采用渐进的方式，在社会基本稳定的前提下实现经济政治体制转型。1978年，改革在批判"两个凡是"的思想解放中拉开了序幕，1979年，在农村家庭联产承包制的实践中，改革开始摸着石头过河了。

"摸着石头过河"，就是改革是在没有什么方案的情况下"边设计边施工"的。其实任何一种社会制度都不可能有预先设计好的方案再建立。哈耶克在《个人主义：真与伪》中指出："人类赖以取得成就的许多规章制度，已经在没有计划和指导思想的情况下产生出来，并且正在发挥作用。""我们在人类事物中所发现的绝大部分秩序都是个人活动不可预见的结果。"他还引用18世纪思想家亚当·弗格森的话："国家的建立是偶然的，它确实是人类行动的结果，而不是人类设计的结果。"人类一切好的制度都是"摸着石头过河"的结果，一切坏的社会制度则都是事先设计的结果。中国的改革并没有先例，任何人都不可能预先设计出一套完整的方案。"摸着石头过河"是唯一的选择。

虽然改革没有设计完整的方案，但必须在走完一步之后，有下一步的方案。这就好像摸着一块石头走完了一步，还要找出下一块石头。在改革过程中寻找下一块石头的，主要是那些推动改革的官员。但不可否认，在不断摸石头的过程中，政府经济学家起到了重要作用。所谓政府经济学家，是指那些本身也是官员或在国家机关（包括研究机构）任职的经济学家。他们的地位决定了他们在改革中的作用。一来他们身为官员或学者型官员，了解中国的实际，能提出符合中国国情并能付诸实施的理论或政策；二来他们的地位决定了他们的见解可以直接影响改革中的各种政策。与学院派的理论经济学家不同，他们中的许多人并没有系统学习过现代经济理论，很多甚至是自学成才。但他们对中国社会现实的了解要比学院派深刻得多，解决实际问题的能力也是学院派经济学家望尘莫及的。而且，他们的地位也决定了他们的见解可以上达"天听"。学院派经济学家难以有这种便利条件。所以，在整个改革的过程中起到关键作用的还是政府经济学家，学院派经济学家只能在象牙之塔中玩他们的理论游戏。后一类经济学家也许有正确的见解，但所产生的影响十分有限。决策者有多少时间在日理万机之余去看他们那些宏大抽象，甚至不着边际的长篇宏论呢？

柳红女士的《八〇年代：中国经济学人的光荣与梦想》记述了这些政府经济学家在改革中所起的重要作用。正是因为他们一块一块地摸石头，才有了今天中国的繁荣与富强。我也经历了20世纪80年代的改革，但充其量是夹在千千万万观潮者里从改革潮中受益的"小民"之一。所以，当该书中的一些文章在《经济观察报》上发表时，我就拜读了。这本书正式出版后，我又读了一遍，边读边想，勾起了我许多早已忘却的记忆，也让我在更多的层次上回忆起那一段思想解放的时光，当年那些看似平凡的突破并没有特别引起我的关注，但今天方知过去那些突破对中国进步的历史意义。柳红女士写的是三代经济学家，其实他们是同时在80年代推进改革的。尽管他们所起的作用不同，但都有许多共同的特点。80年代的经济学家，会是永远留在历史上的一个标记。

80年代的三代经济学家对改革作出了什么贡献呢？柳红女士在接受《华夏时报》记者采访时，把这些贡献归纳为十个方面的内容（见《华夏时报》2010.11.15–21，《回望1980年代的经济学人：专访〈八〇年代：中国经济学人的光荣与梦想〉作者、独立学者柳红》）。我根据自己读书的体会，并参照柳红的总结，把80年代经济学家的贡献概括为以下四点。

第一，进行舆论宣传，解放思想，为改革的合法性论证。极左思想歪曲了马克思主义，歪曲了社会主义。但由于长期的"左"倾思想，人们把许多社会的共同规律、许多正确的做法都视为资本主义。改革最大的阻力就来自保守派给改革扣上的"资本主义复辟"的帽子。因此，要改革，就必须澄清什么是真马克思主义，什么是假马克思主义，什么是社会主义，什么不是社会主义。这种工作最早是由对"两个凡是"的批判开始的。80年代的经济学家接过了批判"两个凡是"的旗帜，在经济领域清除极左思想。这种工作是由于光远先生在1977年至1978年间组织的四次按劳分配讨论开始。他们让人民认识到，改革并不是复辟资本主义，而是完善社会主义，是走社会主义道路，而不是走资本主义道路。这样，就确立了改革的合法性，使改革能顺利进行下去。

第二，探讨中国改革的目标与战略，使改革向邓小平同志提出的市场经济方向前进。这主要是澄清计划与市场的关系。在20世纪

80年代时，仍然是坚持计划经济的，但如何在计划体制下引入市场机制是改革的中心。从孙冶方先生的"计划建立在价值规律的基础之上"到薛暮桥先生对社会主义经济的探索、刘国光先生对计划与市场关系的界定，一直到把计划经济界定为有计划的商品经济。这些对市场经济逐步深入的认识反映在当中的各次决议里。这就使中国改革的目标越来越明确，最后在1992年确立了社会主义市场经济的改革目标。

第三，解决改革中出现的问题，使改革得以进行下去。他们支持改革中出现的新事物，也不断解决改革中出现的问题与困难。改革从农村家庭联产承包制开始。这是农民自发的创造，杜润生先生和农发组的第三代经济学家，深入一线调查，为中央支持这一改革提供了依据，并深化了改革。在改革的进程中，他们提出了许多既能推进改革又符合中国国情、行之有效的政策主张，比如，价格双轨制、放开私人经济、引进外资，等等。对宏观经济中出现的种种问题，如投资膨胀、通胀等，也提出了适用的调节政策。在他们的指引下，中国改革的航船绕过了一个个险滩、暗礁，顺利前行。特别应该指出的是，他们的许多主张尽管没有全部实现，但在今天仍然有意义，如董辅礽先生的产权理论、蒋一苇先生的企业本位论。在经济学界，不少人轻视研究政策的经济学家，认为他们为政府出谋划策。这是一种不好的风气。经济学是经世致用的，光讲理论，不解决现实问题，有什么意义呢？而且经济理论本身也是在实践中发展的，实践就是解决现实问题的对策。回顾中国的改革历程，可以总结出许多理论，所谓"转型经济学"不就是从改革实践中总结出来的理论吗？也许这些经济学家本人没有把政策实践上升到理论的高度，但他们的实践才是以后的理论之源。

第四，推动思想开放。我认为改革开放中开放重于改革，是改革的前提。极左思想之所以盛行，是由于封闭的缘故。关起门来，不了解世界的变动，坚信世界上还有四分之三的人在水深火热中，就会自以为天下第一，沾沾自喜。打开国门，才知道自己的状况究竟怎样，也才能学习别人成功的经验。鸦片战争后被迫打开国门，才有洋务运动第一次现代化的尝试。同样，这次改革也是由开放推动的。我觉得，80年代经济学家对开放的贡献还在于思想意识方面，其贡献有三。一是走出去学习国外的先进理论与成功经验。无论是出去考察，还是出去学术交流或是学习，都使我们大开眼界。二是请进来，尤其是请布鲁斯、奥塔·锡克、科尔奈到中国来传授东欧的改革经验，请国外专家参加巴山轮会议，对中国的改革都有极大的促进作用。在今天看来，也许他们的观点并不完全正确，但在当时对推动改革是有意义的。三是促进西方经济学在中国的传播。过去我们把西方经济学看作洪水猛兽，80年代则改变过去的做法，倡导学习西方经济学了。1978年开设的"西方经济学讲座"我是听过的，颐和园的计量经济学讲习班我没参加，但也知道。这些对打破中国教条式、僵化的经济学起到了不可低估的作用。应该说，在这方面学院派经济学家是有重要贡献的。尤其不能遗忘的是，北大陈岱孙先生坚持科学看待西方经济学，对中国引进介绍西方经济学起到了中流砥柱的作用。厉以宁教授最早在北大开设系统介绍西方经济学的课程，也功不可没。当然，推动这项工作的还是政府经济学家，其中首推于光远先生。我们这一代人上大学时，学习的是于光远先生主编的《政治经济学》，读研究生后，又是经由于光远先生主办的"西方经济学讲座"才得以进入现代经济学。

80年代经济学家能作出这些贡献，还在于他们的人格魅力。我特别欣赏柳红女士在接受《华夏时报》记者采访时说的一段话："印象深刻和感慨深沉的是人，是这些人的执着追求，是他们的奋斗牺牲，是他们的较真，是他们克服自身局限、超越自我和时代的勇气和魄力。这里有很多人格伟大的人物。"我觉得这段话是对这本书的升华。

这些人中，第一代人都是身居高位的高官。他们本人都是计划经济体制的受益者。有一些计划经济的受益者放弃了当年的革命理想，成为既得利益者，变成了改革的反对者。但第一代经济学家仍然坚持了年轻时投身革命所怀抱的救国救民理想。他们心中想的不是如何维护自己的既得利益或荫及子孙，而是为了救国救民，知道自己错了就改。他们从计划经济的执行者变为改革的推动者，这种变化背后是不变的理想与追求。他们不在乎个人得失，他们的子孙现在既不是大权在握的官二代，也不是锦衣玉食的富二代。我与他们许多人的子女有接触，听他们讲家教，让我真正感受到一个革命者的胸怀，无论在历次运动中受过多大的冲击，如马洪，也无论在"文革"中遭遇多大的打击，如孙冶方，始终不改其志。这一点才是我们今天的经济学人应该学习的。

第二代人是共和国培养出来的一代。尽管他们没有经历革命的洗礼，但他们同样有理想，有追求。如果他们趋炎附势，是不愁没有高官厚禄的。但他们义无反顾地走上了改革的荆棘之路。他们当时的生活条件相当差，如果他们愿意，他们完全可以靠自己的地位与能力换取更好的生活条件。但他们自愿在这种艰苦条件中探求改革之路。"救国救民"仍然是他们心中不可动摇的理想，也是他们不断冲破"条条框框"的动力。

第三代人经历了"文革"和上山下乡。他们的经历使他们有更深的现实感受，从而有了改革的决心和动力。他们接受新思想快，眼光更锐利。价格双轨制就是他们这一代人的主要贡献之一。而且，他们对现实中国的认识也让他们的见解更贴近实际。他们是80年代思想解放的一代。尽管他们当年生活、工作条件都很差，农发组是自发产生而后才被"收编"的，但他们在莫干山会议上的活力，在"中青年经济论坛"上的创见，今天仍在感动着我们。

这三代人，年龄不同，经历不同，地位不同，但他们为着一个共同的改革目标而奋斗，他们的理想、人格至今令人敬佩。也许他们的许多观点已经过时了，但他们的这种精神永远是宝贵的精神财富。历史不会忘记他们。

应该说，这三代经济学家在投身改革时还缺乏现代经济学的训练。但他们共同的特点就是在干中学，不断吸收现代经济学以及其他理论来充实自我，从不固步自封。更重要的是，他们深入实际，充实调查研究，从中国的事件出发，去寻找答案而不是从书本里、在象牙塔中苦苦思索。经济学来自实践，但当抽象出理论之后，人们往往会忽视这一点，习惯于对理论经济学推崇备至，而对解决现实问题、提出对策的应用经济学不屑一顾。80年代的三代经济学家开创的理论与实践结合的学风，今天我们仍然应该发扬光大。他们是我们学风的楷模。

回望80年代的三代人，他们是一个整体。他们也有分歧，有争论，但第一代人并没有因为自己地位高、资格老而依势压人，第

二、三代人尊敬老一代学者，但也并非唯唯诺诺。他们没有权威，没有"学霸"，在学术上互相尊重，取长补短，这才成就了他们的辉煌。

当然，80年代的三代经济学家也不是没有时代的局限性，他们的经历与教育，使他们的思想受到约束。也许他们自己没有意识到这种约束，实际上这种约束一直在产生作用。孙冶方先生受过苏联式教育。尽管他提出了价值规律的重要性、利润在经济中的作用等以后对改革具有相当意义的观点，但总体上并没有突破旧有框架。所以，以《资本论》为主线的《社会主义经济论》始终难有创新。他们既看到了计划经济的弊病，又无法摆脱苏式政治经济学的影响，始终没有走出"一手打倒自然经济，另一手又打倒市场经济"的困境。这种情况体现在不少第一、二代经济学家身上。在改善计划经济的时候，他们是改革的推动者，但当改革进入从计划经济转入市场经济时，他们中有在人却成为阻挡者。这些人仅仅是改革的同路人，思想深处对计划经济的崇拜使他们无法成为彻底的改革者。这不能归咎于他们个人。在我心目中，这一代人永远是伟大的，他们所处时代的局限性无损于他们的光芒。

应该说，中国的改革并不是完美无缺的。80年代的经济学家更注重眼前现实问题的解决，而缺乏长期的目标。这是因为，他们投身改革时，认识到计划经济的一些弊病，但对这种体制缺乏总体上的深入剖析。他们所提出的对策，注重短期效应，而没有更多地考虑长期效应。对一些敏感的问题尽量回避，而不是深入研究，如所有权问题，董辅礽先生提出来了，但仍没有彻底解决。企业本位问题是蒋一苇先生提出的，这实际上是实现邓小平同志"政企分开"

的重要步骤，但这个问题也没有得到解决。最后，80年代的经济学家更关注经济改革问题，而忽略了政治改革。这些，我们当然不能对80年代的经济学家求全责备。历史的进程并不是完美的。一代人有一代人的任务，一代人只能干一代人的事情，80年代的那一代已经完成了他们的任务，现在及未来的事情还需要以后的第四代、第五代经济学家去做。

张培刚

《农业与工业化》：
断裂于三十四岁的学术生涯

　　有的人著作等身，但没有一本能引起任何反响，甚至在出版时就少人知晓，乏人阅读。有的人一生只有一本著作，但这本著作当时就引起广泛重视，甚至在多少年以后还有人谈论，有人引用。

　　张培刚先生就是这后一种人，他的著作是《农业与工业化》。当然，张先生一生著作不只这一本，但他的其他著作都可以被看作这本著作的准备和延伸。从这本书中我们可以看出张先生一生的辉煌与挫折。

　　张先生1913年7月10日出生于湖北省红安县一个普通农民的家庭，与其他孩子一样，他从小就参加各种甚为艰苦的农活。但与其他农民孩子不同的是，他不仅感到了农业劳动的艰辛和农民生活的困苦，而且立志要为改变农业落后状况和农民艰辛生活找一条路。这应该就是他以后研究农业经济问题的起点。张先生的年轻时代，军阀混战，外患不断，激发了他寻求富民强国之路的愿望。对国家的期望和对农业的关心是他以后学术观点的根源，他以后的学术之路就是沿着这条路走来的。

1929年他插班考入武汉大学文预科一年级下学期，1930年秋他进入武汉大学经济系。学习期间，他每年都获得系奖学金，成绩全系最优，毕业时获得法学院奖学金，成绩全院最优。这一时期的刻苦学习为他一生的学术事业奠定了求实的基础。

1934年6月底，张先生从武汉大学经济系毕业后，进入著名社会学家陶孟和先生主持的中央研究院社会科学研究所。陶孟和先生是"海归"，十分重视社会调查。在他的主持下，张先生参加了农村经济的调查。张先生在该所工作的六年中，深入农村田头，足迹遍及河北、浙江、广西和湖北。在此基础上他写出来《清苑的农家经济》、《广西粮食问题》、《浙江省食粮之运销》等书，相继由商务印书馆出版。此外，他还就农村经济、货币金融、粮食经济和农村调查方法等问题，在《东方杂志》、《独立评论》、《经济评论》等当时国内有影响的刊物上发表了多篇论文。

在社会调查的基础上，张先生从理论层次上深入研究一些问题。在1940年出版的《浙江省食粮之运销》中，他注意到当时从江西、湖南等内地农村运到宁波的粮食成本居然比从泰国运来宁波的还高。他仔细地分析了运输成本之后，发现原因在于内地的"纯商业费用"偏高。张先生所说的"纯商业费用"其实就是科斯在1937

年提出的"交易费用"。周其仁教授指出："这是一位中国学者对交易费用及其经济影响的独立发现与独立运用。"所以，张先生也对交易费用经济学作出了一位华人学者独立的奠基性贡献。

20世纪30年代，中国学术界对中国经济发展道路有过一场争论。一种观点是"以农立国"，主张通过发展农村经济实现发展；一种观点是"以工立国"，主张通过发展工业来实现发展。后来又有人提出第三条道路，主张在农村兴办乡村工业来实现发展，不赞成整个国家的工业化。1934年秋冬间，二十一岁的张培刚写了一篇《第三条道路走得通吗？》的文章发表于《独立评论》。在文中他提出，西方发达国家经济发展的关键在于工业化或产业革命，因此，中国要振兴经济必须实现工业化。但他又特别提出："工业化一语，含义甚广，我们要做到工业化，不但要建设工业化的城市，同时也要建设工业化的农业。"这条思路就是以后《农业与工业化》的基本中心思想。

在中央研究院社会科学研究所六年的工作，使张先生对中国农村问题有了深入的了解，不仅掌握了大量第一手资料，而且形成了一些对他一生研究工作有深远影响的观点。广义上说，这一时期是《农业与工业化》一书的准备时期。

抗日战争期间，社会科学研究所迁至昆明。1940年，西南联大决定恢复已停顿数年的清华庚款公费留美考试。当时共录取十七人，文科仅两人。张先生以文科第一名得以录取（另一名为以后的著名史学家吴于廑先生）。1941年9月中旬，张先生进入哈佛大学研究生院工商管理学院，1942年秋转到文理学院研究生院经济系学习经济理论。当时的哈佛大学经济系名师汇集，极一时之盛。

有以创新理论闻名的熊彼特（J. A. Schumpeter）、以垄断竞争理论而闻名的张伯伦（E. H. Chamberlin）、农业经济之父布莱克（J. D. Black）、美国第一代凯恩斯主义者汉森（A. H. Hansen）、经济史学家厄谢尔（A. P. Usher）、国际贸易专家哈勃勒（G. Haberler）、创建了投入—产出法的里昂惕夫（W. W. Leontief）等。跟从这些大师学习，他的理论层次大为提高，可以从更高层次上分析农业与工业化这样思考已久的问题。张先生学习极为刻苦认真。在学习张伯伦的专题讨论课时，张先生写了一篇论文《关于"厂商均衡理论"的一个评注》，张伯伦给这篇论文的成绩为A，而且写了评语："一篇非常好的论文，在我看来，总体上十分正确。"

1943年末，张先生进入博士论文的选题阶段。当时不少中国人以中国问题为博士论文的题目，写起来驾轻就熟也易于通过，张先生也完全可以写他甚为熟悉的中国农业经济或相关问题。但他想研究中国这样的落后国家如何实现经济发展这样更高层次的问题。他感觉到二战即将结束，战后中国和许多其他落后国家必然面临如何通过工业化实现经济起飞的重大问题，尤其是工业化与农业之间的关系。他决定把农业国实现工业化作为论文的中心，把《农业与工业化》作为论文题目。他的这一题目得到指导教师布莱克和厄谢尔的支持。题目确定后，他在哈佛图书馆申请到六平方米的空间，大量阅读相关资料，准备了一年半的时间，又花了九个月时间撰写，终于在1945年10月完成了《农业与工业化》的英文稿，并于同年通过了论文答辩。该论文获得1946～1947年度哈佛大学经济学专业最佳论文奖和威尔士奖金，并被列入"哈佛经济丛书"第八十五卷，于1949年由哈佛大学出版社出版。这一"丛书"学术地位高，以后获得诺奖的萨缪尔森等人的著作也收入这一"丛书"。张先生的著作出版后，国内有媒体以"哈佛论经济，东方第一人"为题报道了这一消息。

张先生的《农业与工业化》被称为发展经济学的奠基之作。1982年，当时的世界银行副行长、著名经济学家钱纳里（H. B. Chenery）到中国访问时说："发展经济学的创始人是你们中国人张培刚先生，这是中国的骄傲。"

在以后发展成一门学科的发展经济学，其公认的奠基人是美国经济学家纳克斯（R. Nurkse）和中国经济学家张培刚。纳克斯的著作是1953年出版的《不发达国家的资本形成问题》，这本书提出的"贫穷的恶性循环理论"系统解释了不发达国家落后的原因在于低储蓄率，并提出了引进外资打破这种循环的观点。纳克斯是出生于爱沙尼亚的美国经济学家，任哥伦比亚大学教授，他在国际金融研究领域颇负盛名。他的这本书在发展经济学中影响甚大，"贫穷的恶性循环"也曾被广泛引用。张培刚先生的著作就是《农业与工业化》，这本书论述农业国的工业化之路，书中的许多观点以后有越来越大的影响。1979年美国经济学家刘易斯（W. A. Lewis）和舒尔茨（T. W. Schultz）是由于他们对发展经济学作出了开创性的贡献而获得诺奖。他们两人的研究思路沿着张培刚先生的思路发展而来。刘易斯论述了农业国如何通过农村的剩余劳动力来实现工业化，而舒尔茨论述了农业本身现代化的问题。这些问题张培刚先生都涉及了。从发展经济学的发展来看，早期纳克斯的观点影响远远大于张培刚，但以后张培刚的观点影响要大得多。不少人推测，如果张先生在美国沿着他的思路研究下去，也许获得诺奖的就是他，或者也许是"三黄蛋"。

在《农业与工业化》中，张先生以落后的农业国如何实现工业化为中心，论述了农业与工业在工业化过程中的地位、作用，以及相关关系。

该书的第一章"基本概念和分析方法述评"，给出了自己书中所用的工业与农业的概念，并且介绍了该书所用的"移动均衡"分析方法。对张先生所作的工业与农业概念的解释，所有学者都认为很重要，也有新意，但对其排序看法不同。1946年2月，张先生接受资源委员会驻纽约办事处的聘请担任专门委员，工作六个月（三个月在纽约，三个月在南京），研究农业机械化问题。当时，以后获诺奖的库兹涅茨（S. Kuznets）也受聘担任该委员会顾问。在此期间库兹涅茨阅读了张先生论文的英文稿。他认为，论文很好，只是开头的工业和农业的基本概念理论性太强了，建议移到后面。该书出版时，张先生接受这一建议，把这部分作为两个附录。1981年，张先生赴美开会，会见了老朋友哈佛历史学教授杨联陞先生。杨联陞教授拿出收藏了几十年的《农业与工业化》一书，请张先生签名留念，并称赞这两个注释很重要，很新颖，很有现实意义，但作为附录不能引起注意，是一个遗憾。可见这两个不同学科的顶尖级专家都注意到张先生关于工业与农业意义的创新性。

第二章"农业与工业的相互依存关系"，重点分析了农业与工业的相互依存关系，尤其是农业的"五大贡献"。从食粮、原料、劳动力、市场、资金（包括外汇）五个方面说明了农业对工业化和整个经济的贡献，从而农业是工业化和国民经济的基础。这些观点在以后的发展经济学中有重要的影响。1961年，库兹涅茨出版了《经济增长与农业的贡献》一书，把农业对经济增长的贡献概况为产品、市场、要素、收入，即"四贡献说"。1984年，印度经济学家S. 加塔克（S. Ghatak）和肯·英格森（K. Ingersent）在他们的《农业与经济发展》中，继承了库兹涅茨的观点，称之为"经典分析"。其实这种"经典分析"来自张先生。同时，张先生关于劳动力自农村转入工商业的分析也体现在以后刘易斯的无限劳动供给下的经济发展模型中。

第三章"工业化的理论"，张先生的工业化强调的不是排斥农业、以牺牲农业为代价的工业化，而是包括农业现代化与农村工业化的工业化。这种工业化的定义以后被广泛接受，但在20世纪40年代就提出这一点就是创新。张先生还分析了发动与限制因素，包括：人口、资源或物力、社会制度（尤其是产权）、生产技术以及企业家才能。他对产权、技术与企业家才能的重视现在仍然很重要。张先生还分析了工业化的程度和阶段以及速度。

第四章"工业化对农业生产的影响"，实际上是分析了工业化对农业的促进作用，即我们现在所说的工业如何反哺农业。这一章分析了工业化对农业生产的影响，尤其是如何借助于工业化实现农业机械化。

第五章"工业化对农业劳动的影响"，张先生从理论与历史的角度分析了工业化对一般劳动与农业劳动的影响，然后重点分析了农业劳动力向工业转移的问题。这就是以后刘易斯劳动无限供给下经济发展模型所探讨的问题。

第六章"农业国的工业化"，实际上是把以上理论运用于探讨中国经济发展的问题。同时分析了农业国与工业国之间的贸易以及贸易条件的决定。

最后的结语是全书的总结。

应该说，在20世纪60年代前，这本书的影响不如纳克斯的《不发达国家的资本形成问题》，但在60年代后，这本书越来越受到重视。他在这本书中提出的问题成为以后学者研究的出发点，他的许多在当时不为人理解的观点也逐渐被接受，并运用于实际。这就是这本书1969年又在美国重印的原因。

张先生来自中国这样的落后国家，因此，他的观点受到其他落后国家经济学家的重视。1951年该书就在墨西哥出版了西班牙文版。五六十年代，张先生不断收到来自英国、印度、锡兰（现在的斯里兰卡）等国学者来函，要与他讨论农业国的工业化问题，并询问他的新成果。1956年夏，两位智利大学的教授来中国，一下飞机就要求见叫"Pei-Kang Chang"的学者。接待人员听成了名叫"背钢枪"的学者，就四处打听。后来经北大经济学教授严仁赓先生提示，才找到当时在华中工学院的张先生，但张先生当时已难以与他们交流。

张先生写成《农业与工业化》时只有三十四岁，但他的学术生涯就停留在三十四岁之前，一生中再也没有超越三十四岁。一个才华横溢又勤奋不已的人，本能攀登更高的学术顶峰。但他的历史在以后不久就发生了根本性转变。人生在这里拐弯，无可奈何，又无法挽回。

1946年秋，应武汉大学校长周鲠生先生之邀，被称为"哈佛三剑客"的张培刚、吴于廑、韩德培到武汉大学任教，分别主持经济系、历史系和法律系。其后张先生到美国联合国工作一段时间，又回到武大。中华人民共和国成立初，张先生担任武大校务委员、总务长兼经济系主任，代理法学院院长，并兼任武汉市人民政府委员、财经委员会委员。从这些任职来看，张先生受到了政府重视。

但不久，中国选择走苏联的道路，实行计划经济。张先生所学的经济学一无所用。同为哈佛博士的陈岱孙教授在刚建国时还天真地认为，资产阶级经济学有两重内容，一种是意识形态的，另一种是技术性的，前一种没用了，但后一种还有用（80年代后，陈先生仍坚持这一观点）。不过在当时是泼洗澡水把孩子也泼出去了。从此，张先生就远离了他钟爱的经济学，这一别就是三十多年，由一个有为的青年变成了仍然有为的老人。

1953年1月，在院系调整中，张先生调至新组建的华中工学院（现华中科技大学），担任建校规划委员会委员兼基建办主任。离开武大当时对他也许是一件幸事，那些在武大经济系的哈佛学生，如谭崇台和刘涤源后来都成了右派，一个改教英语，一个下放农村放牛，而张先生在历次政治运动中都安然度过。以后，张先生还教过政治经济学，"文革"中下放自然都不可避免。不过张先生是一个忠厚的长者，干一行爱一行，干什么都干得好。20世纪80年代末，我们几个年轻人与张先生一起在华工的校园内散步，我们都夸华工校园路修得好，树种得好。张先生笑眯眯地说："这些都是我主持的。"张先生的夫人谭慧先生告诉我们，"文革"中在农村放牛时，别人的牛都瘦瘦的，只有张先生的牛胖胖的。直到1978年，张先生三十多年没有阅读经济学的文献，也没有发表一篇论文。《农业与工业化》成为没有下文的一块丰碑。

1978年，张先生才回归经济学队伍，他被社科院调去参加《政治经济学词典》的编写工作。这时他又与陈岱孙教授等老一代经济学家共同组建了中华外国经济学说研究会，担任副会长，并主持工作。该会一成立就组织各地专家在北京举办外国经济学说讲座，并亲自主讲第三、四讲微观经济学部分，以后又讲了熊彼特的创新理论。这个讲座对刚刚开放的中国起了极大的启蒙作用。当年听讲座的年轻人如今都成为有成就的老专家。经常听到人们称赞这个讲座的冲击力。1986年张先生和厉以宁教授把他们讲的内容扩大为《微观宏观经济学的产生和发展》，由湖南人民出版社出版。这本书对我们了解西方经济学起到了极大的作用。当时一再重印，可以说是洛阳纸贵。1997年张先生又在此基础上独立写成《微观经济学的产生和发展》，由湖南人民出版社出版。写这本书时，张先生已经八十四岁高龄了。

1982～1983年，张先生用十个月抱病审阅并修改了他的学生曾启贤和万典武在1947～1948年间翻译的《农业与工业化》，并作为《农业与工业化》的上卷，改名为《农业国工业化问题初探》，1984年由华中工学院出版社出版。这是这部有世界影响的著作第一次在中国出版，离国外出版已近四十年，而且发行量仅两千册。以后张先生力图建立"新发展经济学"，并出版了不少专著。这些著作为年轻一代学子完成，但张先生的指导作用不可忽视。尽管有近四十年的学术空白期，但张先生仍努力跟上时代的步伐，不顾年老体衰，在不断地阅读思考，为我们年轻一代领航。张先生的天才、勤奋、幽默、风趣成为我们这一代永远的楷模。

张先生多年从事教书育人的工作，所培养的学子已成为当代经济学界的大腕，老一代有董辅礽、曾启贤、万典武等，新一代有徐长生、张燕生、巴曙松等。他的学风与为人影响了一代入门或未入门的学子。当张先生离去时，他可以感到宽慰。

一个人的学术生涯止于年轻时的一部著作，无论这部著作多有影响，都不能不说是遗憾的事。当张先生再回学术队伍时已经六十五岁了。尽管此后张先生付出了加倍的努力，但毕竟年事已高。在那个时代，一个人能平安活下来是一件幸事，但又无法有所作为却是一件憾事。这是时代的悲剧，我们无法假设。

于光远

启蒙未竟人已去
——纪念于光远先生

　　于先生毕业于清华物理系，是周培源先生的入室弟子。本来的宏愿是科学救国，但日本入侵打破了他的美梦。1935年，他参加了"一二·九"运动，1937年加入中国共产党。20世纪40年代初，在延安讲授社会科学课程，从此走上研究社会科学之路。在担任中共中央西北调查局研究员期间，开始研究土地问题和陕甘宁边区的减租、农村互助合作问题，并与柴树藩、彭平合作出版了《绥德、米脂土地问题初步研究》。在延安，他一方面努力学习马列经典著作，同时又深入调查研究，这构成他一生从现实出发解决实际问题的研究特色，也决定了他以后不受一种固定框架制约的思维方式。正是这些特点使他在1978年后成为新时代的启蒙者。

中华人民共和国成立后，于先生在中宣部任职。我第一次知道他的大名是在1962年，当年我考入北大经济系，第一学期第一门主课是"政治经济学"（资本主义部分），发的全国统一教材就是他和苏星先生主编的《政治经济学》（资本主义部分）。中学时我们并没学过政治经济学，但这本教材使我顺利进入经济学殿堂。这本书通俗易懂，把政治经济学的名词概念和基本理论介绍得一清二楚。当年我的理想是学历史，对政治经济学这门抽象的科学心怀恐惧。学完这门课之后，我爱上了经济学，于先生这本书是我从爱历史向爱经济学转型的关键。

后来我才知道，把政治经济学分为资本主义部分和社会主义部分其实是于先生的首创。按传统苏联人的说法，分为资本主义政治经济学和社会主义政治经济学，但于先生认为，这两种政治经济学其实都是马克思对资本主义和社会主义社会经济运行规律的分析，讲资本主义经济学不妥。所以，从20世纪50年代起他就建议用"资本主义和社会主义部分"来代替苏联人的说法。这不仅仅是说法不同，而且反映了于先生的独立思考精神。当年以苏为师，大家连苏联人的一句话都不敢动，也没有这类"离经叛道"的想法，但于先生不受苏联说法的约束，提出更为准确的说法。启蒙者总是这样一些不人云亦云、有个人见解的人。

编写教科书更多还是他被指定承担的一项工作。他的主要精力放在了对政治经济学社会主义部分的探索上。早在1955年，中宣部就确定由孙冶方、薛暮桥、于光远各组一套班子，各写一本政治经济学社会主义部分的教科书。三个人有各自的思路，但最后都没有成功。孙冶方先生试图按《资本论》的逻辑与框架写，不过贯穿全书的主线由剩余价值变为"以最小的社会劳动消耗，有计划地生产最多的、满足社会需要的产品"（简称"最小—最大理论"）。全书曾经历多次写作修改，即使在"文革"中坐牢的7年，孙先生仍打了85遍腹稿，但可惜一直未写成。薛暮桥先生直到1976年写了6稿，但终究没有写成，于是他改弦更张，于1979年写出了《中国社会主义经济问题研究》。当年出版后，洛阳纸贵，共发行了1 000多万册，至今还是中国经济学方面销量最多的书。以后，薛先生成了中国由计划经济转向市场经济的关键人物。

与孙冶方局限于《资本论》的架构、范畴不同，于先生认为，学科发展与时代特点、时代任务、时代精神紧密相关。《资本论》是批判资本主义制度的，要说明社会主义产生的必然性。政治经济学社会主义部分是要以马克思主义为指导论述与社会主义经济建设相关的问题，如制度与个人积极性和创造性的发挥、制度与合作和竞争、制度与计划性等。与《资本论》要解决的问题不同，所研究的框架、逻辑与范畴就不同，这就决定了其写法必然不同于《资本论》，但于先生的"政治经济学社会主义部分"教科书经过30年的讨论、写作、修改，最后也未完成。于先生把他在组织编写这本书中的许多思考写成七卷本的《政治经济学社会主义部分探索》，由人民出版社在1980～2001年间陆续出版。

在这本书的编写过程中，参加这一工作的吴敬琏先生感到：一方面，于光远骨子里倾向自由，他在编写组里培育自由讨论的气氛，几乎任何问题都能讨论；另一方面，他又是中宣部在社会科学方面的总管，需要贯彻党的政治意图。[1]这说明作为一名有良知的经济学家，于先生是推崇独立思考、自由探索的老清华传统的。这是1978年后，他成为新时代启蒙者的思想基础，也是他一生的学术追求。

粉碎"四人帮"之后，于先生发起对"四人帮"在上海组织编写的《社会主义政治经济学》的批判，并组织了关于社会主义生产目的和按劳分配的全国讨论会，同时以更加解放的思想研究社会主义经济问题，写了许多论文和著作。其中最重要的是1988年出版的《中国社会主义初级阶段的经济》，曾被评为"影响中国经济的10本经济学著作"之一。

于先生不仅仅是作为学者参与了经济学的启蒙，更重要的是作为改革参与者，亲自参加了政策制定。1978年12月13日的中共中央工作会议闭幕时，小平同志作了划时代的著名讲话《解放思想，实事求是，团结一致向前看》（后被视为十一届三中全会的主题报告）。于先生正是报告执笔人之一。从1981年起，他利用参与讨论中央文件的机会，多次主张将社会主义初级阶段概念和基本特征的论述写入文件，他早就主张社会主义应是商品经济。这些思想以后都成为改革的中心，并多次体现在中央文件中。当然起决定性作用的并不一定是他，但他的见解无疑有重要意义。于先生不仅是改革的启蒙者，而且也是推动者，这是他在启蒙中作为一名学者型官员与纯学者的不同之处。

---

[1] 柳红：《当代中国经济学家学术评传：吴敬琏》，陕西师范大学出版社，2002年，第86页。

这篇文章不可能全面论述于先生的经济学思想，我只想就自己印象最深的观点作一点介绍。

1978年后，在研究生学习期间对我影响最大的，是于先生组织的关于按劳分配和社会主义生产目的两场全国性大讨论。

"文革"中批判按劳分配，并取消各种贯彻按劳分配的分配形式。粉碎"四人帮"后，于先生组织经济学界批判"四人帮"宣传的"按劳分配是资产阶级法权"，会"产生新生的资产阶级"等谬论，是一次有意义的启蒙。于先生认为，社会主义仍需要对劳动者的激励，不仅要考虑劳动的支出，还要考虑在相同劳动条件下劳动的有效性，即劳动成果。

社会主义的生产目的是什么？其实这是马克思早就解决了的问题。马克思在《政治经济学批判》导言中分析了生产与消费的关系，指出生产的目的是消费，即提高广大人民的物质与文化生活水平。但"四人帮"宣扬"富则变修"的谬论，以反对"唯生产力论"，反对提高人民的生活水平。一些"真道学"也只谈生产，不谈消费，似乎生产本身就是目的。早在"文革"前，于先生就强调个人需求的满足是经济效果的基础，把消费作为生产的目的。"文革"后他又重申并进一步论述了这个观点，批驳了"四人帮"的一系列谬论。"真道学"们把消费等同于资产阶级生活方式，把于先生的这些讨论指责为"资产阶级自由化"。但于先生并没有屈服，在以后他还主张建立休闲经济学，并写了许多关于吃、喝、玩的文章与著作，我的藏书中就有于先生2001年出版的《吃、喝、玩——生活与经济》。

20世纪80年代初，于先生说过"既要向钱看，又要向前看""只有向钱看，才能向前看"。这句话当年争议就相当大，如今还有人认为这是今天物欲横流、道德败坏的源头。其实，于先生这句话是对当年不重视经济效益、以赚钱为耻的拨乱反正。小平同志说的"让一部分人先富起来"，也就是让一部分人先有钱，带动大家都有钱。这有什么错？钱本身无所谓好坏，它是社会财富的代表，向钱看，追求财富的增加，才有社会的进步，才能让人们过好日子。向钱看有什么不对？至于今天的各种社会风气败坏，与于先生的话毫无关系，于先生一言毕竟不能兴邦或坏邦。

在对经济学的研究中，我觉得最有意义的，是于先生对所有制的研究。于先生一直认为，经济改革的中心是所有制改革（即以后说的产权改革）。在所有制的研究中，他认为衡量所有制优劣的标准不是越大越公越好，而是生产力标准，即能否适应并促进生产力的发展。他通过对德文原版马克思著作的研究认为，马克思说的社会主义所有制是社会所有制。同时他指出国家所有制并不是全民所有，尤其是提出了"所有制实现论"。即所有制要在生产组织、交换、分配等经济过程的各个环节中实现，才是有意义的，否则只能是理论上的抽象。他的这种思想打破了传统观念，为我国实现多种所有制并存，并承认非公有制的存在提供了理论基础。

于先生对经济学的另一项贡献是把外国经济学介绍到中国。改革前，我国对西方经济学是彻底批判。当年我考研究生时，专业的名称就叫"当代资产阶级经济学批判"。那时从事西方经济学研究的也仅数十人，且年龄都在60岁以上。1979年，于先生是国务院财经委员会经济理论和方法组的负责人，他了解国外经济学的重要性，倡导并支持"国外经济学讲座"，组织43位专家讲了60讲。这是新中国成立后首次全面系统地介绍国外经济学，包括西方经济学与苏东改革经济学。这些讲座指引很多人进入了现代经济学殿堂，其中不少人成为著名经济学家。没有于先生这样的权威人物支持，这些讲座很难坚持下来。此外，当时于先生作为社科院副院长率团访问过南斯拉夫、匈牙利等东欧国家，回来后介绍他们的改革理论与实践，对改革初期向东欧学习也起了一定作用。

于先生对开拓经济学的新领域也有不可忽视的贡献。他认为，经济学作为致用之学，研究领域应该是十分广泛的，建设现代化国家极为需要有着多维度内容的经济学体系的支持。他倡导建立国土经济学、技术经济学、消费经济学、教育经济学、环境（或生态）经济学、旅游经济学，等等。这些学科有些是国外已有的，但国内仍无，有些则是他独创的。他还重视数学方法在经济学中的运用，"文革"前就计划与华罗庚先生合作指导这方面的研究生，可惜"文革"使他的愿望没有实现。

纵观于先生的研究，他是一个百科全书式的学者，甚至对特异功能都有自己的见解，斥其为"伪科学"，不遗余力地反对。伯林曾把学者分为"狐狸型"与"刺猬型"。前者知识面极广，但对某一学科并没有深入研究；后一类则并不一定通晓百科，但对某一学科有相当精深的研究。哈耶克把前一类学者称为"头脑清楚型"，后一类称为"头脑迷糊型"。按这种分法，于先生显然属于"狐狸型"或"头脑清楚型"的学者。这种学者知识面广，可称为通才。他们思维敏捷，经常冒出各种新想法，在启蒙中，这种学者的作用更为重要。当然随着启蒙的深入，更为需要"刺猬型"。社会同时需要这两类学者，但很难要求一个学者既"狐狸"又"刺猬"，通且精。

于先生早在20世纪90年代就患有癌症，2005年又两度患脑血栓，但仍然活了98岁。据我所知，国内比他更长寿的经济学家也就是马寅初和薛暮桥先生，这与他乐观开放的心态是相关的。"文革"中他被戴高帽游街批斗，有人说在电视上看到批斗他的样子，他笑着说，真想看看自己的光辉形象。84岁他开始学电脑，86岁建自己的网站。想到这一点，真让我惭愧，仅仅年过七十，就不敢问津电脑，连短信都不会发。他也不回避自己的错误，经常讲起1958年曾写文章鼓吹小麦高产的"走麦城"："这些丢脸的事，我讲了一辈子，时常讲，讲给别人听，更是讲给自己听，时常警示自己。"我想，这就是"君子坦荡荡"吧！我认识他的两个女儿。一个叫于小东，我在北大时她曾听过我的课，我还领他们班到福建三明做过社会调查。另一个叫于小庆，也是北大学生，我在康奈尔大学进修时，她正攻读博士学位，对我恭敬有加，帮助颇多。两个女儿没有一点高干子弟的坏习气，好学而有教养。从她们身上，我看到了于先生高尚的人格。

　　现代中国思想界最活跃的时期是1980年代，人们称之为"启蒙"时代。如果说鸦片战争后"睁开眼睛看世界"是第一次启蒙，"五四"与新文化运动是第二次启蒙，那么20世纪80年代后就是第三次启蒙。未来中国还需要启蒙，只有不断思想解放才能真正推动改革，实现每个人心中的"中国梦"。80年代启蒙时的学者也都一个个离世了，于先生是离世较晚的。启蒙未竟人已去是一件悲伤的事，但我相信，以后还会出现新一代的启蒙者来完成启蒙大业。

经济学家比窦娥还冤
——代跋

　　美国华盛顿国家气象局门口写着一句话：我们说过的正确话，人们都忘了；我们说过的错误话，人们永远记着。如果把这句话写在任何一个经济研究机构的门上，或印在经济学家穿的T恤衫上，也同样适用。

　　无论在报刊上，还是在网上，都流传着不少关于经济学家的笑话。与给政治家编的笑话一样，这类笑话当然是极尽讽刺挖苦之能事，嘲讽经济学家的。读了这些笑话，总感到经济学家像窦娥似的，蒙受了不白之冤。一则笑话说，某游客在食人族居住的岛上旅行，见人脑专卖店标的价格是：艺术家脑每磅9元，哲学家的12

元，科学家的15元，经济学家的219元。问其故，店主说，经济学家大多无脑，物以稀为贵，价格自然就高。

与此有异曲同工之妙的另一则笑话是：爱因斯坦在天堂遇到三个人，问其智商。他与智商190者讨论物理学问题，与智商150者讨论政治问题，而与智商50者讨论经济学问题。

这些笑话亦有不同版本，但要说明的都是经济学家笨而愚。这真是天大的冤枉。经济学家愚笨的有，虽然不笨却做出傻事的也有。但就那些一流经济学家而言，智商绝对高。据美国心理学家凯瑟琳·莫里斯考克斯（Catherine Morris Cox）对1450年到1850年杰出人物的模拟智商测验，最高者为英国古典经济学家约翰·穆勒，智商190。其他名人如伏尔泰为170，富兰克林为145，拿破仑为140，哥白尼仅为105。当然，并不是说经济学家智商最高。无论在哪一个行业，成就做到一流，智商都不会低，经济学家亦不例外。

大凡在历史上留名的经济学家是绝对聪明的，读这些经济学家的传记你会强烈感到这一点。据说凯恩斯3岁时曾有客人问他什么是利息这个问题。凯恩斯回答：你今年借我100磅，明年还我105磅，这5磅就是利息。凯恩斯5岁时竟纠正姨妈的英语发音，少年时即显示其数学天赋。智商最高的穆勒3岁时已经在阅读史学名著《罗马帝国衰亡史》。至于当代经济学专才萨默斯、曼昆、克鲁格曼之智商则是大家公认的。

笑话尽管是捕风捉影，但也是无风不起浪。既然经济学家如此聪明，为什么人们要编一些他们笨的笑话呢？我想大概有三个原因。一是冒牌的经济学家太多了。没有什么人敢冒充物理学家，但无论什么人都可以自称或被称为经济学家。二是聪明的经济学家做过一些傻事，做出过像气象局一样的错误预报，或出过一些馊主意。这些我在前文已有记叙。第三个原因是人们对经济学家的误解，或者是经济学家感到难以掌握经济规律的一种自嘲。

20世纪70年代末卡特执政时期通货膨胀严重，有一幅漫画是嘲讽经济学家的。在画上，卡特被一只大熊（喻通货膨胀）所追，旁边有几个小动物（喻经济学家）。一个人正对卡特说，要制服大熊先把这些小动物干掉。这幅图告诉我们，小动物是大熊的帮凶。通货膨胀正是经济学家制造或加剧的，要制止通货膨胀先要干掉这些经济学家。

这幅漫画反映了人们对经济学家的不满，其实又包含了严重的误解。应该说，20世纪70年代美国的通货膨胀严重与60年代由肯尼迪政府经济顾问托宾和海勒提出并实施的以赤字财政政策刺激经济是相关的。但这里有两点误解。一是1960年的赤字财政政策的确刺激了美国经济，促成了繁荣。4%的失业率已达到，实际国内生产总值增长了31%，创造了680万个工作岗位。但天下没有白吃的午餐。70年代通货膨胀的加剧就是60年代经济繁荣的代价。人们在享受经济繁荣时把出谋划策的经济学家忘了，而在遭受通货膨胀之苦时，却想起了经济学家。经济学家为你做出了繁荣这盘大餐，该付费时你却不高兴了，天下有这个理吗？二是70年代通货膨胀的加剧关键还在于世界石油价格的急剧上升。欧佩克大幅度提高石油价格，对整个世界经济带来了极大的冲击。这是通货膨胀的主要原因。可怜的经济学家当了欧佩克的替罪羊。人们对欧佩克无可奈何，就把气发泄在经济学家身上。可怜啊，窦娥一样的经济学家！

这幅漫画表明干掉小动物（经济学家）才能消灭大熊（通货膨

胀），不仅是误解，简直就是荒谬了。众所周知，在消除70年代末严重通货膨胀中作出重要贡献的是当时的美联储主席保罗·沃尔克（Paul Volcker），以及他手下那些经济学家。在70年代末面对高通货膨胀与高失业并存的滞胀局面，卡特政府和议会想采用扩张性政策，从消除失业入手。但沃尔克坚持采用紧缩性货币政策，首先抑制通货膨胀。尽管这种政策当时加剧了失业，但在短暂的痛苦之后，物价水平迅速下降，才迎来了80年代的繁荣。在回顾这段历史时，我们无法否认沃尔克这样的经济学家的作用。

笑话是说着玩的，没有人把它当真。但透过这些笑话，我们倒可以对经济学和经济学家有更多的了解。我也不是要给经济学家平反昭雪或歌功颂德，无非让大家更加走近经济学而已。

检